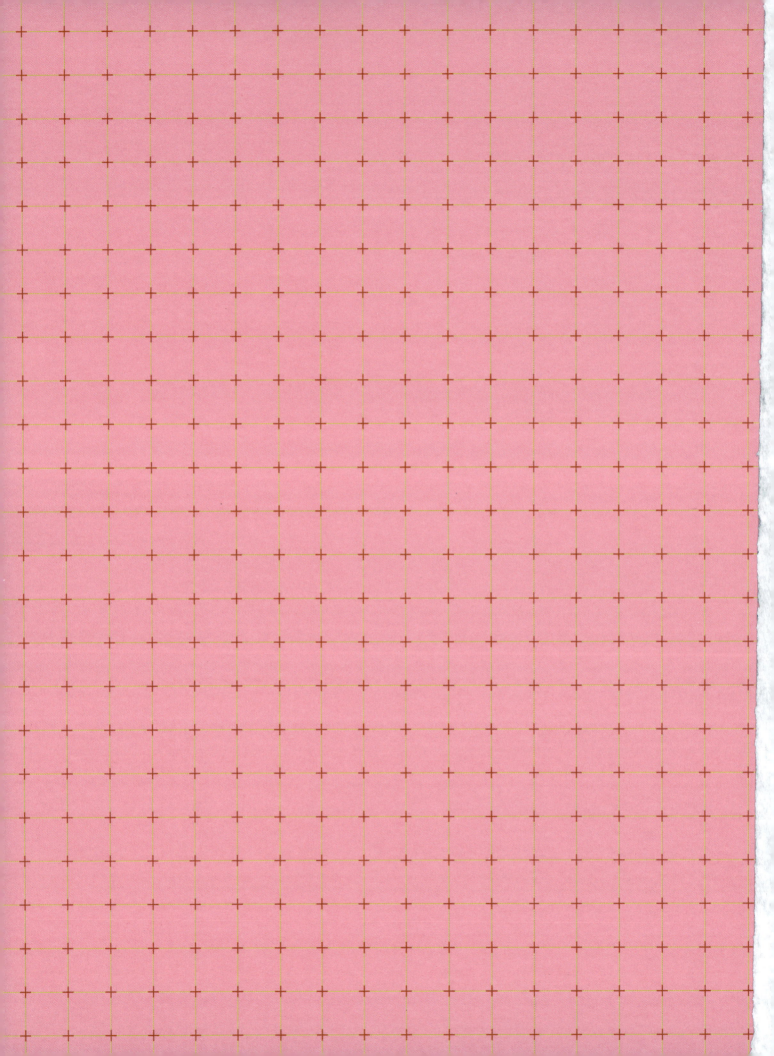

CONFEITARIA
Escalafobética

Sobremesas explicadas tim-tim por tim-tim

Raiza Costa

CONFEITARIA
Escalafobética

Sobremesas explicadas tim-tim por tim-tim

2ª edição revista e atualizada

Editora Senac São Paulo - São Paulo - 2024

SUMÁRIO

- 8 Nota do editor
- 13 Dedicatória
- 16 Faça o que eu falo e faça o que eu faço
- 21 Utensílios: o que são e para que servem?

33 Matéria-prima
- 34 Açúcar em pérolas
- 36 Biscoitos champanhe
- 38 Casquinha de sorvete
- 40 Cerejas ao marasquino
- 42 Chocolate granulado
- 44 Compota de pêssego
- 46 Corante natural
- 50 Cream cheese
- 52 Creme de avelãs
- 54 Creme de leite fresco
- 56 Crème fraîche
- 58 Doce de leite
- 60 Extrato de baunilha
- 62 Geleia de morango
- 64 Iogurte
- 66 Leite condensado
- 68 Leite de coco
- 70 Manteiga
- 72 Mascarpone
- 74 Sour cream

- 78 Introdução

80 Chocolate
- 84 Bolo de chocolate sem farinha
- 86 Bolo mousse de chocolate
- 90 Bombom de maracujá
- 94 Brownie e blondie de doce de leite
- 98 Chocolate cremoso super-hot
- 100 Mousse de chocolate vegana
- 102 Pudim de chocolate recheado com trufas
- 104 Trufas de laranja

108 Sobremesas moldadas
- 110 Charlotte de morango
- 114 Entremets de amora
- 120 Fraisier
- 124 Ópera
- 128 Panna cotta de tangerina
- 130 Peitinho napolitano
- 134 Sobremesa tostadinha de marshmallow
- 138 Torta de limão no palito

142 Massa folhada e pâte à choux
- 144 Choux au craquelin
- 148 Éclair de chocolate
- 152 Mil-folhas fenomenal
- 156 Massa folhada guardanapinho com creme
- 160 Pain au chocolat
- 164 Saint-honoré

169 Bolos ordinários
- 172 Bolo de brigadeiro vegano
- 174 Bolo de cenoura com brigadeiro
- 178 Bolo de limão com casca
- 180 Bolo de pêssego de ponta-cabeça
- 182 Bolo streusel de banana
- 186 Canelé de bordeaux
- 190 Madeleines de limão
- 192 Moelleux de doce de leite
- 194 Muffin de mirtilo com topo gigantesco

SUMÁRIO

197 Bolos extraordinários
- 198 Banana bread com ganache de banana
- 200 Bolinho suculento
- 204 Bolo devil's de chocolate e praliné
- 208 Bolo de iogurte com marshmallow de doce de Lei-celote!
- 210 Bolo floresta roxa
- 214 Bolo pão de mel
- 216 Bolo red velvet natural
- 220 Rocambole de baba de moça
- 222 Rocambole estampado com creme de avelã

227 Pães
- 230 Brioche au sucre
- 232 Cinnamon rolls
- 234 Donuts de crème brûlée
- 238 Panqueca de sourdough caramelizada
- 240 Pão lua de mel
- 244 Waffle de liège

246 Tortas e biscoitos
- 248 Banoffee com doce de leite de banana
- 252 Biscoito sablé recheado de doce de leite
- 254 Cookie de frigideira
- 256 Cookie de chocolate da Miss Cookie
- 258 Galette de goiaba
- 260 Macaron de creme de lichia e rosas
- 264 Shortbread
- 266 Tarte tatin
- 268 Torta clássica de amora
- 272 Torta de castanha-de-caju
- 274 Torta de chocolate e avelãs
- 278 Tortinha florida de maçã
- 282 Torta de morango
- 286 Torta de pudim
- 290 Torta de chocolate de outro planeta

295 Aeradas e cremosas
- 300 Baked alaska de sorbet de manga
- 304 Banana pudding
- 308 Buquê mousse de limão com camomila
- 312 Butterscotch pudding
- 314 Cheesecake com frutas confitadas
- 318 Crème brûlée
- 322 Merveilleux de coco
- 326 Mousse de chocolate preto e branco
- 330 Sorvete de baunilha, chocolate e morango
- 334 Suflê de chocolate com molho de avelã
- 338 Pavlova com marshmallow de morango
- 342 Uma excelência de pudim
- 346 Vasinho de mousse de hortelã
- 350 Verrine de laranja, café e baunilha

354 Pequenos confeitos
- 356 Brigadeiro de praliné
- 358 Brittle
- 360 Nozes e coco crocantes
- 362 Pipoca caramelizada
- 364 Torrone
- 368 Biscoito de retrato com glacê royal
- 372 Panqueca de catioro

Nota do Editor

Raiza Costa é uma profissional surpreendente! Seu talento já foi elogiado por Gordon Ramsay – o temido chef do *reality show* culinário *MasterChef* – e conquistou milhares de fãs em seu canal no YouTube, o Dulce Delight – o primeiro canal exclusivo de confeitaria. Por duas temporadas, Raiza comandou a websérie *Dulce Delight* no Gshow, portal da Globo.

No canal GNT, apresenta e dirige os programas *Rainha da Cocada* e *Doce Califórnia*. Em *Rainha da Cocada*, Raiza ensina de um modo descomplicado técnicas de confeitaria e apresenta pequenos produtores e ingredientes feitos artesanalmente nos lugares mais incríveis de Nova York. Além disso, ela faz parte do canal do YouTube de um dos chefs mais conhecidos do mundo, Jamie Oliver. O Food Tube é o maior canal dedicado ao tema no Reino Unido.

Sua comunicação despretensiosa, envolvente, repleta de irreverência e humor permite que suas receitas, da mais trivial à mais sofisticada da culinária francesa, ganhem um ar de descomplicação e "maravilhosidade". Em um cenário vintage, sempre acompanhada de seu carismático cãozinho Lancelote, sua cozinha funde modernidade com reminiscências de uma gastronomia aconchegante, em que a afetividade é o ingrediente principal de uma boa sobremesa.

Além de constituir uma síntese das receitas ícones da chef, *Confeitaria escalafobética: sobremesas explicadas tim-tim por tim-tim* apresenta outras exclusividades configuradas em seu mundo criativo e inovador. Fotos impregnadas de cores e ideias singulares garantem uma experiência lúdica e verdadeiramente saborosa tanto aos fãs declarados como aos amantes da confeitaria ou estudantes e profissionais da área, carentes de um livro que combine técnica e arte numa mesma página.

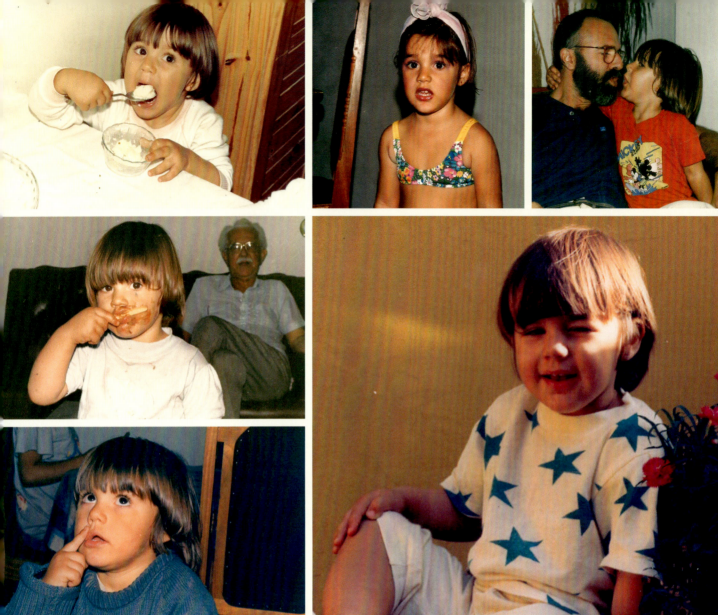
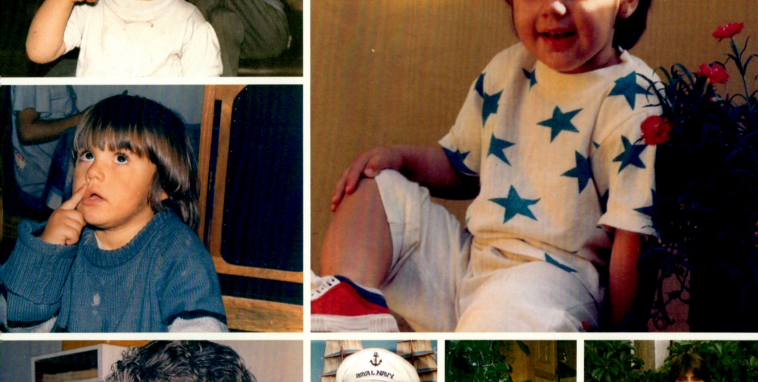
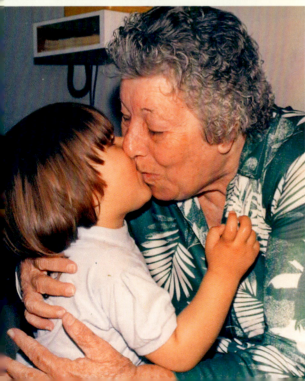

DEDICATÓRIA

Este livro eu dedico aos meus pais, porque hoje eu enxergo, com clareza, que cada milímetro de quem eu sou, até a alma, foi um plano bem executado por eles.

Não estou falando dos dotes culinários que faltam à minha mãe, nem do vício por doçarias que eu peguei do meu pai. Estou falando de cada data que eu vi meu pai escrever, com caneta azul, no cantinho direito dos meus rabiscos de criança, e guardá-los em uma caixa como se fossem verdadeiros tesouros; estou falando da vitamina de maçã "sem casca, por favor" e banana que meu pai batia, fresquinha, todo dia de manhã, depois de me acordar com beijos e abraços; dos sucos de caule de beterraba que minha mãe me obrigava a tomar e dos pregos que ela colocava para cozinhar no feijão para me dar mais ferro.

Estou falando da casa da Barbie que um dia ela comprou de um aluno, trazida do Paraguai, porque na época era proibido produtos importados no Brasil, e passou a madrugada toda para montá-la em cima da cama de casal, com o manual do lado, só porque eu não podia viver mais nem um minuto sem aquela mansão de três andares. Também de todas as letras de Chico, Caetano, Bethânia e Gal que meu pai me pedia para decorar enquanto ele tirava, de ouvido, a melodia no violão; e de quando minha mãe deixava eu fazer cabana na escada de incêndio e levar metade do apartamento para mobiliar o meu barraco.

Teve também uma vez em que eu queria ser *clubber*, skatista e surfista. Tive o cabelo verde, rosa, e fazia as minhas próprias sandálias de e.v.a. que iam se desfazendo a cada passo que eu dava pelas ruas de São Paulo. Cada uma dessas ideias era apoiada e patrocinada por eles, eram eles que compravam o e.v.a., as pulseirinhas que brilhavam no escuro e os gibis que eu teimava em soltar as páginas e cobria com elas o quarto inteiro, até o teto. Papel era comigo mesma, sabia todos os origamis de cor. Uma vez resolvi cobrir o chão da sala inteira com pedaços de papel para dar um clima mais "aconchegante" para minha festa de 16 anos à luz de velas. É... nesse dia vi minha mãe bem preocupada com o combo velas+papel pela casa! Mas teve também vezes em que eu perdi meu aparelho móvel dos dentes uma, duas, três, quatro, cinco vezes, e a minha mãe teve de voltar ao restaurante para procurá-lo no lixo. Minha dentição era igual a de um ratinho, cabia um dedo do pé no espaço entre a arcada de baixo e a de cima, mas meu pai repetia diariamente que eu era a menina mais linda do mundo, que ele me amava um quinquilhão de vezes, que era mais do que todas as formiguinhas que havia no universo, caso eu não estivesse entendendo a medida a que ele se referia... e dizia que nós seríamos eternos namorados, mesmo que eu arrumasse outro namorado. Ele segurava a minha testa quando eu ia vomitar, limpava meu bumbum com papel higiênico úmido até quando eu já andava, já falava, e bem... já estava bem grandinha para isso, mas com preguiça de me limpar sozinha.

E aquela vez em que a minha mãe trouxe uma pessoa em situação de rua para dar-lhe um banho e me fez de muleta para ele conseguir chegar até o elevador, e meu pai ficou horrorizado! Sem falar nos domingos em que ela me levava para o asilo e me fazia passar batom vermelho nas velhinhas porque eu precisava entender que a vida é passageira e que nossa missão na Terra não gira em torno do nosso umbigo... Teve também a moto do meu pai, que eu não alcançava o pé no chão, mas aprendi a dirigir dentro do meu condomínio, e as discussões de família que eu era convidada a participar e, inclusive, a opinar – sou tão mais madura por isso. E uma vez em que eu quis tomar um banho muito longo no hotel porque a água "não era nossa", e meu pai me explicou sobre a importância de preservar os recursos naturais que não são infinitos... e também aquela vez, eu tinha 7 anos, quando minha mãe me convenceu a raspar a cabeça porque nem toda menina precisa ter cabelo comprido, e eu amei tanto, que assim resolvi ficar pelos próximos dois anos.

Bem, não pense você que eu fui livre para fazer o que eu bem entendesse quando criança, não fui, não. Dentro de casa meus pais me empoderavam para que eu pudesse ser quem eu quisesse ser, mas, em troca disso, exigiam notas altas, respeito aos amigos, aos professores e às pessoas mais velhas, que eu oferecesse meu pirulito no elevador usando a expressão "oferecido?" e que nunca recebessem uma reclamação da reunião de pais na escola. Fora desses cenários de tremenda disciplina, eu era livre para cortar minhas roupas e fazer barra de calça com cola quente, pintar atrás da porta do meu quarto, misturar farinha com água e fingir que estava cozinhando, levar todos os meus brinquedos para o parquinho e deixar todo mundo brincar com eles, além de correr, cair, sangrar, chorar e andar de patins no corredor de casa. Cada criança tem uma criação e eu só sou o que eu sou por cada bronca, liberdade e erros que meus pais cometeram ao longo dos meus primeiros vinte anos de vida. Para mim, os erros foram acertos, até porque eu não posso me considerar um erro, não é mesmo?! ;)

Quando eu arranco a pessoa que roubou meu táxi de dentro do carro pelo braço, eu vejo a minha mãe; quando eu ando pela rua pensando randomicamente que talvez uma marquise possa cair na minha cabeça e me matar, eu vejo o meu pai. Eu sou o resultado de uma mulher corajosa, exagerada e determinada e de um homem carinhoso, cuidadoso e inteligente. Do meu pai João Dantas e da minha mãe Márcia eu recebi diariamente amor, afeto, apoio e educação. E hoje eu me sinto muito feliz por poder contar com tantos fãs desejosos de ler o meu livro, e essa dedicatória foi feita para dizer que este livro só existe por causa deles. Obrigada!

O **açúcar** usado nas receitas é sempre o açúcar cristal, granulado, a não ser que outro tipo seja indicado. Lembrando que toda a medida de **açúcar mascavo** foi feita pressionando levemente sua superfície para comprimi-lo um pouco.

O **cacau em pó** usado é sempre o sem açúcar. Existem dois tipos de cacau disponíveis no mercado, o alcalino (dutch) e o natural, o mais popular. O natural é ácido e, apesar da sua coloração mais clara, ele tem sabor mais intenso e frutado. Já o cacau alcalino é banhado com carbonato de potássio, o que neutraliza sua acidez e, apesar de sua cor e aroma intenso, seu sabor fica mais suave. Sempre que um bolo levar bicarbonato de sódio, que é alcalino, é indicado usar o cacau natural para que sua acidez reaja de forma mais adequada e permita que o bolo cresça corretamente. Em todos os outros casos, qualquer um deles poderá ser usado.

Todas as receitas foram coloridas naturalmente, utilizando minha receita de **corantes naturais** da página 46, mas caso essa ideia não seja interessante, você pode substituir pelo corante de sua preferência.

O **creme de leite** é sempre o fresco, por não ser processado e ser mais gordo que os enlatados, com 35% de gordura. Com ele é possível bater chantilly. Quando indicado apenas creme de leite na lista de ingredientes das receitas, você está livre para usar o de caixinha ou o de latinha, se preferir, que contêm apenas 20% de gordura. Quando a receita pedir especificamente creme de leite fresco, o único substituto seria a nata, que é ainda mais gorda que o creme de leite fresco, com 50% de gordura, e muito usada no Sul do Brasil.

O **extrato de amêndoas** faz muita diferença nas receitas em que ele é exigido, pois tem um sabor muito marcante e acentuado pela presença de benzaldeído e, por isso, não deve ser substituído. O benzaldeído é extraído de amêndoas amargas ou de caroços de pêssegos e damascos, que também contêm essa substância.

O **extrato de baunilha** pode sempre substituir as **favas de baunilha**; mas, nesse caso, ele precisa ser adicionado apenas no final do preparo dos cremes que vão ao fogo. Por conter álcool, o extrato acaba evaporando, se adicionado no início do cozimento.

A **farinha** é sempre a de trigo comum, a não ser que outro tipo seja indicado na receita. Procure uma farinha de trigo de boa qualidade, e isso não significa aquela popular do mercado, que parece talco de tão fina e branquinha, que passou por um processo de clareamento e perdeu todas as suas propriedades e características de farinha de trigo, inclusive o cheiro e a textura. Farinhas orgânicas costumam ser menos processadas e dão bichinho mais rápido; isso é ótimo, pois é um sinal de que a farinha não está intoxicada com químicas.

O **fermento biológico** usado em todas as receitas de pão é o em pó instantâneo, mas se você quiser substituí-lo pelo fresco, multiplique a quantidade de gramas por 4. Exemplo: se a receita pede 3 g de fermento, use 12 g de fermento fresco em tablete.

A maioria dos bolos decorados deste livro foram assados em fôrmas menores de 15 cm para ficarem mais altos, mas elas podem ser substituídas por uma fôrma comum de 23 cm. Nesse caso, o bolo só terá uma camada de recheio no meio. Lembrando que quando o preparo for de **sobremesa de chocolate**, as fôrmas devem sempre ser untadas com manteiga em temperatura ambiente e farinha ou cacau em pó, a não ser que outro procedimento seja indicado na receita. É importante espalhar a manteiga com abundância em todos os cantinhos para nada ficar grudado na fôrma.

A **gelatina** usada é sempre em folha, sem sabor, mas pode ser substituída pela gelatina em pó sem sabor também (ver dica na página 109). A gelatina em folha é a preferência da maioria dos chefs de confeitaria, porque ela dá consistência aos pratos de maneira mais delicada, sem deixar aquela textura borrachenta.

Existem **infusões de sabores** quentes e frias, e isso depende muito do ingrediente utilizado. Nas receitas deste livro, todas as infusões feitas foram quentes. Como a gordura

16

absorve sabores e aromas com facilidade, normalmente é no ingrediente mais gordo que os sabores são infusionados, geralmente no creme de leite. Caso queira experimentar fazer uma infusão com os sabores de sua preferência, a regra geral é: para ingredientes frescos e delicados, como ervas, flores e chás, é melhor fazer uma infusão fria, deixando os ingredientes mergulhados no creme de leite por 12 horas na geladeira. Já para baunilha, coco, nozes e todos os outros ingredientes, é indicado fazer uma infusão quente, aquecendo o creme de leite até levantar fervura, adicionando o ingrediente da sua preferência e deixando a mistura tampada de 10 a 40 minutos. Agora, para raspas de frutas cítricas, por exemplo, ambos os métodos de infusão funcionam bem.

O **iogurte** usado é sempre o natural, integral e sem açúcar, aquele bem azedinho que ninguém gosta de tomar sozinho, a não ser que outro tipo seja indicado na receita.

A **manteiga** usada é sempre sem sal, mas as receitas não vão dar errado se for utilizada a manteiga com sal. Nesse caso, apenas omita o sal pedido na receita. Nunca substitua manteiga por margarina – essa pasta hidrogenada, além de ultraprocessada, contém muita água, interferindo diretamente no sabor e na textura das receitas.

O **mel** usado é sempre o cru, não pasteurizado. Esse é o mel em seu estado mais natural que existe e, por isso, pode cristalizar com facilidade se ficar guardado por muito tempo. Caso a cristalização ocorra, coloque-o em banho-maria antes de usar, assim ele vai voltar ao seu estado normal.

Os **ovos** usados são sempre os de tamanho médio, e eu sempre dou preferência ao caipira da geminha laranja.

O **rendimento das receitas** costuma indicar as fatias dos bolos, das tortas ou a porção que uma pessoa não muito faminta comeria. Claro que isso é subjetivo quando se tem fome, então sinta-se livre para calcular tudo de acordo com o seu apetite.

As **temperaturas** indicadas nas receitas são pontuais; mas se o seu forno não indicar os números, siga essa regra: forno baixo para temperaturas entre 150 °C a 170 °C; forno médio para 180 °C a 190 °C e forno alto para 200 °C a 220 °C.

Todos os ingredientes precisam estar em **temperatura ambiente** antes do preparo das sobremesas, especialmente se for um bolo, a não ser que seja indicado outro procedimento nas receitas. Isso vai facilitar a emulsão dos ingredientes e garantir a textura adequada.

O **tempo de duração** indicado nas receitas considera que as elaborações estarão fechadas e bem embaladas, de preferência em embalagens herméticas. E não se choque com o tempo de duração de algumas sobremesas. Açúcar e gordura são conservantes naturais, e, por isso, elas duram mais tempo que uma receita salgada. Repare que algumas receitas sugerem dentro ou fora da geladeira. Isso indica se elas devem ser mantidas em temperatura ambiente ou geladas antes de servir. Bolos, por exemplo, geralmente não devem ser guardados na geladeira, pois ressecam e endurecem.

Não se espante com o **tempo de preparo** indicado em algumas receitas. Isso não quer dizer que você vá ficar de pé, cozinhando por 24 horas, significa apenas que a receita vai precisar de tempo de descanso de geladeira, freezer ou em temperatura ambiente.

Finalmente, gostaria de lembrar que todos os **derivados do leite** precisam ser integrais: leite, iogurte, creme de leite e queijos. A quantidade de gordura nesses produtos interfere diretamente na textura final e sabor das sobremesas. E também recomendo cuidado com o **lugar em que se guarda**, por exemplo, o chocolate, o creme de leite e a manteiga. A gordura absorve aromas e sabores facilmente, e, como esses produtos têm alto teor de gordura, se você guardar seu chocolate no armário de temperos, ele vai ficar com gostinho de tomilho, alecrim e orégano.

Utensílios:
o que são e para que servem?

ANÉIS DE BOLO:
anéis de aço que são usados tanto como fôrmas para assar como para dar forma. São geralmente feitos de aço e variam de 5 cm a 76 cm em diâmetro e 4 cm a 15 cm em profundidade.

ANÉIS DE ENTREMETS:
similares aos anéis de bolo, são feitos de aço ou plástico, sendo usados para sobremesas individuais.

BALANÇA:
uma balança é essencial para fazer doces. Três tipos são as mais comuns: a digital, a analógica e a de equilíbrio. A balança digital é muito simples de ser usada, já que tem um botão que reseta (volta a medida para o 0) e fica pronta para pesar outro item. A balança de equilíbrio tem de ter um item para ser pesado de um lado e outro para ser equilibrado no outro; quando os dois lados se equilibram, o peso desejado é alcançado.

BATEDEIRA:
provavelmente o item mais usado na culinária pâtissière. Eletrônica, com múltiplas velocidades, está disponível no mercado em vários tamanhos e diferentes potências. É usada para mixar, bater e amassar massas e misturas. As batedeiras mais comuns são a portátil e a planetária. A portátil pode ser de mesa (com a tigela acoplada) ou de mão, com a base do motor e os batedores separados da tigela, e é ideal para massas leves. A planetária é mais potente e tem uma rotação orbital com movimentos simultâneos, misturando as massas de forma mais uniforme e aerada. Na planetária podem ser acoplados diversos tipos de batedores, mas os mais comuns são o globo, o leque, ou raquete, e o gancho. O batedor globo é o mais adequado para merengues e claras em neve, e por ser em formato de balão, é ideal para incorporar ar nas misturas. O leque, ou raquete, pode ser usado de forma genérica, para quase tudo, mas é ideal para cremes. O gancho é para bater massas mais pesadas e densas como as de pão.

BICO DE CONFEITAR:

pequenos pedaços de metal ou plástico, em formato de V, com tamanhos variados que podem ser acoplados a um saco de confeiteiro para criar um design, de tamanho ou forma específicos, em um alimento. Os mais usados são o básico e a ponta de pitanga. Confeiteiros usam diversos tipos para formar flores e bordas nos bolos.

DESCASCADOR DE VEGETAIS:

lâmina pequena, com cabo, usada para descascar vegetais ou frutas.

COLHER DE MEDIÇÃO:

disponíveis em metal e plástico, colheres de medição são, na culinária pâtissière, usadas somente para medir pequenas quantidades que não são possíveis medir na balança.

ESPÁTULA:

uma espátula é usada para mover e mexer alimentos em uma superfície quente. Existe uma boa variedade de espátulas feitas de borracha macia, ou de material composto, que servem especialmente para não riscar vasilhas, misturar e espalhar alimentos. Espátulas de silicone são usadas para mexer alimentos quentes, como cremes. Espátulas de madeira são usadas para fazer omeletes em panelas antiaderentes, retirar por completo os recheios de uma panela ou mexer pâte à choux e crème anglaise.

CORTADORES:

disponíveis em vários tamanhos e formas, os cortadores são usados para cortar massa, biscoito, chocolate temperado e outros itens. Os que não são de um formato específico, como coração ou flor, geralmente são redondos, com tamanhos graduais, e podem ser lisos ou canelados nas bordas.

ESPÁTULA OFFSET:

espátula de metal com uma lâmina que é curvada próximo ao cabo, permitindo que ela caiba facilmente embaixo de alimentos e também que seja possível levantá-los. Podem ser encontradas em diferentes tamanhos e formas.

23

FACA DE SERRA:
faca com lâmina serrada, usada para cortar pães, bolos e outros alimentos macios.

FACA DO CHEF:
é a mais versátil de todas as facas. É usada para cortar, picar e fatiar. A lâmina pode variar de 15 cm a 35 cm de comprimento.

FACA DE COZINHA:
faca de lâmina pequena, usada para descascar frutas e vegetais e tornear vegetais.

FÔRMA DE BOLO INGLÊS:
fôrmas retangulares, usadas para pães ou bolos nesse formato.

FÔRMA DE BOLO COM FURO NO MEIO:
fôrma de bolo arqueada, canelada ou com as bordas decoradas e que apresenta um furo no meio. Geralmente mede 9 cm de altura por 25 cm de diâmetro, e é usada para fazer bolos densos.

FÔRMA DE BOLO:
fôrma geralmente redonda, de 5 cm a 12 cm de profundidade e variando de 5 cm a 75 cm de diâmetro, elas podem ser de alumínio ou aço.

FÔRMA DE MADELEINE:
fôrma retangular com espaços rasos, em formato de concha, usada para fazer as clássicas petites françaises, conhecidas como madeleines. Elas estão disponíveis em tamanhos que variam de 3 cm a 10 cm de comprimento.

FÔRMA DE TARTLET:
similar a uma fôrma de torta, porém mais rasa. Pode ser feita de aço estanhado, inoxidável, teflon ou silicone, podendo ter bordas lisas ou caneladas.

FÔRMA DE MUFFIN:
fôrma com furos usada para fazer bolinhos pequenos ou muffins. Pode ser encontrada em vários tamanhos, inclusive em formato de minimuffin.

FÔRMA DE TORTA:
molde raso usado para assar tortas doces ou salgadas. Disponível em tamanhos que variam de 3 cm a 35 cm de diâmetro.

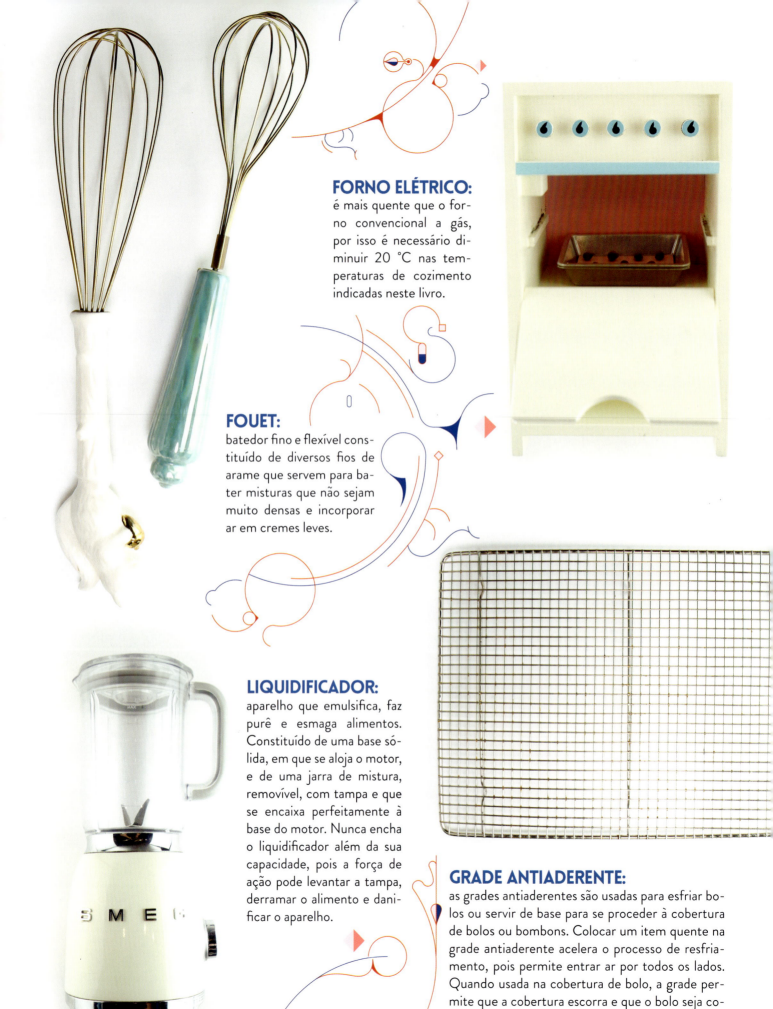

FORNO ELÉTRICO: é mais quente que o forno convencional a gás, por isso é necessário diminuir 20 °C nas temperaturas de cozimento indicadas neste livro.

FOUET: batedor fino e flexível constituído de diversos fios de arame que servem para bater misturas que não sejam muito densas e incorporar ar em cremes leves.

LIQUIDIFICADOR: aparelho que emulsifica, faz purê e esmaga alimentos. Constituído de uma base sólida, em que se aloja o motor, e de uma jarra de mistura, removível, com tampa e que se encaixa perfeitamente à base do motor. Nunca encha o liquidificador além da sua capacidade, pois a força de ação pode levantar a tampa, derramar o alimento e danificar o aparelho.

GRADE ANTIADERENTE: as grades antiaderentes são usadas para esfriar bolos ou servir de base para se proceder à cobertura de bolos ou bombons. Colocar um item quente na grade antiaderente acelera o processo de resfriamento, pois permite entrar ar por todos os lados. Quando usada na cobertura de bolo, a grade permite que a cobertura escorra e que o bolo seja coberto por completo.

MOLDE DE TÊTE:
redondo e canelado, disponível em vários tamanhos. É usado para assar brioche em seu formato clássico.

PANELA ANTIADERENTE:
panela que não gruda no fundo e superfácil de limpar. É útil porque não precisa de muita gordura para cozinhar, mas eu não uso com frequência por conter ingredientes tóxicos em seu acabamento. Com o tempo de uso, ela desgasta facilmente e torna-se inútil. Nunca aqueça esse tipo de panela no fogo alto sem nenhum tipo de gordura no fundo, pois o calor pode torná-la ainda mais tóxica.

MOLDE DE SILICONE:
fôrma ou molde flexível feito de silicone, que permite que o alimento seja retirado facilmente do molde e é bem resistente ao calor, ao frio e à gordura. Os moldes de silicone seguram calor e frio igualmente, o que cria um cozimento uniforme. Sua flexibilidade permite que o produto final seja removido com facilidade, mas não funcionam bem para banho-maria. São mais indicados para sobremesas moldadas.

MAÇARICO:
aparelho portátil e inflamado com propano, o maçarico é mais utilizado para queimar a cobertura de açúcar do crème brûlée e merengues.

PANELA DE BANHO-MARIA:
é uma panela constituída de duas partes, e a parte de cima encaixa até mais ou menos na metade da panela de baixo. A parte de cima é onde se colocam os alimentos para serem aquecidos ou derretidos, enquanto a parte de baixo contém água quente, transmitindo o calor para a parte de cima. Esse processo é usado para aquecer ou cozinhar gentilmente alimentos sensíveis como chocolate, molhos e cremes.

PANELA DE COBRE:
é a panela que espalha mais uniformemente o calor, por isso é excelente para cozinhar caldas de açúcar. É importante comprar a panela que seja feita de cobre por fora, não por dentro. Panelas de cobre por dentro, além de serem extremamente pesadas, podem ser tóxicas. Nunca as utilize para preparar substâncias ácidas (vinagre ou sucos de frutas ácidas). O encontro de componentes químicos causa uma reação tóxica que pode levar a doenças sérias. Também nunca esquente comida numa panela que tenha cobre por dentro, pois não só o sabor e a cor dos alimentos podem ser alterados, como a comida pode tornar-se tóxica.

PANELA DE FERRO:
é uma panela bem forte e pesada. Relativamente barata, dura bastante e conduz muito bem o calor. Existem dois tipos: a que já vem revestida com esmalte e a que não vem revestida. Antes de usar uma que não seja revestida, coloque uma boa quantidade de óleo sem sabor dentro dela e leve-a ao forno preaquecido a 120 °C por 2 horas. Esse procedimento ajuda o metal a não absorver sabores e previne que a comida grude no fundo da panela.

PANELA DE INOX:
é uma panela não reativa excelente, porém espalha muito mal o calor. Não enferruja e não precisa de nenhuma preparação. Para ser útil em uma cozinha, ela deve ser bem grossa, com uma camada de alumínio no fundo para ajudar na condução do calor.

PANELA DE FERRO ESMALTADO:
uma panela de ferro super-resistente com uma camada de esmalte de porcelana. Além de lindas, essas panelas distribuem muito bem o calor e o retêm por mais tempo. Podem ser usadas no fogão e levadas ao forno.

PAPEL-MANTEIGA:
papel fino que contém química que o torna antiaderente. Disponível em folhas e rolos.

PINÇAS:
pinças não furam os alimentos como fazem os garfos, então elas são essenciais e versáteis em qualquer cozinha. São úteis na hora de virar, levantar e entrelaçar os alimentos, e especialmente interessantes para mover itens que serão comidos crus ou sem muito cozimento, evitando, assim, possíveis contaminações.

PINCEL:
pincel pequeno usado para espalhar ovo batido sobre massas ou para molhar bolos com licor ou glacê. Use um pincel separado para o ovo para evitar contaminação.

RALADOR MICROPLANE:
usado para remover rapidamente raspas de frutas cítricas, é mais empregado para dar sabor, não para decorar comidas.

PROCESSADOR DE ALIMENTOS:
máquina com um motor forte acoplado numa capa de plástico ou metal, com uma tigela de encaixe com tampa e várias lâminas com funções específicas. O processador de alimentos pode cortar, misturar, amassar e fatiar à julienne, e funciona melhor quando a tigela está cheia somente até a metade. Funciona apenas quando todas as suas partes estão acopladas perfeitamente.

RASPADOR: existem vários tipos de raspadores. O de metal é utilizado para raspar os restos de massa que ficam na superfície de trabalho ou para dividir a massa. O de plástico é utilizado para retirar o excesso de massa da batedeira ou do processador de alimentos e também para misturar ingredientes.

ROLO DE PÃO: feito de madeira, metal, mármore ou vidro cilíndrico, é utilizado para abrir massas. O rolo francês, que não tem cabo, é o mais usado em uma cozinha pâtissière profissional.

RAMEQUINS: fôrmas individuais, comumente feitas de cerâmica, usadas para assar cremes, como crème brûlée, crème caramel, ou suflês. Eles geralmente podem ser servidos na mesa, pois são decorativos.

SUPERFÍCIE DE MÁRMORE: pelo fato de manter-se em temperatura amena, o mármore é recomendado para abrir massa, temperar chocolate ou qualquer outro alimento sensível ao calor.

SACO DE CONFEITEIRO: disponível em vários tamanhos e materiais, cada um com um propósito distinto. Os tradicionais são feitos de lona ou linho, mas os sacos comerciais contemporâneos são feitos de um tecido impregnado de plástico e borracha para que possa ser higienizado mais facilmente. Os sacos descartáveis são uma alternativa conveniente. Os sacos de confeiteiro são usados em conjunto com os bicos de confeitar, servindo para decorar ou espalhar a massa ou recheio na quantidade certa.

XÍCARA DE MEDIÇÃO:
disponíveis em variados tamanhos e materiais, a xícara de medição pode ser de metal, plástico ou vidro. A medida padrão para 1 xícara são 240 ml.

TAPETE DE SILICONE:
os tapetes de silicone são antiaderentes e podem ser usados para substituir o papel-manteiga. Eles são feitos de tecido de fibras com silicone injetado, proporcionando uma superfície em que nada gruda. São vendidos no tamanho de uma fôrma de bolo retangular padrão. Esses tapetes devem ser lavados com sabão e água antes e depois de serem usados. Depois de usados, eles devem estar frios e retos para serem guardados. Eles nunca devem ser cortados, usados como tábua de corte ou lavados com material abrasivo.

TERMÔMETRO DE AÇÚCAR:
termômetro calibrado em graus Celsius ou Fahrenheit, usado para cozinhar os vários estágios do açúcar. É indispensável para o trabalho com açúcar, chocolate, chocolate derretido e outras guloseimas. Feito de aço inoxidável, não contém mercúrio, e permite leituras entre 20 °C e 300 °C. Esse termômetro é muito mais resistente do que um termômetro digital de comida comum, que não suporta altas temperaturas.

ZESTER:
pequena ferramenta de mão, o zester é geralmente usado para cortar pedaços bem fininhos do alimento. Também utilizado para cortar cascas de limão ou laranja para uso decorativo.

TÁBUA DE CORTAR:
pode ser feita de madeira, mármore ou plástico. As tábuas garantem uma superfície segura para cortar o alimento e devem ser periodicamente colocadas em molho, em uma solução desinfetante de água e cloro. Uma tábua muito usada deve ser descartada, já que pequenas partículas de comida podem ficar presas em sua superfície, contaminando os alimentos que ali forem cortados.

TERMÔMETRO A LASER:
pode ser um termômetro tradicional ou digital, que tenha o laser como componente. O termômetro é colocado acima do material a ser medido, e o laser lê a sua temperatura. A mistura deve ser mexida bem de leve enquanto a temperatura estiver sendo medida. É uma ferramenta bastante usada para medir temperatura de chocolate temperado.

Matéria-Prima

Açúcar em Pérolas

O açúcar em pérolas é um tipo especial de açúcar, feito do açúcar refinado. Ele é mais grosso, duro, opaco e não derrete facilmente, por isso é insubstituível na receita dos waffles de liège, o que, por si só, já seria a melhor razão para você aprender a fazê-lo em casa. Mesmo porque, se você não estiver na Bélgica ou na Escandinávia, não vai ser nada fácil encontrá-lo à venda.

Água
1 colher de sopa (15 ml)

Açúcar
2/3 xícara (145 g)

1. Em uma panela, de preferência de fundo grosso, adicione o açúcar e a água. Em fogo bem baixo, mexa com uma colher de pau, sem parar, até que bolinhas de açúcar comecem a se formar. Caso contrário, adicione mais algumas gotas de água.

2. Deixe o açúcar no fogo por mais 20 minutos, mexendo de vez em quando, para que as pérolas sequem completamente.

3. Quando elas estiverem duras, tire do fogo e deixe esfriar completamente. Descarte os grãos que não formaram bolinhas e coloque as pérolas dentro de uma embalagem hermética.

RENDE **150 G**

1. Em uma batedeira, bata as claras até ficarem branquinhas. Adicione o açúcar de confeiteiro aos poucos e bata até atingir picos duros.

2. Em outra vasilha, adicione as gemas e bata com o açúcar até ficarem fofos e pálidos. Misture com as claras e mexa delicadamente, sem murchar as claras. Acrescente a farinha e mexa até dissolver.

3. Forre uma assadeira com papel-manteiga ou tapete de silicone e, com um saco de confeiteiro, faça biscoitos de 8 cm de comprimento por 2,5 cm de largura.

4. Polvilhe açúcar de confeiteiro por cima e leve para assar, em forno preaquecido a 190 °C, por 10 minutos, ou até ficarem levemente dourados.

5. Retire imediatamente do forno e deixe esfriar sobre uma grade.

RENDE 40 BISCOITOS

Ovos 3 (separados)

Açúcar ¼ xícara (60 g)

Açúcar de confeiteiro ⅔ xícara (70 g)

Farinha 1 xícara (120 g)

Casquinha de Sorvete

O cone foi uma deliciosa ideia sustentável de um vendedor ambulante de sorvetes para substituir os potinhos de porcelana em que eram servidos. Você pode fazer essa crocância absoluta facilmente em casa, e só depois de fazer essa versão caseira você vai entender o quão melhor um sorvete pode ficar com um abraço desse biscoitão de baunilha, também chamado de casquinha de sorvete.

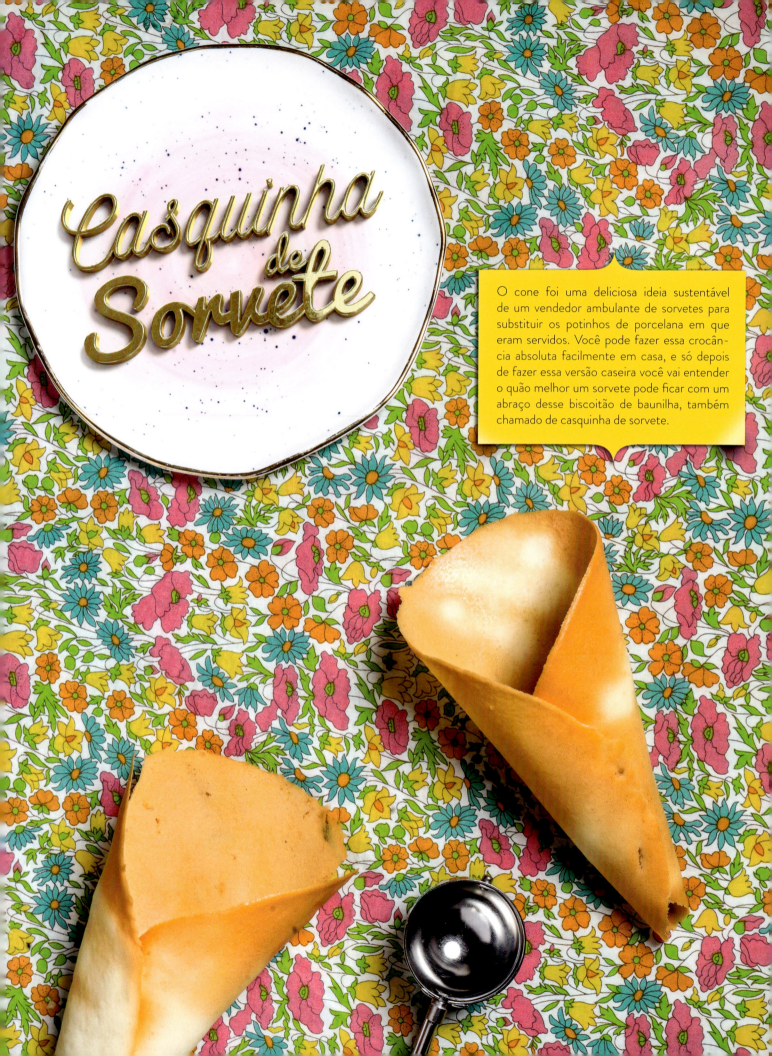

Açúcar
6 colheres de sopa (85 g)

Ovos
3 claras

Farinha de trigo
¾ xícara (90 g)

Extrato de baunilha
1 colher de chá (4 ml)

Manteiga derretida
3 colheres de sopa (45 g)

1. Em uma vasilha, misture as claras, o açúcar e a baunilha.

2. Adicione a farinha e a manteiga derretida. Mexa até ficar homogêneo.

3. Forre uma assadeira com papel-manteiga ou tapete de silicone e espalhe dois círculos de massa, de 15 cm de diâmetro, o mais uniformemente que você conseguir.

4. Leve ao forno preaquecido a 180 °C, e asse entre 10 e 15 minutos, até dourar.

5. Tire a assadeira do forno e, com uma espátula, solte os discos ainda quentes, deslizando a espátula por baixo da massa e virando o disco rapidamente. Enrole a massa em formato de cone, pressionando a emenda para fechá-lo bem, até embaixo. Repita o processo com o outro disco de massa.

6. Deixe esfriar por 15 minutos para ficarem firmes.

RENDE **8** CASQUINHAS

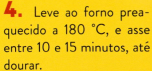

Cerejas ao Marasquino

A maioria das cerejas ditas "ao marasquino" vêm mergulhadas em uma calda com aroma artificial, para baratear os custos, e são preservadas em uma salmoura de dióxido de enxofre e cloreto de cálcio, um processo que tira a cor natural da fruta. Para reavivar a cor, elas recebem um banho de corante vermelho, sem falar que muita cereja em calda à venda por aí é feita de chuchu! Sério, isso não é lenda não. Acho que depois dessas e outras o que não faltam são motivos para você querer fazer suas cerejas em casa, né?!

RENDE **350 ML**

Água ½ xícara (120 ml)

Açúcar 2 xícaras (400 g)

Sal 1 pitada

Licor de marasquino (ou kirsch) 1 ½ xícara (360 ml)

Cereja (sem caroço) 2 ½ xícaras (450 g)

Extrato de amêndoa 1 colher de sopa (15 ml)

Suco de limão 2 colheres de sopa (30 ml)

5. Deixe esfriar em temperatura ambiente, feche o vidro e leve para a geladeira.

4. Despeje a calda quente sobre as cerejas já no vidro esterilizado.

3. Tire a panela do fogo, adicione o suco de limão, o extrato de amêndoas e o licor de marasquino, e mexa bem.

2. Em uma panela, adicione o açúcar, a água e a pitada de sal. Misture e cozinhe em fogo médio até ferver e o açúcar dissolver.

1. Lave as cerejas, tire os cabinhos e os caroços, e coloque-as em um vidro esterilizado (aprenda como esterilizar na página 45).

41

Chocolate Granulado

Granulado é um daqueles ingredientes que, quando mequetrefes, têm o poder de destruir qualquer receita caseira maravilhosa, até o brigadeiro. Isso ocorre porque a maioria dos granulados industrializados não têm gosto de chocolate e, sim, de gordura hidrogenada que vira uma pasta grudenta no céu da boca. Nessa versão caseira, ele tem altíssima qualidade, gosto de chocolate intenso e crocância de verdade, aquele tipo que faz barulho a cada mordida. CROC!

Açúcar de confeiteiro
1 ¼ xícara (150 g)

Extrato de baunilha
1 colher de sopa (15 ml)

Sal
1 pitada

Cacau em pó
9 colheres de sopa (45 g)

Café solúvel (opcional)
1 pitada

Água
1 colher de sopa (15 ml)

1. Na batedeira, adicione o açúcar de confeiteiro, o cacau em pó, a água, o extrato de baunilha, o sal e o café solúvel.

2. Bata até obter uma mistura homogênea e transfira para um saco de confeitar com bico fino (nº 2 ou nº 3).

3. Abra duas folhas de papel-manteiga em uma superfície plana e faça uma série de linhas paralelas.

4. Deixe secar por 24 horas em temperatura ambiente, e com uma faca corte em pequenos pedaços.

5. Transfira para um pote com tampa e se delicie!

RENDE **2** XÍCARAS

Compota de Pêssego

Sempre fui fã de frutas em calda! Além de ser uma ótima maneira de conservá-las fora da estação, elas ainda adicionam um docinho maravilhoso no final das refeições. Sempre faço as minhas caseiras porque gosto de controlar o açucarado das caldas, e porque não gosto de produtos enlatados por conterem BPA. O bisfenol A é uma substância química encontrada no revestimento das latas de produtos alimentícios e em plásticos e pvc. Aí você, na melhor das intenções, come uma frutinha em calda, que acaba vindo com uma porção de toxinas que você nem sabia que estavam no menu.

1. Você vai precisar de 2 potes de vidro de 1 L cada, com tampa.

2. Para a esterilização dos potes de vidro, primeiro lave-os com água quente e detergente.

3. Em uma panela funda, coloque os potes com a boca virada para cima, e cubra-os totalmente com água. Deixe ferver por 10 minutos.

4. Em uma panela menor, coloque as tampas e ferva por 10 minutos também.

5. Com uma pinça, tire os vidros e as tampas das panelas e coloque-os sobre um pano de prato limpo. Deixe esfriar.

6. Em uma panela, adicione a água, o açúcar e a fava de baunilha com as sementes raspadas. Cozinhe em fogo médio até levantar fervura. Abaixe o fogo e cozinhe a calda por 15 minutos, ou até engrossar.

7. Faça um corte em x na pontinha dos pêssegos e mergulhe-os, um por um, em água fervente por 1 minuto, resfriando-os imediatamente em uma vasilha com água gelada, para impedir o cozimento.

8. Agora as casquinhas vão se soltar com mais facilidade. Com a ajuda de uma faca, descasque os pêssegos, corte-os ao meio e retire os caroços.

9. Transfira os pêssegos para os potes esterilizados, cubra com a calda quente e tampe.

10. Em uma panela, coloque os vidros fechados e cubra-os completamente com água. Ferva por 20 minutos, desligue o fogo e deixe descansar por 5 minutos.

11. Retire os potes da panela e deixe-os repousar por 12 horas, sem perturbá-los. As tampas vão se contrair e selar os pêssegos em calda.

RENDE 6 PORÇÕES

Água — 1 litro

Fava de baunilha — 1 unidade (opcional)

Açúcar — ¾ xícara (180 g)

Pêssegos semimaduros — 6 unidades

Os corantes alimentícios artificiais são verdadeiros venenos! Todos sabemos disso. Uma infinidade de artigos científicos de universidades americanas, incluindo o Food and Drug Administration (FDA), já linkaram esses corantes a uma série de doenças. A cor mais usada, vermelho 40, por exemplo, está diretamente ligada à hiperatividade infantil, mas infelizmente existe uma crença popular de que se consumidos em pequenas quantidades, eles não são prejudiciais à saúde. Acontece que eles estão por toda parte, do iogurte ao biscoito, do salmão ao cereal matinal e, no fim, ninguém consome apenas um tiquinho por dia e, sim, um montão. É por isso que eu, honestamente, não vejo razão para adicionar mais uma camada de toxinas no seu corpo ao fazer uma sobremesa e, há muitos anos, desenvolvi as minhas próprias técnicas para colorir meus doces naturalmente. Por serem usados em mínimas quantidades, esses corantes não chegam a dar sabor ao preparo, e os tons ficam levemente mais pálidos que a versão artificial, mas não menos lindos.

BORDÔ
1 beterraba
¼ xícara (50 ml) de água

Em uma centrífuga ou juicer, triture a beterraba crua para extrair o suco. Peneire. Caso não tenha uma centrífuga ou juicer, bata a beterraba no liquidificador com ¼ de xícara de água, peneire e, em fogo baixo, reduza o suco até sobrar apenas ⅓ da quantidade que estava inicialmente na panela.

ROXO
200 g de amora

Em um liquidificador, bata a amora até obter um purê. Peneire.

ROSA
200 g de framboesa

Em um liquidificador, bata a framboesa até obter um purê. Peneire e, em fogo baixo, reduza o suco pela metade, para que a cor fique mais saturada.

VERDE
200 g de espinafre
2 colheres de sopa (30 ml) de água

Em uma centrífuga ou juicer, triture o espinafre para extrair o suco. Peneire e, em fogo baixo, reduza o suco pela metade. Caso não tenha uma centrífuga ou juicer, bata o espinafre no liquidificador com 2 colheres de sopa de água, peneire e, em fogo baixo, reduza o suco até sobrar apenas ⅓ da quantidade que estava inicialmente na panela.

AMARELO
2 mangas
1 colher de chá (3 g) de cúrcuma

Em um liquidificador, bata as mangas até obter um purê. Peneire e, em fogo baixo, reduza o suco pela metade. Adicione a cúrcuma e mexa.

LARANJA
4 cenouras
⅓ xícara (80 ml) de água

Em uma centrífuga ou juicer, triture a cenoura crua para extrair o suco. Em fogo baixo, reduza o suco pela metade. Caso não tenha uma centrífuga ou juicer, bata a cenoura no liquidificador com ⅓ de xícara de água, peneire e, em fogo baixo, reduza o suco até sobrar apenas ⅓ da quantidade que estava inicialmente na panela.

AZUL
1 repolho roxo
1 pitada de bicarbonato de sódio

Pique o repolho roxo e coloque-o em uma panela. Cubra com água e cozinhe, em fogo médio, por 10 minutos. Peneire e volte a água roxa para a panela, e reduza pela metade. Adicione uma pitada de bicarbonato de sódio e mexa para, magicamente, ficar azul.

CREAM Cheese

Existem duas maneiras de fazer cream cheese caseiro. Eu já ensinei, no meu programa, a fazer um com base de iogurte, que fica parecendo uma coalhada seca, mas notei que as pessoas se decepcionaram por causa de seu gostinho azedinho acentuado, por isso resolvi ensinar no livro uma versão mais fiel ao cream cheese tradicional. Por ser fiel a um queijo de verdade, vamos precisar de cultura láctea para coalhar o leite, pois sem ela não existe queijo; sem queijo, não temos cream cheese caseiro e, sem cream cheese caseiro, somos obrigados a comprar os industrializados, feitos com goma xantana e carragenina.

Creme de leite fresco
2 xícaras (480 g)

Leite
2 xícaras (480 ml)

Fermento lático mesofílico
1 ¼ colher de chá (3 g)

Sal
A gosto

1. Em uma vasilha de vidro, adicione o creme de leite e o leite. Delicadamente, misture o fermento lático.

2. Cubra parcialmente a vasilha (não feche completamente) e deixe a mistura descansar em um cantinho quente da sua cozinha por 12 horas, ou até parecer iogurte.

3. Sobre uma outra vasilha, coloque uma peneira, cobrindo-a com um pano de prato limpo. Despeje a mistura formada sobre a peneira, cubra-a com as pontas do pano e deixe o whey pingar por 12 horas. Quanto mais tempo pingar, mais grosso vai ficar o cream cheese.

4. Tempere com sal e transfira para um pote com tampa.

RENDE 2 XÍCARAS

51

Creme de Avelãs

Se todos soubessem que o creme de avelã mais famoso por aí tem menos avelãs em sua composição que açúcar e óleo de dendê, correriam para fazer um caseirinho, bem maneirinho, que nem esse aqui. A pasta que deu origem ao creme de avelãs é chamada gianduia e leva 30% do fruto. Mas na minha receita, eu coloco bem mais porque adoro conquistar esquilos! A textura é mais granulosa por se chamar, bem..., pasta de a-ve-lãs, mas caso queira uma textura mais fininha e lisa, é só peneirar e voilà.

Amêndoas
½ xícara (60 g)

Leite
1 ½ xícara (360 ml)

Leite em pó
½ xícara (60 g)

Chocolate amargo
¾ xícara (150 g)
+
Chocolate ao leite
¾ xícara (150 g)

Sal
1 pitada

Mel
2 colheres de sopa (40 g)

Avelãs
1 ¼ xícara (180 g)

1. Ligue o forno a 180 °C.

2. Coloque as avelãs e as amêndoas em uma fôrma para tostar e leve-as ao forno por cerca de 10 minutos, ou até começarem a ficar fragrantes.

3. Em uma panela, aqueça o leite integral, o leite em pó, o mel e o sal, só até ferver.

4. Em banho-maria, derreta os chocolates.

5. Triture as nozes em um processador de alimentos até virarem um pó fino. Adicione os chocolates derretidos e o leite quente, e bata até tudo ficar bem fininho e homogêneo.

6. Transfira para uma vasilha, cubra e leve para gelar de um dia para o outro, para o creme ficar firme.

RENDE 1 KG

Creme de LEITE FRESCO

"Onde eu compro creme de leite fresco?" Se você já me perguntou ou já pensou em me perguntar isso, essa receita é para você. Apesar de ser um ingrediente muito simples (é apenas a gordura do leite que se separa naturalmente), as pessoas se acostumaram tanto com a versão industrializada, enlatada, que acabam nem sabendo do que isso se trata. Essas versões em caixinha ou latinha, além de não servirem para bater chantilly, também não servem para bater manteiga por não conterem quantidade suficiente de gordura do leite e não chegarem nem aos pés do creme de leite produzido naturalmente, pelas tetinhas das vacas leiteiras.

1. Divida o leite em 4 vasilhas e deixe-o descansando na geladeira por 24 horas, no mínimo.

2. Retire a nata que se formar na superfície, sem mergulhar a colher para não misturar com o restante do leite, e vá coletando essa nata em uma embalagem com tampa.

3. Vai demorar de 2 a 3 dias para você coletar todo o creme. Use como desejar, e o leite também continuará perfeito para o uso, mas agora com menos gordura. Será que dá para chamar de leitinho semidesnatado?

RENDE 1 XÍCARA

Leite integral cru ou não homogeneizado
4 litros
(vem escrito assim na embalagem e fica em geladeira)

Crème Fraîche

De sabor levemente ácido, o crème fraîche é um creme francês, menos ácido que o creme azedo e com maior quantidade de gordura (45%). Ele pode ser aquecido sem talhar, e nenhuma tarte tatin está completa sem uma colheradinha dele por cima. Apesar do nome, creme fresco, em português, ele é feito com creme de leite azedo e é um ótimo ingrediente de finalização de pratos salgados e doces.

1. Em uma vasilha, misture o creme de leite com o iogurte e o suco de limão.

Creme de leite fresco
1 xícara (240 g)

Suco de limão
1 colher de sopa (15 ml)

Iogurte natural
2 colheres de sopa (30 g)

2. Cubra com um pano e deixe descansar em um local morninho da sua casa por 24 horas.

3. Leve a mistura para a geladeira e use com criatividade. Se você adicionar uma fava de baunilha, o creme vai ficar ainda mais saboroso.

RENDE 1 XÍCARA

Doce de Leite

Para mim, o doce de leite brasileiro é o mais gostoso que existe. Um dos orgulhos da culinária mineira, o doce de leite tem até regulamento para atestar sua qualidade. A cor precisa ser castanho-caramelada e a consistência, cremosa ou pastosa. Ao fazermos em casa, não consumimos adoçantes de milho nem usamos o "truque" com amido de milho. Todos os ingredientes (três, no caso) são reconhecidos por você, e assim fica atestado que não é necessário adicionar nada a mais nessa perfeição simples de leite e açúcar. Nem mesmo a baunilha, senhores argentinos.

Leite integral
2 litros

Açúcar
2 ¾ xícaras (600 g)

Bicarbonato de sódio
1 pitada (1 g)

1. Em uma panela grande e alta, adicione o leite, o açúcar e uma pitada de bicarbonato de sódio. Em fogo alto, mexa sem parar, até o açúcar dissolver e o leite levantar fervura.

2. Diminua o fogo e continue cozinhando a mistura, mexendo de vez em quando para não grudar. Entre 45 a 60 minutos cheque o ponto: se a cor já estiver caramelo-escura, passe a colher no fundo da panela e, se abrir um caminho que permita ver o fundo, está pronto (mesmo que não esteja muito grosso).

3. Transfira o doce para a batedeira e bata até esfriar. O seu doce vai ficar encorpado e brilhoso.

RENDE 300 G

Extrato de Baunilha

A baunilha é a segunda especiaria mais cara do mundo, não é à toa que seja campeã de adulterações para baratear o seu custo; até pedaço de madeira mergulhada em álcool de cereal é comercializado. Para obter o extrato dessa fava perfumada – que é polinizada e colhida manualmente –, em vez de consumir vanilina e outros mequetrefismos, é muito simples: faça em casa. Caso queira comprá-lo pronto, lembre-se: nunca essência, sempre ex-tra-to!

1. Com uma faquinha, abra as favas e raspe as sementinhas. Caso suas favas estejam secas, embrulhe-as em papel-toalha úmido e leve-as ao micro-ondas por alguns segundos.

Favas de baunilha
3 unidades

Vodca
1 xícara (240 ml)

2. Coloque-as em um pote de vidro com vodca, tampe bem e chacoalhe.

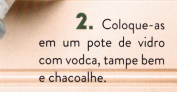

3. Cole uma etiqueta no pote, com a data. O extrato só estará com todos os sabores e aromas desenvolvidos em 6 meses. Se você não aguentar esperar todo esse tempo, pode consumi-lo em 2 meses.

RENDE 240 ml

Geleia de Morango

Fazer geleia em casa, como a minha vó fazia, é muito fácil, divertido e sustentável. Com isso, a gente dá um ótimo destino para as frutas abundantes de cada estação, personaliza com a adição de ervas aromáticas e pode controlar o nível de açúcar. Na minha geleia não entra xarope de glucose, nem que a vaca tussa, espirre e se descabele! Ninguém precisa dessas bobagens quando há pectina e frutose natural suficiente nas frutas.

1. Em uma panela, coloque os morangos limpos e sem os cabinhos.

Morangos
2 ¼ xícaras (340 g)

2. Com um garfo, amasse grosseiramente, adicione o açúcar e deixe descansando por 10 minutos.

Açúcar
⅔ xícara (130 g)

Suco de limão
1 colher de chá (5 ml)

3. Adicione o suco de limão e cozinhe em fogo médio, mexendo de vez em quando para não grudar.

4. Após 20 minutos de fervura, passe a espátula no fundo da panela. Se abrir um caminho que permita enxergar o fundo, tire do fogo.

5. Transfira a geleia para um pote com tampa e guarde-o na geladeira. Caso queira que a geleia dure por anos, aprenda a esterilizar e a selar os vidros na página 45.

RENDE **300 G**

iogurte

Iogurte é o leite transformado pela fermentação bacteriana, o que o torna um líquido levemente ácido e espesso. Além de ser mais barato fazê-lo em casa do que comprar no mercado, você não vai consumi-lo nos típicos potinhos de plástico que demoram 50 anos para se decompor. Mais: você pode customizar o seu iogurte acrescentando as suas frutas preferidas e até criando sabores inusitados, sem adicionar corantes e sabores artificiais. Já viu quanto de morangos frescos tem no seu iogurte de morango favorito? Aposto que nenhum!

Leite integral
1 xícara (240 ml)

Leite em pó
7 colheres de sopa (50 g)

3. Retire do fogo e adicione o iogurte e o creme de leite fresco e mexa até incorporar. Sim, para fazer iogurte pela primeira vez, você precisa de iogurte; mas, uma vez que tenha feito o seu próprio, você não precisará mais comprar.

1. Em uma panela, adicione o leite integral e o leite em pó.

2. Mexa em fogo médio até o leite atingir 80 °C, ou seja, até a mistura ficar quente mas sem queimar os dedos.

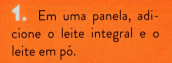

4. Divida o conteúdo em 6 potinhos de vidro individuais.

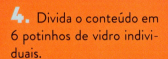

Iogurte natural
5 colheres de sopa (75 g)

5. Leve os potinhos para o forno, em temperatura baixa e com a porta entreaberta, por 3 horas.

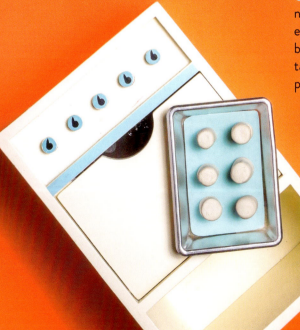

Creme de leite fresco
2 colheres de sopa (30 g)

6. Desligue o forno e deixe-os por mais 6 horas lá dentro, em seguida transfira-os para a geladeira.

RENDE 6 PORÇÕES

LEITE CONDENSADO

O leite condensado foi inventado para conservar o leite por mais tempo, pois no mundo pré-geladeira era bastante comum ele azedar no trajeto da fazenda para a cidade. Ao fazer o leite condensado em casa, você vai tomar consciência da quantidade de açúcar que ingere em uma única latinha e se convencer de que esse ingrediente, apesar de delicioso, não foi feito para ser usado em tudo e em todas as receitas de doces que existem no mundo!

1. Em uma panela, misture o leite com o açúcar. Pode ser substituído por leite de amêndoas ou de coco para versões veganas.

Leite
1 litro

Açúcar
1/3 xícara (300 g)

2. Em fogo alto, mexa sem parar, até a mistura começar a engrossar, aproximadamente por 20 minutos. Teste o ponto.

3. Derrame um pouco do leite em um pires gelado. Se, ao virá-lo, ele escorregar lentamente, já estará no ponto. Ele ainda estará bem líquido mas não se preocupe.

4. Transfira o conteúdo para uma batedeira e bata até o leite esfriar. É nesse processo que ele fica encorpado e ganha textura brilhosa.

RENDE 1 XÍCARA

Leite de Coco

O leite de coco é um alimento rico em vitaminas, proteínas e gordura saturada, e é rapidamente digerido e transformado em energia. Alternativa perfeita para quem é intolerante à lactose, ele fica bem mais saboroso feito em casa, além de não conter acidulantes, espessantes e conservantes, como os encontrados na maioria das marcas disponíveis nas prateleiras dos mercados.

Coco fresco
1 ½ xícara (200 g)

1. Se precisar abrir o coco, faça um furo em um dos 3 "olhos" na parte de baixo da fruta (um deles é macio e penetrável) e retire a água. Coloque-o no forno alto e asse por 10 minutos, ou até uma rachadura aparecer. Embrulhe-o em um pano de prato e bata no chão com força para ele abrir. Retire os pedaços de coco e bata em um liquidificador, ou processador de alimentos, com 1 litro de água fervente por 5 minutos.

Água fervente
1 litro

2. Em uma vasilha coberta com uma peneira e um pano de prato limpo, despeje o leite batido. Junte as pontas, torça e esprema todo o leitinho.

3. Transfira para um vidro esterilizado com tampa e guarde na geladeira.

RENDE 1 LITRO

Manteiga

A manteiga é feita da gordura do leite, ou seja, podemos obtê-la por meio do creme de leite fresco. As manteigas mais saborosas que existem são as de estilo europeu, pois são feitas do creme de leite fermentado (cultured butter), e é exatamente essa manteiga que eu vou te ensinar a fazer. Não leva nenhum tipo de conservante, mas por conter um alto teor de gordura, que é um conservante natural, ela dura até 2 semanas na geladeira se lavada corretamente. Fazê-la em casa rende um extra: o soro do leite, também conhecido como buttermilk ou leitelho, que é um soro fermentado usado em receitas como panquecas e bolos. Por conter ácido lático, o buttermilk entra em reação química com o fermento e o bicarbonato, criando dióxido de carbono e deixando as massas muito fofinhas. O buttermilk também é um ótimo ingrediente para marinadas, pois o ácido lático amacia as carnes e ajuda a não ressecá-las.

Creme de leite fresco
2 xícaras (480 g) com, no mínimo, 35% de gordura

Iogurte natural
¼ xícara (60 g)

Sal
A gosto

1. Em uma vasilha, misture bem o creme de leite fresco e o iogurte. Cubra com um pano e deixe descansar, em um lugar quentinho, por 24 horas para fermentar e, logo em seguida, coloque a mistura na geladeira por 1 hora apenas.

2. Em um processador de alimentos, liquidificador ou batedeira, bata o creme por aproximadamente 8 minutos, ou até a gordura se desprender e formar uma bola.

3. Escorra o líquido leitoso, que é o buttermilk, e guarde-o tampado na geladeira.

4. Transfira a manteiga para uma vasilha e adicione água bem gelada até cobri-la. Com uma espátula, amasse a manteiga para lavá-la e retirar todos os resíduos que não sejam gordura. Jogue a água fora e repita o processo, adicionando mais água gelada, até ela sair completamente limpa e não mais leitosa.

5. Retire o bloco de manteiga da água, adicione sal a gosto e seque-a muito bem com papel-toalha. Aprecie com ou sem moderação.

RENDE 200 G DE MANTEIGA E 1 XÍCARA DE BUTTERMILK

MASCARPONE

O mascarpone é um queijo italiano cremoso, de sabor adocicado, que eu costumo chamar de manteiga cremosa por ser quase tão rico em gordura quanto ela, em torno de 70%, o que faz toda a diferença quando vamos preparar um crème brûlée ou um clássico tiramisu. Entre todas as receitas de matéria-prima dessa seção, essa é a que mais se assemelha à versão industrializada, o que é sensacional considerando o valor do mascarpone vendido nos mercados brasileiros. Finalize seus molhos com uma colher desse creme dos deuses, e você, assim como eu, se tornará um fiel adepto da onda mascarponiana.

Creme de leite fresco
1 xícara (240 g)

1. Em uma panela, adicione o creme de leite e cozinhe em fogo baixo, mexendo constantemente sem deixar levantar fervura.

Suco de limão coado
1 ½ colher de chá (7 ml)

2. Assim que o creme começar a levantar bolhinhas pequenas, adicione o suco de limão e continue mexendo.

3. Após 5 minutos, o creme deve estar espesso. Desligue o fogo e deixe descansar por 20 minutos.

4. Forre uma peneira com gaze e coloque sobre uma vasilha. Despeje o creme e, assim que ele esfriar completamente, leve para a geladeira.

5. Após 24 horas, retire a gaze e transfira o mascarpone para um vidro com tampa.

RENDE **200** G

SOUR CREAM

O sour cream, ou creme azedo, em português, é uma espécie de iogurte natural com muito mais gordura, e é o meu ingrediente secreto para deixar as massas de bolos extremamente úmidas, pois ele reage com o fermento criando dióxido de carbono. Comum no México, nos Estados Unidos e na Europa, o sour cream não é superazedo como você provavelmente imaginou, e é um ótimo acompanhamento para tacos (quebra o ardido da pimenta), carnes, tortas de maçã e doces caramelizados.

1. Coloque uma peneira fina sobre uma vasilha e despeje sobre ela o iogurte.

3. Tire o iogurte da geladeira, descarte o líquido que escorreu e transfira a substância espessa para uma vasilha limpa.

iogurte natural
2 xícaras (500 g)

Água quente
quanto baste

Suco de limão
1 colher de chá (5 ml)

2. Cubra e leve para a geladeira durante a noite.

4. Adicione o suco de limão e bata vigorosamente. Ajuste a densidade do creme adicionando ½ colher de chá de água quente. Bata novamente entre cada adição.

5. Pare de bater assim que o creme atingir a consistência de iogurte grego. Leve para gelar por 2 horas, no mínimo.

RENDE 1 ½ XÍCARA

Introdução

Açúcar

Existem muitos tipos de açúcar – dos mais brutos aos mais refinados – e, apesar de eu adorar o sabor aromatizado que um açúcar menos refinado tem (ex.: mascavo e demerara), infelizmente nem sempre eles são adequados para o preparo de certas receitas.

TIPOS DE AÇÚCAR

- **AÇÚCAR MASCAVO** é o açúcar bruto, úmido e de cor caramelada. Patriarca de todos os açúcares, ele é extraído diretamente da cana. Por não ser processado, ele conserva as vitaminas e os minerais, o que o torna mais nutritivo. No entanto, o seu sabor acentuado altera o gosto dos alimentos, por isso é mais usado em pães e doces específicos.
- **AÇÚCAR DEMERARA** é um açúcar mais sofisticado, é mais caro e não altera o gosto dos alimentos, tornando-o a opção perfeita para alguns doces que exigem precisão no sabor. Nativo da Demerara, região da Guiana, ele tem os valores nutricionais parecidos com o do mascavo, além de ser mais claro e fino.
- **AÇÚCAR CRISTAL** tem o grão transparente e grande e passa por um refinamento mais leve que o açúcar refinado, mantendo pelo menos 10% de seus sais minerais. Ele é um estágio anterior ao do açúcar refinado. Por seus grãos serem maiores, ele é mais difícil de ser dissolvido e por isso não é indicado para preparo de merengues.
- **AÇÚCAR REFINADO**, também chamado de açúcar branco, é o mais comum e utilizado pelo seu preço acessível e pela textura fina, que dissolve facilmente. Filho direto do açúcar cristal, ele passa por um processo de refinamento que elimina todos os nutrientes presentes na cana; tadinho!
- **AÇÚCAR DE CONFEITEIRO** tem uma textura parecida com a do talco, é mais homogêneo e seus grãos são ultrafinos. Irmão do açúcar refinado, ele é ainda mais branco e leva um pouco de amido de milho em seu DNA. O amido impede que ele absorva a gordura do doce e fique "empelotado", tornando-o ideal para glacês. Ele também é perfeito para merengues e chantillys. Para biscoitos, o açúcar de confeiteiro deixa a massa mais flexível e menos suscetível a quebrar ao ser moldada. Como ele é muito fino, ele se dissolve rapidamente e não forma pedrinhas.

No Brasil, a história da confeitaria está diretamente ligada ao cultivo de cana-de-açúcar somada à tradição doceira dos portugueses, o que tornou o paladar da população muito açucarado. Acredito que uma sobremesa possa ser adoçada de maneira balanceada, de modo que o adocicado não necessariamente se sobreponha ao sabor de outros ingredientes da composição, como frutas e especiarias, por exemplo.

Algumas pessoas questionam a finalidade do açúcar em receitas por ser um ingrediente nutricionalmente pobre. A verdade é que ele, muitas vezes, é insubstituível por ter um enorme poder transformador, começando pela sua capacidade de se converter em caramelo. A lista a seguir é uma introdução breve da função do açúcar, além de adoçar e dar sabor às sobremesas.

Função do açúcar, além de adoçar

1. Fomenta a ação do fermento para aumentar o seu crescimento numa mistura.
2. Colabora com moléculas de proteína e amido durante o cozimento ou fornada.
3. Ajuda a incorporar ar na gordura quando elas são batidas em uma massa.
4. Age como amaciador por absorver líquido e deter o desenvolvimento do glúten na farinha e a gelatinização do amido de milho.
5. Carameliza a superfície de doces, produzindo uma cor dourada e um aroma convidativo.
6. Estabiliza a espuma de ovos batidos, auxiliando o processo de bater.
7. Alimenta a maciez e a cor das frutas em conserva.
8. Ajuda a prevenir a descoloração em frutas congeladas.
9. Aumenta a textura cremosa e macia dos sorvetes.
10. Atrasa a coagulação de proteína de ovos em pudins e cremes.
11. Modera o processo de resfriamento em frutas em conserva e gelatinas.
12. É um conservante natural, prevenindo que produtos como frutas em conserva estraguem com rapidez.
13. Auxilia uma diversidade de doces na variação dos graus de recristalização.
14. Desenvolve açúcar invertido para controlar a recristalização.

Pontos de calda de açúcar

TEMPERATURA no termômetro de açúcar	FINALIDADE	NOME DO PONTO	TESTE DA ÁGUA FRIA (jogue a calda em uma tigela com água fria para testar)
110 a 112 °C	Xarope de açúcar	Ponto de fio	Você consegue puxar um fio, mas que não se transforma em bola
112 a 115 °C	Pasta americana e buttercream	Bala mole	Forma uma bola mole e maleável depois de retirada da água
118 a 120 °C	Marshmallow e merengue italiano	Bala firme	Forma uma bola firme que não achata muito depois de retirada da água
121 a 130 °C	Nougat e toffee	Bala dura	Forma uma bola dura que não achata de jeito nenhum depois de retirada da água
132 a 143 °C	Torrone	Crosta mole	Separa em fios que não são quebradiços
149 a 154 °C	Brittle	Crosta dura	Separa em fios que são duros e quebradiços
160 °C	Bala	Calda translúcida	Endurece imediatamente e tem a cor âmbar-clara
170 °C	Coberturas de caramelo, como maçã do amor	Calda escura	Endurece imediatamente e tem a cor marrom-escura

Para caldas, os açúcares mais indicados são o cristal, o refinado e o orgânico, que é um pouco menos refinado, de coloração marrom-clara.

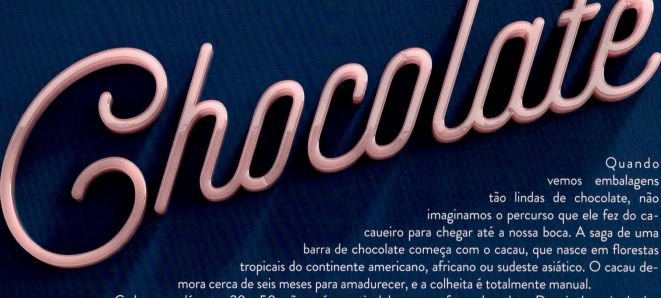

Quando vemos embalagens tão lindas de chocolate, não imaginamos o percurso que ele fez do cacaueiro para chegar até a nossa boca. A saga de uma barra de chocolate começa com o cacau, que nasce em florestas tropicais do continente americano, africano ou sudeste asiático. O cacau demora cerca de seis meses para amadurecer, e a colheita é totalmente manual.

Cada cacau dá entre 20 e 50 grãos e é a partir deles que se faz o chocolate. Depois da retirada dos grãos, eles são colocados em caixas de madeira cobertas para que fermentem naturalmente. Esse processo ajuda a aflorar o sabor e pode levar até oito dias.

Os grãos saem bastante úmidos da fermentação e devem ser secos ao sol ou em galpões arejados. Então, são classificados, ensacados e despachados por navio aos fabricantes de chocolate.

Quando eles chegam à nova casa, são selecionados e limpos para remover qualquer resíduo. Em seguida, são levados para tostar. Com o calor, a casca do grão se separa do núcleo e é removida. Agora, os grãos são chamados de nibs de cacau e são moídos para liquefazer a manteiga de cacau e produzir o licor de chocolate.

Cada fabricante usa diferentes porcentagens de manteiga de cacau de acordo com a sua fórmula secreta e combina ingredientes específicos para que o chocolate tenha um sabor único. Esse processo desenvolve o sabor do chocolate e libera um pouco do amargor natural. Essa fase pode durar horas ou dias, dependendo do sabor e da textura desejados pelo fabricante. Depois disso, o chocolate finalmente estará pronto para ser temperado e cair no mundo! A maioria dos fabricantes de chocolate compram o cacau nessa fase, fazendo apenas a temperagem na própria casa.

Faço questão de apoiar pequenos produtores de chocolate, principalmente os adeptos do "*bean to bar*", ou seja, do grão até a barra. Apenas eles têm o controle total do processo da feitura do chocolate – da colheita do grão até a distribuição. Além do controle do paladar, essa é a maneira mais eficaz para evitar trabalho escravo e infantil, muito comum nessa indústria e que ocorre principalmente em países subdesenvolvidos.

Como manusear

Por ser muito gorduroso, o chocolate absorve sabores e aromas muito facilmente. Guarde-o bem embalado em um ambiente inodoro e escurinho. Eu já deixei uma barra no armário de temperos e me surpreendi com o sabor de tomilho com que minha ganache ficou.

Chocolate sempre tem que ser derretido em banho-maria porque ele é supersensível a altas temperaturas. Por queimar facilmente, o derretimento em banho-maria é o mais indicado para manter sua textura cremosa. Mas não pode ter excesso de água na panela do banho-maria, pois se a bundinha da vasilha com o chocolate encostar na água, sua temperatura vai se elevar. Aliás, água nem pensar, pois ela granula o chocolate, e apenas uma gota é o suficiente para enrijecer um balde todo.

O chocolate também contém muitos compostos voláteis, ou seja, que evaporam facilmente; então, se for derretido de outra forma, seu sabor vai para os ares – literalmente.

O PORCENTUAL DE CACAU

O porcentual de cacau indicado nas embalagens de chocolate significa a quantidade de sólidos do cacau e de manteiga de cacau juntos. A maioria das marcas coloca apenas o mínimo de sólidos do cacau e de manteiga de cacau só para serem chamados de chocolate perante a lei. No Brasil, esse porcentual mínimo é 25%, enquanto nos Estados Unidos e na Europa é 35%.

CHOCOLATE BRANCO É CHOCOLATE?

Chocolate branco é um derivado de chocolate composto de manteiga de cacau, açúcar e sólidos do leite. Como ele não tem muitos sólidos do cacau, muitas pessoas não o consideram chocolate, por isso também ele se mantém durinho em temperatura ambiente, sendo mais difícil de derreter.

O que é temperagem

Temperagem é o processo de aquecer, esfriar e agitar o chocolate para refinar sua aparência e gosto. É a última etapa no processo de fazer chocolate e é preciso refazê-la em casa, caso pretenda moldar e revestir alguma receita com chocolate.

POR QUE TEMPERAR CHOCOLATE?

Sempre que um chocolate precisar ser moldado, não importa que seja em bombom, em ovo ou em cachorro, ele deve ser temperado. Um dos componentes do chocolate é a manteiga de cacau e ela é extremamente preguiçosa. Quando a manteiga é derretida, nunca mais volta a ficar em forma por conta própria, por isso precisamos dar uma incentivada para o chocolate se estabilizar e cristalizar da forma correta. Se o chocolate for fundido, mas não temperado, ele vai endurecer e ficar cheio de pontos brancos e também vai derreter com muita facilidade, não vai ser brilhoso nem cremoso, além de ser difícil de desenformá-lo, ou seja, não dá para fazer bombom sem temperagem.

EM QUE CONSISTE A TEMPERAGEM

Nada mais é do que um processo de aquecimento, resfriamento e reaquecimento, conhecido como curva de temperagem. O processo começa pelo derretimento completo do chocolate. Trazendo-o para uma alta temperatura (50 °C para chocolate amargo, 45 °C para chocolate ao leite), ele essencialmente desmancha a forma inicial dos cristais do chocolate, derretendo a manteiga de cacau, permitindo que ela seja separada dos sólidos do cacau.

Depois, o chocolate é esfriado levemente – o suficiente para permitir uma nova leva de cristais estruturados, chamados de beta ou B cristais. A temperatura exata varia de acordo com o tipo de chocolate (chocolate amargo, por exemplo, inicia o processo a 32 °C). Porém, há alguns cristais indesejáveis que começam a se formar quando a temperatura do chocolate continua a cair em direção aos 27 °C.

Para remover esses cristais indesejáveis, o chocolate é levemente reaquecido no chamado "intervalo de alcance" – é um ponto quente o suficiente para derreter os cristais indesejáveis, mas não a ponto de danificar os B cristais que já se formaram. Mantenha o chocolate nesse intervalo de alcance para poder trabalhar com ele.

Se o chocolate for aquecido acima de 32 °C, a estrutura estável vai derreter e o chocolate sairá da temperagem. Recomece o processo citado acima para restaurar o chocolate temperado.

DICAS PARA CONSERVAR O CHOCOLATE TEMPERADO

1. Quando temperado, teste o chocolate para mantê-lo na temperatura correta.
2. Não permita que o chocolate entre em contato com a água.
3. Não misture chocolate temperado com chocolate normal, senão ele vai esfriar.
4. Trabalhe rápido para manter a temperatura ideal, mexa ocasionalmente.

Como temperar

O método de temperagem de mesa é o meu preferido e é o que eu vou ensinar aqui, mas existem outros dois métodos chamados de banho de gelo e semeadura.

TEMPERAGEM DE MESA

No processo de mesa, o chocolate derretido é jogado numa superfície fria, suave como a de aço inoxidável ou mármore, e não porosa.

Para temperar por esse processo, derreta o chocolate em banho-maria até atingir 50 °C para chocolate amargo ou 45 °C para chocolate ao leite e branco. É imprescindível usar um termômetro. Jogue ¾ do chocolate derretido nessa superfície. Use uma espátula de metal para continuar mexendo o chocolate, ou movendo das beiradas para o centro. Evite deixar rastros de chocolate sem serem recolhidos pela espátula, as gotas esfriam muito rapidamente e podem formar caroços no chocolate temperado. Continue agitando até esfriar para 27 °C. Coloque o chocolate resfriado em uma vasilha e vá adicionando mais chocolate derretido não temperado, mexendo vigorosamente até a temperatura se elevar a 32 °C para chocolate amargo ou 28 °C para chocolate ao leite e branco. Caso não atinja a temperatura apenas adicionando mais chocolate derretido, volte tudo para o banho-maria, pois assim você vai atingir 32 °C, que é o número mágico que deixa você trabalhar e se esbaldar com esse chocolate o máximo de tempo possível. O ideal é manter a mistura nesse número maravilhoso!

Tipos de chocolate

Alguns chocolates são melhores para cozinhar, enquanto outros são melhores para fazer doces e confeitos. Aqui explico a diferença entre eles:

COUVERTURE

Chocolate couverture de alta qualidade está disponível em amargo, meio amargo e ao leite. Com pelo menos 32% de manteiga de cacau, sólidos do cacau e açúcar, o couverture tem uma aparência acetinada e intensa. É mais fluido que outros tipos de chocolate quando derretido, facilitando a cobertura suave e fininha para encobrir bombons e outros confeitos. Apesar de prático, não gosto de usá-lo porque acho a qualidade inferior em comparação a de um chocolate normal.

CHOCOLATE AMARGO, MEIO AMARGO E AO LEITE

De acordo com a regulação do governo dos Estados Unidos, chocolate amargo ou meio amargo deve conter 50% ou mais (por peso) de licor de cacau. Chocolate ao leite deve conter pelo menos 35% de licor de cacau. Nota: as marcas de supermercado que vendem chocolate amargo e meio amargo contêm mais açúcar e menos cacau que as marcas premium.

CHOCOLATE CHIPS

Chocolate para cozinhar vem em barras, blocos ou chips (pedacinhos). Chips são convenientes para cozinhar porque eles são resistentes para derreter, não queimam ou perdem sua forma no forno quente. Chips contêm menos manteiga de cacau do que as barras ou blocos e também podem conter vegetais como cártamo, semente de algodão e óleo de palma. Como resultado, eles reagem diferentemente das barras e blocos de chocolate quando aquecidos. Não substitua chocolate chips por pedaços de barra de chocolate amargo ou meio amargo nas suas receitas, pois isso vai afetar o sabor e a textura do seu produto final. Porém, pedaços de chocolate em barra podem ser usados no lugar de chocolate chips.

CHOCOLATE EM PÓ

Existem dois tipos de chocolate em pó: o europeu e o natural. O chocolate em pó europeu é mais escuro e alcalino, porque ele é lavado com uma mistura que neutraliza os seus ácidos. Apesar de ser mais escuro, seu sabor é muito mais leve, pois os sais alcalinos reduzem a acidez natural do cacau. Já o chocolate em pó natural, que é muito mais fácil de ser encontrado, é muito ácido e tem um sabor quase cítrico. Apesar da cor mais clarinha, seu sabor é mais robusto e mais amargo. Quando eu quero que a aparência da minha receita fique bem escura, eu uso o europeu; quando eu quero o sabor mais intenso de chocolate, eu uso o natural.

GIANDUIA

Gianduia é um chocolate italiano sedoso, que é aromatizado com pasta de avelã. Esse chocolate foi inventado em meados de 1800 por produtores locais de avelã, combinando avelãs com pó de cacau e leite, e é considerado um chocolate artesanal.

CHOCOLATE DE ALTA PORCENTAGEM

No chocolate de alta porcentagem (acima de 66%) falta quantidade ideal de gorduras e açúcares necessários para cozinhar, ou seja, bolos assados com chocolate de alta porcentagem vão ser secos e intragáveis, e as ganaches vão coalhar. Caso eles precisem ser usados, ajuste as proporções de chocolate e açúcar assim: para chocolates com mais de 66%, use entre ¼ e ⅓ menos de chocolate. Então, adicione 1 ½ colher de chá de açúcar granulado para cada 28 g de chocolate pedido na receita.

CHOCOLATE AO LEITE

Chocolate ao leite é o menos usado na confeitaria. Os vendidos nos Estados Unidos devem conter, por lei, no mínimo 10% de licor de cacau e 12% de sólidos do leite. De acordo com a regulamentação na Europa, chocolate ao leite europeu deve conter 30% de licor de cacau e 18% de sólidos do leite, assim como 26% do total de gordura. Regulamentações mais recentes permitem que fabricantes de chocolate europeu troquem 5% da manteiga de cacau em chocolate ao leite por gordura vegetal e é exigido que o produto seja rotulado de acordo. Quando cozinhar com o chocolate ao leite, consulte a embalagem pela porcentagem do ingrediente. Tenha em mente que chocolate ao leite com mais gordura e açúcar pode reagir de forma diferente dos chocolates amargo ou meio amargo no cozimento e especialmente na temperagem, ou seja, os chocolates ao leite populares encontrados nos supermercados não vão render uma boa temperagem.

CHOCOLATE SEM AÇÚCAR

Também chamado de 100% cacau, o chocolate sem açúcar é composto de, aproximadamente, 99% de licor de cacau. Como resultado, é extremamente amargo. Não use chocolate sem açúcar para substituir outros tipos de chocolate, porque ele reage de maneira diferente, como explicado acima.

CHOCOLATE BRANCO

Apesar do nome, chocolate branco – uma mistura de manteiga de cacau, açúcar, sólidos do leite, sabores e lecitina de soja – não contém sólidos de cacau. Tem gosto muito suave, diferente do gosto de chocolate verdadeiro, e é muito doce. Confeiteiros devem levar em conta que a alta quantidade de gordura desse chocolate afeta a temperatura em que ele derrete.

O que faz o chocolate granular?

Chocolate derretido é particularmente vulnerável para granular quando entra em contato com a água. Mesmo quando uma gota de água é adicionada ao chocolate fundido, as partículas de açúcar e cacau absorvem a água e eles se separam da manteiga de cacau líquida. Tem que haver um mínimo de 15 ml de água por 30 g de chocolate para evitar sua granulação. Na maioria dos casos, se o chocolate granular, ele poderá ser restaurado adicionando gordura vegetal, manteiga clarificada ou manteiga de cacau.

Testando e avaliando o chocolate

Os sabores e nuances de qualquer chocolate vão variar dependendo dos grãos usados para sua manufatura. O tempo de torrefação e temperatura dos grãos, assim como a moagem dos nibs de cacau, contribuem para o sabor final do chocolate, seguindo a vários termos descritivos usados quando testamos chocolate. Entender cada sabor não só fortalece os sentidos e refina o paladar, mas também ajuda a identificar o melhor chocolate disponível para a ocasião.

QUALIDADES DESEJADAS
- Amargo
- Caramelo
- Essência de chocolate
- Cocoa
- Frutado
- Com sabor de nozes
- Tabaco
- Vinho tinto

QUALIDADES INDESEJADAS
- Mofado
- Ácido
- Petróleo
- Leite cozido
- Terroso
- Lenhoso
- Azedo
- Pálido
- Verde
- Esfumaçado

BOLO DE CHOCOLATE SEM FARINHA

Dificuldade: ▓▓░░░ | Porções: 1 2 3 4 5 6 7 **8** 9 10 | Essencial: ASSADEIRA DE ARO REMOVÍVEL DE 23 CM | Duração: 5 DIAS FORA DA GELADEIRA | 30 MIN Preparo | 1:15 H Forno

Não se deixe levar pelo título "sem farinha"; isso não significa que esse bolo seja mais light por isso. A falta de farinha nessa receita é apenas para torná-lo um misto de bolo com pudim, uma sobremesa que é um prato cheio para os amantes de chocolate. A massa fica inteira cremosa, porém fatiável e com uma casquinha crocante na superfície que envolve sua boca em cada garfada. É como se esse doce pudesse falar: "seremos eternos amantes!".

 ## INGREDIENTES

 Ingredientes que já foram ensinados neste livro estão grifados de branco.

DICA

Não está num dia guloso? Corte essa receita ao meio e ela também dará supercerto! O bolo vai ficar com a metade da altura, mas o gostinho será deliciosamente igual.

3 ½ xícaras (580 g)	Chocolate meio amargo
2 xícaras (400 g)	Manteiga
10	Ovos
2 xícaras (400 g)	Açúcar
3 colheres de sopa (15 g)	Cacau em pó para untar

 ## MODO DE PREPARO

1. Unte a fôrma com manteiga e cacau em pó e forre o seu exterior com papel-alumínio para evitar que a água penetre durante o cozimento.
2. Preaqueça o forno a 180 °C.
3. Em uma panela, derreta em banho-maria o chocolate e a manteiga e mexa até obter uma mistura homogênea. Reserve.
4. Em uma vasilha grande, misture os ovos e o açúcar; então adicione o chocolate derretido até obter uma massa homogênea.
5. Despeje a massa na fôrma untada e cubra com papel-alumínio.
6. Asse em banho-maria certificando-se de que a água do banho-maria está numa altura suficiente para cobrir, pelo menos, metade da altura da massa.
7. Asse por aproximadamente 1 hora e 15 minutos. Você saberá que o bolo está pronto quando senti-lo firme no topo.
8. Tire a fôrma de bolo do banho-maria e remova o papel-alumínio. Deixe o bolo esfriar completamente para desenformar e servir. Essa delícia deve ser servida em temperatura ambiente para maximizar sua cremosidade melequenta.

 ERRAR É HUMANO

 Para ter um bolo de textura cremosa é imprescindível assá-lo em banho-maria, ou seja, dentro de um recipiente com água quente. O banho-maria é uma técnica de cozimento superdelicada, que serve para doces que não podem ter a sua temperatura muito elevada, geralmente os que contêm muitos ovos. Como a temperatura da água não ultrapassa os 100 °C, essas receitas endurecem sem perder a cremosidade.

BOLO MOUSSE DE CHOCOLATE

Dificuldade: ▰▰▱▱ | Porções: 1 2 3 4 5 6 7 **8** 9 10 | Essencial: 2 FÔRMAS DE 17 CM | Duração: 3 DIAS FORA DA GELADEIRA | 3H Preparo 35 MIN Forno

Ou, como eu gosto de chamar, "o bolo que você vai fazer mil vezes na vida". Essa é uma daquelas receitas simples que encantam os olhos e fazem qualquer pessoa do mundo se apaixonar. Os bolos de chocolate podem tomar uma infinidade de formas e despertar sabores de acordo com o tipo de matéria-prima utilizada: chocolate ao leite, branco, em pó, amargo, etc., mas esse daqui é feito para matar: molhadíssimo e com camadas grossas de recheio *super chocolaty*. O único bolo de chocolate que você precisa saber fazer na vida!

INGREDIENTES

Ingredientes que já foram ensinados neste livro estão grifados de branco.

COBERTURA MOUSSE

3 ½ xícaras (575 g)	Chocolate amargo
1 xícara (240 g)	Creme de leite
1 ½ colher de sopa (30 g)	Mel
1 xícara (200 g)	Manteiga
¼ xícara (30 g)	Açúcar de confeiteiro
1 pitada	Sal

BOLO MOLHADÃO

1 xícara (200 g)	Manteiga
1 ¾ xícara + 2 colheres de sopa (315 g)	Chocolate amargo
1 ¾ xícara + 2 colheres de sopa (450 g)	Iogurte natural integral
⅓ xícara (25 g)	Cacau em pó
3 colheres de sopa (45 ml)	Água fervente
1 ⅓ xícara (300 g)	Açúcar
6	Ovos
2 xícaras (250 g)	Farinha
2 ½ colheres de chá (10 g)	Fermento
1 colher de chá (5 g)	Bicarbonato de sódio
1 pitada	Sal

DICA

As páginas dessa receita estão protegidas, foram plastificadas, porque você vai usar essa receita mais de mil vezes e eu não quero as páginas no nosso livrinho acumulando chocolate e farinha ao longo dos anos.

MODO DE PREPARO

COBERTURA (DEVE SER FEITA PRIMEIRO!)

1. Em uma vasilha de vidro ou cerâmica, derreta o chocolate em banho-maria. Retire do fogo e reserve.

2. Em uma panela, adicione o creme de leite e o mel e, em fogo alto, cozinhe até levantar fervura. Assim que ferver, tire do fogo e misture com o chocolate derretido. Mexa com uma espátula para emulsificar e deixe esfriar em temperatura ambiente.

3. Em uma vasilha, bata com um fouet a manteiga, o açúcar de confeiteiro e o sal até ficarem um creme fofo e esbranquiçado.

4. Com o creme de chocolate já frio, misture-o à manteiga batida e mexa para incorporar.

5. Deixe descansar em temperatura ambiente por 2 a 3 horas, até que a cobertura fique com uma consistência firme, porém fácil de ser espalhada.

BOLO

1. Preaqueça o forno a 180 °C. Unte as duas fôrmas de 17 cm com manteiga e polvilhe com cacau em pó. Você também pode usar apenas uma fôrma alta de 23 × 12 cm.

2. Em uma vasilha de vidro ou cerâmica, derreta a manteiga e o chocolate em banho-maria. Retire a panela do fogo e misture com o iogurte. Reserve.

3. Em uma outra vasilha, misture o cacau em pó com 3 colheres de sopa de água fervente. Adicione à mistura de chocolate derretido e mexa.

4. Em uma terceira vasilha (haja louça para lavar!), bata os ovos com o açúcar até ficarem um creme fofo e esbranquiçado. Adicione à mistura de chocolate e mexa.

5. Adicione a farinha, o fermento, o bicarbonato de sódio e o sal e, com uma espátula, mexa apenas até incorporá-los na massa.

6. Despeje a massa nas fôrmas e asse os bolos na prateleira do meio por 35 minutos, ou até que o palito saia limpo do centro de um deles.

MONTAGEM

1. Assim que os bolos estiverem frios, desenforme, virando-os de ponta-cabeça. Depois, vire-os de volta com a ajuda de um prato e, com uma faca de serra, corte os topos abaulados para deixá-los retos. Corte os bolos ao meio, na horizontal.

2. Coloque uma das metades do primeiro bolo em um prato de sua preferência e cubra-a com uma generosa camada de recheio. Coloque a outra metade de bolo por cima e repita o processo com o restante de bolo e cobertura.

3. Leve para congelar por 15 minutos para ficar firme.

4. Retire o bolo do congelador e, com uma espátula offset, espalhe o restante da cobertura no exterior do bolo.

5. Sirva em temperatura ambiente.

ERRAR É HUMANO

Como essa cobertura contém manteiga, ela endurece demais se for colocada na geladeira, ficando impossível espalhá-la nas camadas do bolo. O ideal é sempre mantê-la em temperatura ambiente, e caso sua casa seja muito quente, mantenha-a na geladeira mas retire 30 minutos antes de utilizá-la.

BOMBOM DE MARACUJÁ

Dificuldade:	Porções:	Essencial:	Duração:	5H Preparo	0 MIN Forno
▬▬▬▬▬	1 2 3 4 5 6 7 8 9 ③②	FÔRMA PARA BOMBOM	14 DIAS FORA DA GELADEIRA		

Bombom é bom ao quadrado, mas só se for de casquinha fininha e recheio cremoso. Nada pior que um bombom desleixado, mal acabado e com as paredes mais grossas que a de um carro blindado. Descoberto pelos espanhóis no século XVI, o chocolate só se popularizou 300 anos mais tarde, na Inglaterra. Depois disso foi um pulo para que ele conquistasse o gosto do povo e se tornasse essa paixão incontrolável! Para mim, o bombom tem o tamanho perfeito para ser saboreado e a perfeita estrutura oquinha para ser recheado com as deliciosidades que a gente resolver combinar. Esse aqui junta meus dois sabores prediletos: maracujá e chocolate ao leite!

 ## INGREDIENTES *Ingredientes que já foram ensinados neste livro estão grifados de branco.*

GANACHE DE MARACUJÁ

¾ xícara + 3 colheres de sopa (225 ml)	Suco de maracujá
⅔ xícara (145 g)	Creme de leite
1	Limão-siciliano (apenas as raspas)
4	Gemas
6 colheres de sopa (90 g)	Açúcar
3 xícaras (490 g)	Chocolate ao leite
3 colheres de sopa (35 g)	Manteiga

BOMBONS

¾ xícara (100 g)	Manteiga de cacau colorida (opcional)
4 ⅓ xícaras (700 g)	Chocolate ao leite

DICA

Cada tipo de chocolate tem a sua própria temperatura de temperagem, que deve ser obedecida à risca. No caso dessa receita, deve ser seguida a temperagem para chocolate ao leite.

MODO DE PREPARO

GANACHE DE MARACUJÁ

1. Em uma panela em fogo médio, ferva o creme de leite e as raspas de limão. Tire do fogo, coloque a tampa e deixe a infusão acontecer por 10 minutos.
2. Em uma vasilha, bata as gemas e o açúcar até virarem um creme fofo e esbranquiçado.
3. Despeje a metade do creme quente nas gemas, para temperá-las, e volte tudo para a panela. Mexa até atingir o ponto nappant, ou seja, até ficar espesso o suficiente para cobrir as costas de uma colher de pau e, ao passar o dedo na colher, um rastro se forma e se mantém intacto. Retire do fogo imediatamente para os ovos não talharem. Reserve.
4. Em outra panela, aqueça o purê de maracujá mas sem deixar ferver. Misture ao creme cozido de gemas.
5. Pique o chocolate ao leite em pedaços pequenos e coloque em uma vasilha grande.
6. Despeje o creme de maracujá quente sobre o chocolate picado e deixe descansar por 5 minutos para o calor derreter o chocolate.
7. Com uma espátula, mexa a mistura em sentido horário, do centro para as bordas, até ele ficar totalmente homogêneo.
8. Adicione a manteiga para dar brilho, cubra a vasilha com filme plástico e deixe a ganache esfriar em temperatura ambiente.

BOMBONS

1. Usando uma bola de algodão, limpe a fôrma de bombom esfregando bem o interior dos moldes. Essa limpeza vai garantir que eles fiquem brilhantes quando desmoldados.
2. Coloque a embalagem de manteiga de cacau dentro de um recipiente com água morna, para que fique com uma consistência líquida. Caso a manteiga venha em blocos, derreta-a em banho-maria.
3. Usando um pincel pequeno, mergulhe-o na manteiga colorida e respingue as cerdas molhadas por todo o molde de chocolate para criar um efeito respingado. Espere secar antes de aplicar uma segunda cor.
4. Tempere o chocolate ao leite seguindo as instruções da página 82. Não é possível fazer bons bombons sem temperar o chocolate, eles não descolam direito do molde, ficam com manchas brancas e derretem facilmente.
5. Despeje o chocolate temperado, preenchendo todas as cavidades do molde, e espere 2 minutos para ele endurecer levemente, ou até que as bordas comecem a engrossar.
6. Cubra sua bancada com papel-manteiga e vire o molde de cabeça para baixo, batendo vigorosamente no lado com uma colher de pau para escorrer o excesso de chocolate. Não misture o chocolate que escorrer com o temperado; guarde-o em um outro recipiente e, quando for usá-lo no futuro, tempere-o outra vez.
7. Deixe os moldes de cabeça para baixo sobre uma grade para continuar escorrendo até endurecer, por aproximadamente 5 minutos.
8. Vire os moldes e, usando uma espátula de metal ou uma faca de chef, raspe bem toda a superfície do molde, deixando apenas a casquinha de chocolate dentro das cavidades. A superfície deve ficar plana e limpa.

MONTAGEM

1. Transfira a ganache de maracujá para o saco de confeitar.
2. Se suas mãos forem muito quentinhas (como as minhas), melhor usar luvas de borracha para manter a ganache fria. Preencha rapidamente as cavidades do molde com a ganache, deixando um pequeno espaço no topo para ser fechado com mais chocolate temperado.
3. Bata o molde dos bombons com força, nas laterais, para se livrar de bolhas de ar.
4. Com uma concha, derrame o chocolate ao leite temperado sobre todo o molde e, com a espátula de metal, raspe o excesso de chocolate sobre o papel-manteiga. É muito importante que o topo do molde fique bem limpinho para que você não tenha dificuldade de desenformar os bombons depois.
5. Espere o chocolate endurecer completamente em temperatura ambiente. Chocolate não vai na geladeira de maneira alguma! Se temperado corretamente, ele endurece em menos de 1 hora.
6. Quando o chocolate estiver completamente seco, bata vigorosamente nas laterais do molde para soltá-los, vire-os com pressão sobre uma bancada para eles se soltarem. Alguns sempre ficam presos; mas é só continuar batendo com uma certa violência na bancada que eles vão se rendendo.
7. Mantenha-os em lugar seco e escuro, em uma embalagem fechada, preferencialmente de vidro para não absorverem nenhum sabor. Por estar selado com chocolate e não entrar em contato com o ar, o bombom com recheio de ganache dura até 2 semanas fora da geladeira.

 ERRAR É HUMANO

 Fôrma de bombom não se lava, apenas se limpa com pano seco e JAMAIS coloque detergente ou sabão perto delas! Além de afetar o sabor do chocolate, a lavagem também pode dificultar o desmolde do bombom, não permitindo que ele desgrude totalmente. Riscos no molde também comprometem o desmolde, além de afetar diretamente o brilho que dá o acabamento nos bombonzinhos.

BROWNIE E BLONDIE DE DOCE DE LEITE

| Dificuldade: | Porções: 1 2 3 4 5 6 7 8 9 **10** | Essencial: FÔRMA DE 30 CM × 21 CM | Duração: 4 DIAS FORA DA GELADEIRA | 20 MIN Preparo | 30 MIN Forno |

Brownie é um bolinho de chocolate denso que foi inventado por engano. Sempre achei que aquela carinha de bolo cru não negava. Um bom brownie é úmido e com sabor intenso de chocolate mas sem o gosto presente da farinha. O mesmo vale para o seu primo pobre, o blondie. A versão loira foi criada muito tempo depois, com o chocolate branco, mas na minha receita eu uso o bom e tradicional doce de leite em seu lugar, para deixá-lo ainda mais loirinho e molhadão. Sirva o brownie e o blondie juntinhos e você terá teclinhas de piano em preto e branco, inspiradas na música de Paul McCartney e Stevie Wonder, "Ebony and Ivory".

INGREDIENTES

 Ingredientes que já foram ensinados neste livro estão grifados de branco.

BLONDIE

1 ⅔ xícara (260 g)	Açúcar mascavo sem pressionar na xícara
1 xícara (200 g)	Manteiga
2	Ovos
1 colher de chá (5 ml)	Extrato de baunilha
1 xícara (300 g)	Doce de leite
2 ¼ xícaras (270 g)	Farinha
¾ colher de chá (3 g)	Bicarbonato de sódio
1 pitada	Sal
⅓ xícara (100 g)	Doce de leite para marmorizar ou para decorar o topo

BROWNIE

1 xícara (150 g)	Chocolate meio amargo
¼ xícara (50 g)	Chocolate amargo, 99% cacau ou o de maior índice que você encontrar
½ xícara (100 g)	Manteiga
¼ xícara (18 g)	Cacau em pó
1 ¼ xícara (280 g)	Açúcar
3	Ovos
2 colheres de chá (10 ml)	Extrato de baunilha
1 ¾ xícara (225 g)	Farinha

Não se preocupe, o seu brownie não vai ficar amargo por conta dos chocolates amargos adicionados. Eles servem apenas para dar um gosto intenso de chocolate mesmo após serem adicionados a outros ingredientes. Seu brownie vai ficar docinho como deve ser.

MODO DE PREPARO

BLONDIE

1. Preaqueça o forno a 180 °C.
2. Em uma panela, derreta a manteiga e o açúcar mascavo só até dissolver.
3. Quando frio, adicione um ovo por vez e o extrato de baunilha, mexendo sempre para incorporar.
4. Adicione 300 g de doce de leite na mistura.
5. Agora só faltam os ingredientes secos: farinha, bicarbonato e sal. Misture tudo brevemente no creme de doce de leite mas sem mexer demais para não deixar a massa dura.
6. Forre uma fôrma de aproximadamente 21 cm × 30 cm com papel-manteiga e despeje a massa. Você pode espalhar com o dedo mais 100 g de doce de leite na massa para criar um efeito marmorizado.
7. Asse em forno baixo por 30 minutos ou só até ficar durinho no meio (pode levar menos tempo).
8. O blondie assado deve estar crocante nas bordas e bem macio no centro. Espere esfriar completamente para desenformar, senão quebra. Eles ficam ainda mais gostosos no outro dia.

BROWNIE

1. Preaqueça o forno a 180 °C.
2. Derreta em banho-maria o chocolate amargo, o chocolate meio amargo e a manteiga. Adicione o cacau em pó e misture para ficar homogêneo. Reserve.
3. Em uma outra vasilha, bata os ovos, o açúcar e o extrato de baunilha até a mistura ficar fofa. Junte com o chocolate derretido.
4. Acrescente a farinha e incorpore, delicadamente, sem bater.
5. Cubra uma fôrma com papel-manteiga e despeje a massa. Espalhe bem e leve para assar por 30 minutos, ou até o palito sair ainda um pouco úmido quando inserido no centro do brownie.
6. Retire-o da fôrma, erguendo pelo papel, e corte somente na hora de servir, para que ele não resseque.

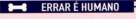 **ERRAR É HUMANO**

Um dos erros mais comuns cometidos por humanos na hora de assar brownies e blondies é deixá-los por muito tempo no forno, até atingirem textura de bolo tradicional – uma verdadeira catástrofe para a vida de um brownie ou blondie. Eles são molhados por natureza e devem ser retirados do forno quando o palito ainda sair levemente sujo, com alguns pontinhos de massa crua agarrados.

CHOCOLATE CREMOSO SUPER-HOT

Dificuldade:	Porções:	Essencial:	Duração:	30 MIN Preparo	0 MIN Forno
▓▓▓░░░	1 2 3 ④ 5 6 7 8 9 10	4 XÍCARAS	7 DIAS NA GELADEIRA		

Esse hot chocolate é de tirar o chapéu... e a roupa toda. Foi o descobridor espanhol Hernán Cortez quem introduziu o chocolate na Europa, e o seu líquido precioso logo conquistou a nobreza. Para fazer um chocolate quente sério, de sabor complexo, aroma arrebatador e cremosidade absoluta, não adianta misturar achocolatado! Essa bebida dos deuses requer caramelização, chocolate de boa qualidade e uma dose de obsessão. Só assim esse chocolatinho fica super-hot. Ui!

INGREDIENTES

 Ingredientes que já foram ensinados neste livro estão grifados de branco.

DICA

Não jogue fora as avelãs usadas para a infusão! É só passar uma água e dar uma secada no forno que elas estarão prontas para serem reutilizadas em qualquer outra receita e até virar farinha.

2 xícaras (500 ml)	Leite
2 xícaras (500 g)	Creme de leite
1 xícara (160 g)	Avelãs
½ xícara (100 g)	Açúcar
2 pauzinhos	Canela
1 fava	Baunilha (ou)
1 colher de chá (5 ml)	Extrato de baunilha
1 ½ xícara (245 g)	Chocolate meio amargo picado

MODO DE PREPARO

1. Em uma fôrma, espalhe as avelãs e asse no forno a 180 °C por 7 minutos, ou até o cheiro começar a se alastrar pela casa.
2. Em uma panela, leve ao fogo o leite, o creme de leite e as avelãs tostadas e picadas. Assim que ferver, desligue o fogo e tampe a panela. Deixe a infusão acontecer por 10 minutos.
3. Aqueça outra panela em fogo médio. Assim que o fundo estiver quente, adicione o açúcar e diminua o fogo. Mexa até o açúcar derreter completamente e caramelizar.
4. Adicione o leite na panela caramelizada e mexa para combinar.
5. Adicione a canela e a fava de baunilha com as sementes raspadas. Deixe cozinhar em fogo médio por 3 minutos. Se for substituir a fava de baunilha por extrato, adicione-o apenas depois de desligar o fogo.
6. Em uma vasilha, adicione o chocolate picado.
7. Peneire a mistura de leite quente em cima do chocolate picado, e mexa até ele derreter e a emulsão ficar perfeita.
8. Sirva imediatamente ou reaqueça na hora de servir.

ERRAR É HUMANO

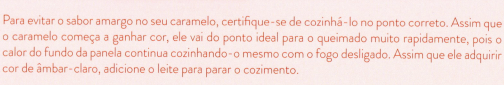

Para evitar o sabor amargo no seu caramelo, certifique-se de cozinhá-lo no ponto correto. Assim que o caramelo começa a ganhar cor, ele vai do ponto ideal para o queimado muito rapidamente, pois o calor do fundo da panela continua cozinhando-o mesmo com o fogo desligado. Assim que ele adquirir cor de âmbar-claro, adicione o leite para parar o cozimento.

MOUSSE DE CHOCOLATE VEGANA

Dificuldade: ▮▮▯▯▯ | **Porções:** 1 2 3 4 5 ❻ 7 8 9 10 | **Essencial:** 6 VIDRINHOS | **Duração:** 2 DIAS NA GELADEIRA | **10 MIN** Preparo | **0 MIN** Forno

O veganismo é um estilo de vida cujo conceito é excluir todas as formas de exploração e crueldade contra os animais, não apenas na indústria alimentícia, mas também no vestuário, nos sapatos, na cosmética, na tecnologia, etc. O respeito aos animais vai muito além da restrição alimentar, mas já é um bom começo. Apesar de eu não ser vegana, nem vegetariana, eu me limito ao consumo de carne a poucas vezes na semana e, assim, tenho uma dieta mais variada e mais sustentável, economizando inclusive a energia gasta para um pedaço de animal conseguir chegar até o meu prato. Nessa receita de mousse vegana, derivados animais não são utilizados, já que alguns ingredientes-chave, como o abacate, conseguem substitui-los maravilhosamente bem.

INGREDIENTES

Ingredientes que já foram ensinados neste livro estão grifados de branco.

DICA

O avocado é um abacate menor e típico da Califórnia, mas que está começando a ser produzido em São Paulo. Apesar de ser menor, o avocado é mais nutritivo do que o típico abacate brasileiro, pois contém menos água e retém menos agrotóxicos, já que tem a sorte de ter a casca mais grossa.

1 (400 g)	Abacate
¾ xícara (60 g)	Cacau em pó
6 colheres de sopa (120 g)	Agave
1 colher de sopa (15 ml)	Extrato de baunilha
⅓ xícara (40 g)	Cacau nibs para servir

MODO DE PREPARO

1. Comece selecionando abacates bem maduros. Fica mais gostoso com o avocado, mas só utilize se ele for produzido no Brasil, porque não tem nada de sustentável importar avocados da Califórnia pras terras tropicais.

2. Em um processador de alimentos, ou com um fouet, misture o abacate, o cacau em pó, o agave, a baunilha e bata até que a mistura fique lisa e bem cremosa.

3. Despeje o creme em potinhos e polvilhe cacau nibs para dar textura. Essa receita é muito mais gostosa se servida geladinha.

ERRAR É HUMANO

Uma receita fácil assim, nem humano nem cachorro erram, mas se quiser uma dica para deixar a mousse ainda mais docinha, eu indico servi-la com a compota de pêssegos da página 44. Fruta docinha com mais fruta docinha é a receita perfeita para uma sobremesa vegana feliz.

PUDIM DE CHOCOLATE RECHEADO COM TRUFAS

Dificuldade: ▮▮▯▯▯ | Porções: 1 2 3 4 5 **6** 7 8 9 10 | Essencial: **RAMEQUINS OU FÔRMAS INDIVIDUAIS** | Duração: **7 DIAS NA GELADEIRA** | 4 H Preparo | 20 MIN Forno

Quando Gordon Ramsay provou essa receita, ele disse ser uma das sobremesas mais gostosas e bonitas que ele já havia comido. Mal sabe ele que essa sobremesa foi inspirada em uma das receitas mais fáceis do Brasil – o brigadeirão. Apesar de sua simplicidade, a adição de uma trufa no centro e os ninhos de açúcar em cima a tornam uma sobremesa sofisticada, mas sem perder a essência da sua simplicidade.

INGREDIENTES

 Ingredientes que já foram ensinados neste livro estão grifados de branco.

DICA

Coloque o pudim na geladeira por 3 horas para desenformá-lo com mais facilidade. Passar uma faquinha de ponta fina em volta do ramequin todo também ajuda.

PUDIM
1 ¼ xícara (395 g)	Leite condensado
½ xícara (120 g)	Creme de leite
½ xícara (120 ml)	Leite integral
6 colheres de sopa (30 g)	Chocolate em pó
2	Ovos

TRUFA DE MARACUJÁ
⅔ xícara (120 g)	Chocolate ao leite picado
¼ xícara (55 ml)	Suco de maracujá
2 ½ colheres de sopa (35 g)	Creme de leite fresco
½	Limão (apenas as raspas)
1	Gema
5 colheres de chá (25 g)	Açúcar
1 colher de sopa (10 g)	Manteiga

MODO DE PREPARO

TRUFA

1. Prepare a trufa de acordo com as instruções da página 90. Leve para gelar por 3 horas ou até o creme endurecer.

2. Faça 6 bolinhas de aproximadamente 1,5 cm de diâmetro cada e reserve.

PUDIM

1. Preaqueça o forno a 160 °C.
2. Unte os ramequins generosamente com manteiga.
3. No liquidificador, adicione todos os ingredientes e bata até ficarem homogêneos.
4. Encha os ramequins com o creme e asse em banho-maria por 15 minutos.
5. Se o creme já estiver parcialmente durinho, insira uma trufa no centro de cada pudim e asse por mais 5 minutos. Dependendo do tamanho do ramequin, o tempo de forno pode variar, mas, assim que ele parar de chacoalhar, já está assado. Se assar demais, os ovos vão cozinhar incorretamente e a textura cremosa ficará comprometida.
6. Deixe esfriar completamente e desenforme o pudim.
7. Decore o topo com ninhos de açúcar ensinados na página 355 e uma framboesa pintada de dourado.

ERRAR É HUMANO

Não use fôrmas de silicone para essa receita, o pudim não endurece corretamente no banho-maria. Adivinha como eu descobri isso? É... exatamente, errar não é somente privilégio humano!

TRUFAS DE LARANJA

Dificuldade: ▮▮▮▯▯ | Porções: ① ② ③ ④ ⑤ ⑥ ⑦ ⑧ ⑨ **70** | Essencial: FÔRMA DE QUALQUER TAMANHO | Duração: 1 MÊS FORA DA GELADEIRA

 2 H Preparo 0 MIN Forno

Quem acha trufa sem graça nunca comeu uma trufa de verdade. Criação francesa do final do século XIX, as trufas devem ser a essência do chocolate concentrada em uma mordida. O nome é uma analogia ao fungo subterrâneo mais caro do mundo, comum na região de Périgord, na França. Uma trufa de chocolate só é de verdade se a ganache for envolvida em chocolate temperado, criando uma película crocante por fora, o resto é "trufaganação", trufa da enganação!

INGREDIENTES

 Ingredientes que já foram ensinados neste livro estão grifados de branco.

DICA

É muito importante banhar de chocolate as trufas, pois é esse processo que impede o contato do creme com o oxigênio e as tornam menos perecíveis, podendo inclusive ser mantidas fora da geladeira por semanas.

2 xícaras + 2 colheres de sopa (500 g)	Creme de leite fresco
1 colher de sopa (20 g)	Mel
1	Laranja
5 ⅔ xícaras (900 g)	Chocolate meio amargo picado, dividido em 2 porções
1 pitada	Sal
5 colheres de chá (20 g)	Manteiga
3 colheres de sopa (50 ml)	Licor Grand Marnier (opcional, mas faz toda a diferença no sabor)
1 ½ xícara (115 g)	Cacau em pó

MODO DE PREPARO

1. Raspe as cascas da laranja e esprema o suco.
2. Em uma panela, aqueça todo o creme de leite, incluindo as duas colheres, o mel e as raspas de laranja, só até levantar fervura. Retire do fogo e tampe a panela, deixando a infusão acontecer por 10 minutos.
3. Em outra panela, aqueça o suco de laranja e reduza-o pela metade. Misture com o creme de leite.
4. Caso a mistura esteja fria, aqueça outra vez só até levantar fervura.
5. Despeje o creme todo sobre 2 ¾ de xícaras (450 g) de chocolate picado e deixe sem mexer por 5 minutos. Essa espera permitirá que o chocolate emulsione adequadamente.
6. Com uma espátula, misture o chocolate e o creme, do centro para as bordas, movendo em círculo no sentido horário. Não utilize um fouet aqui para não incorporar ar.
7. Assim que o chocolate estiver emulsionado, adicione a manteiga, o sal e o Grand Marnier, e mexa até incorporar.
8. Cubra uma fôrma grande com filme plástico e despeje a ganache de laranja. Coloque na geladeira por 20 minutos ou até endurecer levemente, e faça bolinhas de aproximadamente 2 cm cada. Mantenha as bolinhas na geladeira.
9. Derreta o restante do chocolate (450 g) e faça a temperagem de acordo com as instruções da página 82. Se você optar por não temperar o chocolate, as casquinhas em volta das trufas não vão secar corretamente, mas ainda assim ficarão deliciosas.
10. Coloque um pouco de chocolate temperado na palma das suas mãos e enrole as trufas de maneira que elas fiquem completamente encapsuladas pelo chocolate.
11. Coloque-as em uma vasilha com cacau em pó, mas não as cubra imediatamente com o cacau, só depois de elas secarem um pouco.
12. Sacuda as trufas em uma peneira para tirar o excesso de cacau em pó, nada pior que trufas que te fazem tossir.

ERRAR É HUMANO

Tentou passar a trufa molhada no cacau em pó e acabou ficando muito amarga e perdendo sua forma? O segredo é colocá-las no cacau para descansar, mas sem chacoalhar imediatamente. A casquinha de chocolate de fora precisa endurecer levemente antes de elas serem cobertas com o pó, isso vai garantir que elas não absorvam pó demais e nem deformem a bela silhueta.

Sobremesas Moldadas

Odeio sobremesas com muita gelatina, e provavelmente você também. Ela é usada para aumentar a viscosidade dos líquidos por meio da absorção da água e vai, consequentemente, transformar os líquidos em sólidos. Apesar de torcer o nariz para essa moçoila, a gelatina é um indispensável ingrediente na culinária e é graças a ela que existem sobremesas moldadas, aquelas de formas únicas e fofas pelas quais a gente fica babando nas vitrines das pâtisseries por aí. A verdade é que quando usada em proporções corretas, ela solidifica levemente a sobremesa, sem mudar a textura do creme e nunca, nunquinha, deixando aquela textura dura que chacoalha igual a um trampolim.

O que é gelatina?

Gelatina é uma proteína sem cor, sem cheiro e sem gosto que vem de animais e de algumas poucas plantas e que funciona como mecanismo de estabilidade. A gelatina geralmente é extraída da pele do porco. As gelatinas provindas dos vegetais são geralmente extraídas de algas – da japonesa ágar-ágar ou carrageenan (ou carragena). Ágar-ágar pode suportar temperaturas próximas à da ebulição e é recomendada para preparação de pratos gelados em países tropicais. As gelatinas de alga podem ser substituídas pelas de animais, embora ágar-ágar tenha oito vezes mais força para moldar do que as gelatinas normais; então, é necessário usar menos.

Quais são os tipos de gelatina?

Elas são vendidas em duas formas – em pó ou em folhas chamadas de folha de gelatina. Antes de serem usadas, elas devem ser hidratadas em líquido gelado para que fiquem macias. Para uma receita que use gelatina em pó, geralmente a quantidade de água é especificada, assim como o tempo para que ela hidrate.

Gelatina em folha vem em folhas finas e transparentes que geralmente pesam 2 g. Três folhas vão absorver 30 ml de líquido ou cinco vezes o seu peso, quando completamente hidratadas. Mesmo sabendo que não é necessário ter uma quantidade específica de água, as folhas de gelatina devem ser completamente submergidas em água fria por, pelo menos, cinco minutos.

Depois de hidratada, a gelatina macia pode ser combinada com qualquer líquido e depois ser aquecida em fogo baixo para se dissolver completamente. A gelatina dissolvida não tem nenhum grão ou nenhum pedacinho sólido. Nunca deixe a gelatina ferver, já que o fogo alto vai danificar a proteína. Finalmente, a mistura deve esfriar para permitir que a gelatina aumente sua viscosidade para firmar a consistência.

Existe uma linha tênue para adicionar gelatina a uma mistura: muito pouco e a mistura não vai ter a consistência desejada; e quando adiciona muito, a mistura vai ficar pegajosa e grossa. Quando fizer uma mousse ou creme bavarian, por exemplo, deixe o líquido se estabilizar antes de misturá-lo ao chantilly ou ao merengue. Se a mistura ficar muito rígida antes de você misturá-la a outros ingredientes, coloque-a no topo de uma panela com água (banho-maria) e gentilmente aqueça até que amoleça outra vez.

Algumas enzimas, ácidos e açúcares em frutas frescas como abacaxi, mamão, goiaba, maracujá, figo ou manga, vão interferir nas propriedades de endurecimento da gelatina em pó (de origem animal), quebrando o seu poder de consistência; nesse caso, use a gelatina de origem vegetal, que não vai reagir. Outra opção é aquecer o suco da fruta a 79 °C antes de a gelatina ser adicionada; assim, a enzima é desativada e a gelatina consegue segurar bem.

Como substituir gelatina

Para substituir gelatina em folhas por pó, use um peso igual de pó dissolvido na mesma quantidade de água que as folhas de gelatina teriam absorvido. Por exemplo: se a receita usar seis folhas, você as substituirá por 12 g de gelatina em pó (6 × 2 g) e a hidratará na mesma quantidade de água que a folha teria absorvido. No caso, 60 ml (12 g × 5).

Para substituir a gelatina em pó por folhas, submerja as folhas em água, esprema o excesso de água, pese as folhas hidratadas para saber a quantidade de líquido absorvido por cada folha e acrescente a quantidade correta na sua receita. Depois, adicione a água que faltou nas folhas de gelatina quando você for aquecê-las para dissolver. Por exemplo: se uma receita pedir que você hidrate 2 colheres de sopa (18 g) de gelatina em pó em ½ xícara de água, substitua por 9 folhas de gelatina, coloque água suficiente para cobri-las. Mas, você já sabe que ela vai absorver apenas 90 ml da água, então adicione mais 30 ml.

Pasta de amêndoas × marzipan

Algumas sobremesas moldadas como o fraisier, por exemplo, levam uma folha de pasta de amêndoas no topo para acabamento que pode ser substituída por uma folha de marzipan. Apesar de serem parecidos e ambos serem feitos com amêndoas, eles são ingredientes diferentes. Entenda:

PASTA DE AMÊNDOAS

É granulosa, não muito doce, contém o dobro de amêndoas que o marzipan, além de conter extrato de amêndoa. Normalmente é usada como ingrediente em massas e tortas, como a clássica torta francesa frangipane.

MARZIPAN

Feito de amêndoas trituradas, mais fininho, leva mais açúcar do que a pasta de amêndoas, xarope de glucose e água. Às vezes contém também claras de ovos. É mais lisinho e maleável e é mais usado em decorações ou para fazer aqueles abomináveis docinhos de marzipan lotados de corante artificial. Eca!

CHARLOTTE DE MORANGO

Dificuldade:	Porções:	Essencial:	Duração:	Preparo	Forno
▰▰▰▱	1 2 3 4 5 6 7 **8** 9 10	ARO DE 20 CM. FOLHA DE ACETATO	1 DIA NA GELADEIRA	7 H	14 MIN

Essa sobremesa parece bastante refinada, porém é simplinha em sua essência. Ela foi criada no século XVIII por Marie-Antoine Carême, em homenagem à princesa russa Charlotte de Strelitz. Tradicionalmente feita com creme bavaroise e biscoitos champanhe, nessa versão ela ganha um ar lúdico, moldada com pocky sticks caseiros, o tradicional biscoitinho de palito japonês.

INGREDIENTES

Ingredientes que já foram ensinados neste livro estão grifados de branco.

POCKY STICKS

4 colheres de sopa (50 g)	Manteiga
1 xícara (120 g)	Farinha
¾ colher de chá (3 g)	Fermento
2 colheres de sopa (25 g)	Açúcar
1 pitada	Sal
3 colheres de sopa (60 g)	Leite condensado
2 colheres de sopa (30 ml)	Água fervente
2 xícaras (300 g)	Chocolate branco
30 g	Morango liofilizado
7 colheres de chá (35 ml)	Óleo de coco

CREME BAVAROISE DE MORANGO

8 ½ folhas (17 g)	Gelatina
6	Gemas
¾ xícara (150 g)	Açúcar
4 xícaras (600 g)	Morango
1 ¼ xícara (300 g)	Creme de leite fresco gelado

DECORAÇÃO

7 colheres de sopa (100 g)	Creme de leite fresco
¼ xícara (30 g)	Açúcar de confeiteiro
1 ⅔ xícara (250 g)	Morango fresco gelado
⅔ xícara (100 g)	Framboesa fresca
½ xícara (10 g)	Folha de hortelã

DICA

Existem dois tipos de morangos liofilizados: os morangos desidratados e os morangos secos (freeze dry). O segundo tipo é seco com gelo seco ou nitrogênio e apresenta muito menos umidade que os morangos apenas desidratados, por isso é ideal para essa receita, pois vira pó facilmente. Os morangos desidratados também servem, mas dão mais trabalho para pulverizar.

MODO DE PREPARO

POCKY STICKS

1. Na vasilha da batedeira, bata a manteiga até ficar um creme macio.
2. Adicione a farinha de trigo, o fermento, o açúcar e o sal. Bata em velocidade baixa até virar uma farofa.
3. Coloque o leite condensado, a água e bata só até incorporar.
4. Forme um disco com a massa, embrulhe em filme plástico e leve para gelar por 1 hora.
5. Corte a massa em 8 fatias iguais e cada fatia em 3 pedaços. Pegue um pedaço e enrole entre a palma das mãos para formar um cilindro fininho, de aproximadamente 12 cm, e coloque-os em uma fôrma coberta com papel-manteiga ou tapete de silicone. Repita o processo com o resto da massa.
6. Congele os palitos na fôrma por 10 minutos.
7. Preaqueça o forno a 160 °C e asse por 14 minutos ou até eles começarem a ficar douradinhos nas pontas. Retire do forno e reserve.
8. Derreta o chocolate branco em banho-maria.
9. Em um processador de alimentos, moa os morangos liofilizados até formar um pó. Reserve 2 colheres de sopa do pó moído para decorar depois. Adicione 5 colheres de chá (25 ml) de óleo de coco e processe até virar uma pasta.
10. Adicione a pasta de morangos liofilizados ao chocolate branco derretido e misture para incorporar. Adicione as outras 2 colheres de chá (10 ml) de óleo de coco à mistura e mexa.
11. Transfira tudo para um copo de aproximadamente 10 cm de altura.
12. Mergulhe os palitinhos de biscoito no chocolate de morango, deixando 2 cm sem cobrir. Retire o excesso e coloque-os sobre papel-manteiga.
13. Polvilhe as 2 colheres de sopa de pó de morango reservado por cima do creme ainda molhado para grudar. Deixe secar por 1 hora antes de usar.
14. Se guardados em um saco hermético, esses palitinhos duram até 1 semana fora da geladeira e são deliciosos biscoitinhos para comer a qualquer hora.

CREME BAVAROISE DE MORANGO

1. Hidrate as folhas de gelatina em água fria por 10 minutos.
2. Em uma vasilha, bata as gemas e o açúcar até virarem um creme fofo e pálido.
3. Em um liquidificador, bata os morangos. É importante render 1 ¼ de xícara de suco.
4. Em uma panela, adicione o purê de morangos e cozinhe em fogo médio até levantar fervura.
5. Desligue o fogo e adicione uma concha do purê quente às gemas e misture para temperá-las.
6. Volte toda a mistura de gemas e purê para a panela, e cozinhe até atingir o ponto nappant, ou seja, até o creme ficar espesso o suficiente para cobrir as costas de uma colher de pau e, ao passar o dedo no meio da colher, um rastro se forma e se mantém aberto. Nesse ponto, o creme deve estar começando a levantar uma leve fervura (bolhinhas pequenas).
7. Retire a panela do fogo, esprema toda a água da gelatina que estava hidratando e adicione-a ao creme quente para dissolver. Mexa até ela ser totalmente incorporada.
8. Despeje o creme em um recipiente e espere esfriar.
9. Em uma vasilha, bata o creme de leite fresco gelado com um fouet até atingir picos médios, ou seja, ao virar o batedor, ele forma um biquinho que dobra a ponta fazendo um ganchinho. Adicione-o delicadamente ao creme de morangos já frio.
10. Cubra o interior do aro de 20 cm com a folha de acetato, com aproximadamente 15 cm de altura, e coloque-o sobre uma fôrma forrada com tapetinho de silicone ou papel-manteiga.
11. Despeje o creme de morangos e leve para congelar por 3 horas para endurecer.

MONTAGEM

1. Retire a fôrma do freezer e coloque-a sobre o prato que deseja servir. Remova o aro e a folha de acetato delicadamente. Leve para gelar por 1 hora na geladeira.
2. Retire a charlotte da geladeira e disponha os pocky sticks em torno dela.
3. Em uma vasilha, bata com um fouet o creme de leite fresco e o açúcar de confeiteiro, até atingir picos duros, ou seja, ao virar o batedor, ele forma um pico durinho, que não dobra.
4. Transfira para um saco de confeitar e decore o topo, fazendo formato de suspirinhos. Finalize com morangos, framboesas e as folhas de hortelã.
5. Sem os pocky sticks, a charlotte dura 4 dias na geladeira. Deixe para fazer a montagem com os palitos um pouco antes de servir, para garantir maior crocância. Sirva gelado.

 ERRAR É HUMANO

 Para não fazer chover palitinhos de morango a cada fatia que você cortar da charlotte, use um pouco do creme de leite batido como cola, para garantir a sua fixação a cada pedaço. A boa apresentação agradece.

ENTREMETS DE AMORA

Dificuldade:	Porções:	Essencial:	Duração:	
▬▬▬▬▬▬	1 2 3 4 5 6 7 8 9 **10**	ARO DE 23 × 10 CM + ARO DE 17 CM + FOLHA DE ACETATO	3 DIAS NA GELADEIRA	4 H Preparo 10 MIN Forno

Originalmente o entremets era um doce ou salgado servido entre os pratos principais dos banquetes da Idade Média, por isso a tradução literal seria "entre pratos". É a partir do século XX que o entremets se torna uma sobremesa elaborada, podendo ser uma mousse, uma charlote, um suflê, um parfait, ou uma junção disso tudo na mesma sobremesa. Apesar de graciosos e altamente na moda, os entremets têm como conceito uma coisa bem simples: camadas de diferentes sabores e texturas que são descobertas ao serem fatiadas. E a complexidade da sua criação só depende do tempo que você se dedicar a ele. Uma ou dez camadas quem decide é você!

 ## INGREDIENTES

Ingredientes que já foram ensinados neste livro estão grifados de branco.

GÉNOISE DE AMORA

10 colheres de sopa (120 g)	Manteiga
¾ xícara + 1 colher de sopa (150 g)	Chocolate branco
4	Gemas
4 colheres de chá (25 g)	Mel
3 colheres de sopa (40 ml)	Purê de amora (amoras frescas batidas no liquidificador)
4	Claras
6 colheres de sopa (90 g)	Açúcar
½ xícara (70 g)	Farinha

GLACÊ PÚRPURA

12 ½ folhas (25 g)	Gelatina
⅓ xícara (45 g)	Manteiga de cacau branca (opcional, mas deixa a calda mais opaca)
1 xícara (220 ml)	Água
1 xícara + 2 colheres de sopa (380 g)	Mel
2 ⅓ xícaras (300 g)	Açúcar de confeiteiro
2 xícaras (300 g)	Chocolate branco picado
¾ xícara + 1 colher de sopa (200 g)	Creme de leite
½ xícara (120 ml)	Corante natural roxo ou o da sua preferência

GELEIA DE AMORA

5 folhas (10 g)	Gelatina
8 colheres de chá (40 ml)	Água
½ colher de chá (2 g)	Ágar-ágar
⅓ xícara (80 g)	Açúcar
1 ⅔ xícara (400 ml)	Purê de amora coado

MOUSSE DE AMORA

1 ½ xícara (340 ml)	Leite
3	Gemas
2 ½ colheres de sopa (35 g)	Açúcar
10 folhas (20 g)	Gelatina
4 ⅔ xícaras (750 g)	Chocolate branco picado
2 ⅓ xícaras (550 g)	Creme de leite fresco gelado
½ xícara (100 ml)	Purê de amora

DICA

O glacê púrpura rende bastante, pois o entremets precisa ser glaçado generosamente. Certifique-se de cobrir a bancada com papel-manteiga antes de colocar a grade sobre ele; dessa maneira, todo o excesso de cobertura que escorrer poderá ser guardado por até 2 meses no freezer e depois aquecido em banho-maria para ser utilizado outra vez. Você também pode fazer o entremets com outros sabores, basta substituir o purê pelo de outra fruta. Eu amo o de maracujá.

MODO DE PREPARO

GÉNOISE DE AMORA

1. Preaqueça o forno a 200 °C.
2. Em uma vasilha de vidro ou cerâmica, derreta em banho-maria a manteiga e o chocolate branco picado.
3. Em outra vasilha, bata com um fouet as gemas, o mel e o purê de amora até virarem uma mistura homogênea. Adicione o chocolate derretido com manteiga e misture.
4. Na vasilha da batedeira, bata as claras até espumarem. Adicione o açúcar, aos poucos, até atingir picos médios, ou seja, ao virar o batedor, forma-se um ganchinho tombado para o lado.
5. Com uma espátula, misture delicadamente as claras com o creme de chocolate e, em seguida, peneire a farinha sobre a mistura. Mexa só até a farinha dissolver.
6. Cubra uma fôrma de 18 cm × 13 cm com papel-manteiga, e despeje a massa sobre o papel. Limpe as beiradas e asse por 10 minutos, ou até o bolo estar durinho ao toque (sem sujar o dedo).
7. Retire do forno e deixe esfriar em temperatura ambiente.

GELEIA DE AMORA

1. Em uma vasilha com água gelada, adicione as folhas de gelatina para hidratar por 5 minutos.
2. Em outra vasilha, misture o ágar-ágar com o açúcar e adicione o purê de amora. Misture até ficar homogêneo e transfira para uma panela.
3. Cozinhe o purê, em fogo alto, até ferver. Assim que ferver, abaixe o fogo e cozinhe por mais 3 minutos.
4. Retire a panela do fogo, esprema a água da gelatina que estava hidratando, e adicione-a ao purê de amora quente. Misture para derreter.
5. Deixe a mistura esfriar até ficar morna. Em seguida, cubra uma fôrma de 9 cm × 13 cm com papel-manteiga e despeje o creme. Deixe descansar por 1 hora no freezer, para endurecer.

MOUSSE DE AMORA

1. Em uma vasilha com água gelada, adicione as folhas de gelatina para hidratar por 5 minutos.
2. Em uma panela, adicione o leite e cozinhe, em fogo médio, até levantar fervura.
3. Em uma vasilha, bata com um fouet as gemas com o açúcar, até formar um creme fofo e esbranquiçado. Despeje uma concha de leite quente nas gemas, mexendo sempre, para temperá-las, e volte tudo para a panela. Cozinhe, mexendo com uma colher de pau, até atingir o ponto nappant, ou seja, até ficar espesso o suficiente para cobrir as costas da colher e, ao passar o dedo na colher, um rastro se mantém intacto (85 °C). Retire do fogo imediatamente para não talhar os ovos.
4. Esprema a gelatina hidratada e adicione ao creme de gemas. Mexa para derreter.
5. Em uma vasilha, adicione o chocolate branco picado e despeje o creme quente sobre ele. Deixe descansar por 5 minutos para derreter e misture, até emulsionar completamente. Caso não derreta, leve tudo para o banho-maria e mexa até derreter. Deixe esfriar em temperatura ambiente.
6. Em uma vasilha, bata com o fouet o creme de leite fresco gelado até formar picos médios, ou seja, ao levantar o batedor, um biquinho tombado para o lado forma um ganchinho.
7. Com a mistura de gemas já fria, adicione o purê de amoras e mexa para incorporar. Por último, adicione o creme de leite batido, misturando delicadamente com uma espátula, para não quebrar o ar incorporado. Reserve.

MONTAGEM

1. Corte o bolo génoise de amora com o aro do entremets de 23 cm × 10 cm. Reserve.
2. Com um aro menor, aproximadamente 17 cm, corte um círculo na geleia de amora. É importante que a geleia tenha o diâmetro menor que o do entremets. Reserve.
3. Cubra uma fôrma com papel-manteiga e coloque o aro de 23 cm × 10 cm no meio. Forre o interior do aro com a folha de acetato para facilitar na hora de desenformar.
4. Cubra o fundo do aro com o círculo de bolo previamente cortado.
5. Despeje metade da mousse de amora sobre o bolo e, cuidadosamente, coloque o círculo de geleia de amora bem no centro. Cubra a geleia com o restante da mousse de amora e, com uma espátula offset, nivele o topo do entremets.
6. Leve para o freezer para gelar por, no mínimo, 2 horas antes de glaçar.

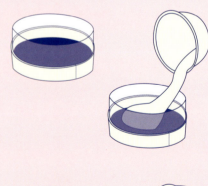
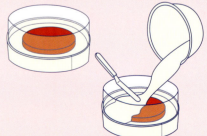

GLACÊ PÚRPURA

1. Hidrate as folhas de gelatina em água gelada por 5 minutos.
2. Em banho-maria, derreta a manteiga de cacau branca. Reserve.
3. Em uma panela, adicione a água, o mel, o açúcar de confeiteiro e, em fogo alto, deixe a mistura ferver por 1 minuto. Retire do fogo.
4. Esprema a água das folhas de gelatina hidratadas e adicione-as à calda. Mexa para derreter.
5. Em um processador de alimentos ou liquidificador, adicione o chocolate branco picado e o creme de leite e processe. Cuidadosamente e batendo sem parar, vá despejando a calda quente até todos os ingredientes emulsificarem.
6. Adicione o corante roxo natural, ou o da sua preferência, até obter a tonalidade desejada. Você pode dividir o glacê em duas partes e tingir, com dois tons de roxo, conseguindo o efeito riscado da foto. Transfira para uma vasilha.
7. Deixe o glacê esfriar em temperatura ambiente, por 30 minutos, para ficar mais espesso.
8. Retire o entremets do congelador, transfira para uma grade sobre papel-manteiga e desenforme o entremets, retirando o aro e, em seguida, a folha de acetato.
9. Despeje uma generosa camada de glacê sobre o entremets gelado, cobrindo toda a sua superfície. Caso tenha tingido de dois tons, despeje rapidamente um pouco do glacê mais claro sobre o entremets para criar um efeito riscado.
10. Leve para a geladeira, por 1 hora, para que o glacê endureça, e sirva o entremets gelado.

ERRAR É HUMANO

O entremets pode levar mais de 2 horas para endurecer, dependendo da temperatura do seu freezer. Certifique-se de ele estar completamente endurecido antes de desenformar e glaçar; caso contrário, uma verdadeira avalanche de mousse de amora vai acontecer. Ah, e cuidado para não servir entremets congelado para os seus convidados, os dentes sensíveis agradecem.

FRAISIER

| Dificuldade: ▮▮▯▯▯ | Porções: 1 2 3 4 5 6 7 **8** 9 10 | Essencial:
ARO DE 19 CM DE DIÂMETRO E ACETATO | Duração:
2 DIAS NA GELADEIRA | 2:30 H
Preparo | 7 MIN
Forno |

Fraisier, em francês, quer dizer morangueiro. Esse bolo, clássico, é uma declaração de amor ao morango. Tradicionalmente feito com massa génoise e recheado com mousseline de baunilha, a sua origem é incerta, mas é uma das sobremesas preferidas dos franceses! Como eu sou fã de sobremesas leves e cheias de frutinhas, não resisto a uma fraisier tamanho pequeno, médio ou grande.

 ## INGREDIENTES *Ingredientes que já foram ensinados neste livro estão grifados de branco.*

GÉNOISE

4	Ovos separados
1 colher de chá (5 g)	Cremor de tártaro (ou)
5	Gotas de limão
6 colheres de sopa (90 g) + 1 colher de sopa (15 g)	Açúcar
4 colheres de sopa (60 g)	Manteiga derretida
½ xícara (60 g)	Farinha

ACABAMENTO

3 xícaras (450 g)	Morangos limpos e sem folha
1 xícara (250 g)	Pasta de amêndoas ou marzipã, ver página 109 (opcional)
1 colher de sopa (15 ml)	Corante natural verde ou o de sua preferência

CREME LÉGÈRE DE BAUNILHA

2 xícaras (500 ml)	Leite
6	Gemas
½ xícara (100 g)	Açúcar
¼ xícara (30 g)	Farinha
1 colher de sopa (15 ml)	Extrato de baunilha
8 ½ folhas (17 g)	Gelatina
1 ¼ xícara (300 g)	Creme de leite fresco gelado

DICA

A fraisier pode ter a altura que desejar e quantas camadas preferir. Alterne mais camadas do bolo génoise com o creme de baunilha e fatias de morangos que ela vai ficar ainda mais linda.

MODO DE PREPARO

GÉNOISE
1. Prepare o bolo seguindo os passos de 1 a 8 da massa génoise da página 225. Reserve.

CREME LÉGÈRE DE BAUNILHA
1. Em uma panela, aqueça o leite e mantenha-o quentinho.
2. Em uma vasilha, bata as gemas e o açúcar até virarem um creme fofo e claro (blanchir). Adicione a farinha e misture.
3. Adicione metade do leite quente nas gemas batidas e mexa para temperá-las.
4. Volte tudo para a panela e, em fogo baixo, cozinhe a mistura, mexendo sempre até começar a ferver. Assim que ferver, cozinhe por mais 2 minutos. Retire do fogo, adicione o extrato de baunilha e reserve.
5. Em uma vasilha com água fria, hidrate as folhas de gelatina por 5 minutos. Retire toda a água, espremendo bem, e adicione ao creme cozido. Mexa para derreter. Deixe esfriar.
6. Em uma vasilha, adicione o creme de leite fresco gelado e bata com um fouet, até atingir picos médios, ou seja, ao levantar o batedor um pico em formato de gancho se forma.
7. Adicione o creme de baunilha completamente frio no creme batido e incorpore, lentamente, com uma espátula.

MONTAGEM
1. Corte o bolo génoise com a ajuda do aro de 19 cm. Reserve.
2. Forre o interior do aro com uma tira de acetato de 13 cm de altura (o acetato deve ser mais alto que o aro). Coloque tudo sobre uma fôrma coberta com papel-manteiga ou tapete de silicone e comece a montar a fraisier.
3. Coloque o génoise no fundo do aro com acetato. Corte os morangos ao meio e vá posicionando um a um em volta do aro com a parte cortada para fora e a base mais larga virada para baixo.
4. Preencha a parte de cima do bolo com morangos inteiros virados de ponta-cabeça (a ponta mais fina para cima).
5. Despeje o creme légère de baunilha sobre os morangos e alise o topo.
6. Coloque no congelador por 2 horas. Depois de frio, retire o aro e descasque o acetato em volta.
7. Tinja a pasta de amêndoas ou marzipã com o corante natural verde. Marzipã é uma massa feita de amêndoas e açúcar, e nada tem a ver com os docinhos de leite em pó vendidos nas padarias (leia mais na página 109). Polvilhe a bancada com açúcar de confeiteiro e abra o marzipã bem fininho. Corte no diâmetro da fraisier e coloque no topo.
8. Decore com mais morangos e o que mais você desejar!

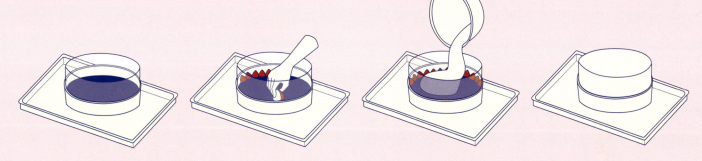

 ERRAR É HUMANO

 Escolha morangos que tenham, aproximadamente, o mesmo tamanho e também o mesmo formato; assim, o exterior da fraisier vai ficar mais simétrico e uniforme, e o creme não vai vazar pelas brechas.

ÓPERA

| Dificuldade: | Porções: 1 2 3 4 5 6 7 **8** 9 10 | Essencial: FÔRMA QUADRADA DE 23 CM | Duração: 4 DIAS NA GELADEIRA | 3:30 H Preparo | 20 MIN Forno |

Clássico absoluto, o ópera é um dos doces mais refinados da pâtisserie. Criado em 1955* por um chef da tradicional maison Dalloyau, célebre desde a corte de Luís XIV, a ideia era que ele representasse o ilustre teatro Opéra, de Paris. Originalmente feito com o biscoito joconde, embebido em café, nessa receita eu apresento uma versão com pound cake, coberto com camadas de creme de maracujá e chocolate; para mim, uma sinfonia muito bem afinada! Tudo papo-furado para dizer que mudei a receita tradicional só porque eu não gosto de café, vejam vocês.

 ## INGREDIENTES *Ingredientes que já foram ensinados neste livro estão grifados de branco.*

POUND CAKE DE CHOCOLATE

1 xícara (225 g)	Manteiga
1 xícara (225 g)	Açúcar
5	Ovos
3 ½ colheres de chá (17 ml)	Extrato de baunilha
1 ½ xícara (185 g)	Farinha
½ xícara (40 g)	Chocolate em pó
1 pitada	Sal

CRÈME PÂTISSIÈRE DE MARACUJÁ

4	Gemas
4 colheres de sopa (60 g)	Açúcar
1 ½ colher de sopa (10 g)	Farinha
2 ½ colheres de sopa (15 g)	Amido de milho
2 xícaras (500 ml)	Suco de maracujá natural
1 fava	Baunilha (opcional)
5 folhas (10 g)	Gelatina

MOUSSE DE CHOCOLATE AO LEITE

3	Gemas
¼ xícara (50 g)	Açúcar
¾ xícara (185 ml)	Leite
6 ¼ folhas (12,5 g)	Gelatina
2 ½ xícaras (400 g)	Chocolate ao leite picado
1 xícara (240 g)	Creme de leite fresco gelado

GLACÉ DE CHOCOLATE

⅔ xícara (100 g)	Chocolate ao leite
1 xícara (165 g)	Chocolate meio amargo
9 colheres de sopa (115 g)	Manteiga derretida
4 colheres de sopa (80 g)	Mel
⅓ xícara (65 g)	Óleo de coco derretido

DICA

Você pode fazer o bolo e mantê-lo congelado por 1 semana. Os recheios também podem ser mantidos na geladeira por até 5 dias, e basta aquecer em banho-maria o crème pâtissière de maracujá e o glacé de chocolate antes da montagem.

---

* Ano em que meu paizinho nasceu, e como essa é uma receita de ópera, ele indicou fazê-la ao som de "My sweet lady", de John Denver (mas eu prefiro na voz de Frank Sinatra). Não é ópera, mas é poesia para os ouvidos.

De acordo com as regras de etiqueta francesa, toda e qualquer sobremesa deve ser saboreada com garfo, até sorvete. Dá para acreditar?

MODO DE PREPARO

POUND CAKE DE CHOCOLATE

1. Prepare o bolo seguindo as instruções de 1 a 6 referentes à receita de pound cake de chocolate da página 174 (bolo de cenoura com brigadeiro), mas asse-o em uma fôrma de 24 cm × 35 cm.
2. Depois de assado, corte um quadrado de 23 cm no bolo, ou do tamanho da fôrma que você deseja montar o seu ópera. Cubra o fundo e as laterais da fôrma com filme plástico, e coloque nela o bolo cortado. Reserve.

CRÈME PÂTISSIÈRE DE MARACUJÁ

1. Em uma vasilha com água gelada, hidrate as folhas de gelatina.
2. Em uma vasilha, bata com um fouet as gemas e o açúcar juntos, até ficarem fofos e pálidos. Adicione a farinha, o amido de milho e bata para incorporar.
3. Em uma panela, aqueça o purê de maracujá com a fava de baunilha e as sementes, mas sem deixar levantar fervura. Assim que aquecer, desligue o fogo e tampe a panela. Deixe a infusão acontecer por 10 minutos.
4. Batendo constantemente, despeje metade do suco quente na mistura de gemas para temperá-las, em seguida, retorne tudo para a panela.
5. Cozinhe o creme em fogo médio, mexendo constantemente, até que comece a ferver. Assim que ferver, deixe cozinhar por mais 2 minutos e retire do fogo.
6. Retire o excesso de água da gelatina hidratada e adicione ao creme ainda quente. Mexa para derreter.
7. Passe tudo em uma peneira e espere esfriar. Assim que a mistura não estiver mais emitindo calor, despeje na fôrma de 23 cm em cima do bolo de chocolate.
8. Leve para o congelador por 1 hora.

MOUSSE DE CHOCOLATE AO LEITE

1. Em uma vasilha com água gelada, hidrate as folhas de gelatina.
2. Em uma outra vasilha, bata as gemas e o açúcar com um fouet, até a mistura ficar fofa e pálida.
3. Em uma panela, aqueça o leite até levantar fervura. Lentamente, adicione metade desse leite na mistura de gemas, batendo sem parar para temperá-las.
4. Volte tudo para a panela e, em fogo baixo, cozinhe até o ponto nappant, ou seja, até que fique espesso o suficiente para cobrir as costas de uma colher de pau e que, ao passar o dedo na colher, um rastro se forme e se mantenha intacto. Retire do fogo imediatamente para não talhar os ovos.
5. Esprema a água da gelatina hidratada e adicione ao creme quente. Mexa para derretê-la.
6. Em uma vasilha, coloque o chocolate ao leite picado e despeje o creme ainda quente por cima. Espere 2 minutos para o calor derretê-lo e, com uma espátula, mexa fazendo movimentos circulares do centro para as bordas, para emulsificar.
7. Em uma vasilha, bata o creme de leite fresco gelado com o fouet até atingir picos médios, ou seja, ao levantar o batedor um bico em formato de gancho se forma.
8. Despeje a mistura de chocolate completamente fria sobre o creme de leite batido, e mexa com delicadeza para incorporar.
9. Retire a fôrma com o bolo do congelador e despeje, agora, a mousse de chocolate sobre o creme congelado de maracujá. Retorne para o congelador por 1 hora.

GLACÊ DE CHOCOLATE

1. Em banho-maria, derreta o chocolate ao leite e o meio amargo.
2. Em uma vasilha, misture a manteiga derretida, o mel e o óleo de coco derretido. Despeje a mistura nos chocolates derretidos e mexa para incorporar.

MONTAGEM

1. Retire a fôrma do congelador e desenforme o ópera com a ajuda do filme plástico revestido.
2. Derrame o glacê de chocolate sobre o bolo congelado e alise com uma espátula para formar uma fina camada.
3. Aqueça uma faca de chef em água quente. Seque a faca e apare as quatro laterais do bolo, de modo que as diferentes camadas fiquem aparentes.
4. Volte o ópera para o congelador por mais 30 minutos para endurecer o glacê, e, com a faca de chef aquecida, corte as fatias do ópera em tamanho aproximado de 5 cm × 12 cm.
5. Mantenha-o na geladeira até a hora de servir.

 ERRAR É HUMANO

 Caso não queira usar uma fôrma de 23 cm, certifique-se de que a fôrma não será muito grande, senão as camadas não terão 1 cm de espessura, e o doce não ficará tão bonitão e atraente assim como eu.

PANNA COTTA DE TANGERINA

Dificuldade: ▰▰▰▱▱
Porções: 1 2 3 4 5 6 7 **8** 9 10
Essencial: ARO DE METAL DO TAMANHO DESEJADO
Duração: 3 DIAS NA GELADEIRA
Preparo: 3 H
Forno: 15 MIN

Para mim, a panna cotta sempre foi um docinho parcialmente sem graça, daqueles que só ficam bons quando os ingredientes usados são de altíssima qualidade. Típica da região de Piemonte, panna cotta quer dizer, literalmente, "nata cozida". Esse creme sempre foi consumido no norte montanhoso da Itália, seja puro, misturado com frutas ou avelãs. Na minha versão refrescante de tangerina, faço uma base crocante de coco que me fez amar a panna cotta pela primeira vez na vida.

DICA

Evite usar creme de leite de lata para fazer panna cotta; ela perde totalmente a sua razão de ser, que é justamente um creme rico e saboroso, com um porcentual alto de gordura. O creme de leite fresco ou a nata são os mais indicados.

INGREDIENTES

Ingredientes que já foram ensinados neste livro estão grifados de branco.

PANNA COTTA

1 ¾ xícara (400 g)	Creme de leite fresco gelado
3	Tangerinas
6 folhas (12 g)	Gelatina incolor
2 ¼ xícaras (350 g)	Chocolate branco picado

SHORTBREAD DE COCO

10 colheres de sopa (120 g)	Manteiga
¼ xícara (35 g)	Açúcar de confeiteiro
⅓ xícara (25 g)	Farinha de amêndoa (opcional)
2	Gemas
1 xícara (120 g)	Farinha
6 colheres de sopa (30 g)	Coco ralado sem açúcar
¾ colher de chá (3 g)	Fermento em pó

MODO DE PREPARO

PANNA COTTA

1. Em uma panela, aqueça o creme de leite só até começar a levantar fervura. Desligue o fogo, adicione as cascas de 2 tangerinas no creme e tampe a panela. Deixe a infusão acontecer por 10 minutos para esse creme ficar bem saboroso.
2. Em uma vasilha com água fria, mergulhe as folhas de gelatina para hidratá-las. Reserve.
3. Derreta o chocolate branco em banho-maria. Reserve.
4. Esprema o suco das tangerinas até obter ¾ de xícara + 4 colheres de chá (200 ml). Em uma panela, aqueça o suco até ficar morno, retire a gelatina da água fria, escorra bem e adicione ao suco de tangerina quente. Mexa para incorporar.
5. Misture lentamente ⅓ do suco quente sobre o chocolate derretido e em seguida adicione o restante do suco. Mexa com uma espátula até ficar homogêneo.
6. Adicione o creme de leite, coando as cascas de tangerina, e misture.
7. Deixe o creme esfriar em temperatura ambiente. Forre uma fôrma com papel-manteiga, acetato ou tapete de silicone, coloque um aro de 20 cm em cima e despeje o creme de tangerina. Leve para o freezer por 2 horas. Enquanto isso, faça o shortbread.

SHORTBREAD DE COCO

1. Preaqueça o forno a 160 °C.
2. Com um batedor de mão ou batedeira, bata a manteiga com o açúcar de confeiteiro até ficarem um creme claro. Adicione a farinha de amêndoa e as gemas. Reserve.
3. Em outra vasilha, misture a farinha de trigo, o fermento em pó e o coco ralado.
4. Adicione os ingredientes secos à mistura de manteiga e mexa até ficarem homogêneos.
5. Coloque a massa entre 2 folhas de filme plástico e, usando um rolo, abra a massa até atingir 0,5 cm de espessura. Leve para gelar por 30 minutos.
6. Corte um círculo de massa 2 cm maior que o tamanho da panna cotta.
7. Coloque o círculo em uma fôrma e asse por 15 minutos, ou até ele ficar firme e levemente dourado.

MONTAGEM

1. Coloque o biscoito assado e já frio em uma superfície lisa. Retire a panna cotta do freezer e desenforme-a no centro do biscoito. Espere ela descongelar, corte em 8 pedaços e sirva ainda geladinha.

ERRAR É HUMANO

Foi tentar desenformar a panna cotta congelada e ela quebrou ao meio? Aqueça levemente as laterais do aro com um maçarico ou com água quente e ela vai deslizar em cima do biscoitão feito língua de cachorro lambendo um bife.

PEITINHO NAPOLITANO

Dificuldade:	Porções:	Essencial:	Duração:	3:30 H Preparo	0 MIN Forno
▮▮▮▯	1 2 3 4 5 **6** 7 8 9 10	MOLDE DE SILICONE DE DOMO	2 DIAS NA GELADEIRA		

A combinação de chocolate, morango e baunilha apareceu em Nápoles, no século XIX, e logo apaixonou o mundo. Nessa receita eu tomei a liberdade de transformar em mousse o que originalmente seria de sorvete, afinal os peitinhos são meus e eu faço com eles o que eu bem entender. Faça os seus também!

INGREDIENTES

 Ingredientes que já foram ensinados neste livro estão grifados de branco.

MOUSSE DE MORANGO

2	Ovos
2	Gemas
¼ xícara (55 g)	Açúcar
¾ xícara (180 g)	Morangos batidos
7 ½ folhas (15 g)	Gelatina
6 colheres de sopa (75 g)	Manteiga

MOUSSE DE BAUNILHA

2	Gemas
4 colheres de chá (20 g)	Açúcar
¾ xícara (170 ml)	Leite
½ colher de chá (3 ml)	Extrato de baunilha
4 folhas (8 g)	Gelatina
2 ⅓ xícaras (380 g)	Chocolate branco picado
1 ½ xícara (340 g)	Creme de leite fresco gelado

CHOCOLATE CREMOSO

½ xícara (100 g)	Chocolate meio amargo picado
⅓ xícara (80 ml)	Creme de leite fresco
1 colher de sopa (20 g)	Mel

DICA

O domo só vai ao congelador durante a montagem, para ele endurecer mais rápido, mas ele deve ser servido geladinho e nunca congelado!

MODO DE PREPARO

MOUSSE DE MORANGO

1. Em uma vasilha com água fria, hidrate a gelatina.
2. Em outra vasilha, bata os ovos, as gemas e o açúcar até obter uma mistura pálida e fofa. Reserve.
3. Aqueça o purê de morango só até levantar fervura e adicione-o aos poucos na mistura de ovos para temperá-los delicadamente.
4. Volte tudo para a panela e cozinhe em fogo baixo, mexendo sempre com uma colher de pau até atingir o ponto nappant, ou seja, até o creme ficar espesso o suficiente quando cobrir as costas da colher de pau e, ao passar o dedo na colher, um rastro se forma e se mantém intacto. Retire do fogo.
5. Adicione as folhas de gelatina hidratadas e bem espremidas e mexa para incorporar.
6. Coloque a manteiga e certifique-se de que ela derreteu completamente. Reserve.

MOUSSE DE BAUNILHA

1. Em uma vasilha com água fria, hidrate a gelatina.
2. Em outra vasilha, bata as gemas com o açúcar até obter uma mistura pálida e fofa. Reserve.
3. Aqueça o leite só até levantar fervura e adicione aos poucos na mistura de ovos para temperá-los delicadamente.
4. Volte tudo para a panela e cozinhe em fogo baixo, mexendo sempre com uma colher de pau até atingir o ponto nappant, exatamente como já expliquei acima.
5. Retire do fogo e adicione a baunilha e as folhas de gelatina hidratadas e bem espremidas. Mexa para incorporar.
6. Despeje o creme quente sobre o chocolate branco, picado bem pequenininho, e emulsione.
7. Bata o creme de leite fresco até atingir picos médios e incorpore delicadamente na mistura de chocolate branco, que deve estar completamente fria. Reserve.

CHOCOLATE CREMOSO

1. Em uma panela, aqueça o creme de leite com o mel até levantar fervura.
2. Tire do fogo e vá adicionando lentamente o creme em cima do chocolate picado, mexendo sem parar para criar uma emulsão perfeita. Reserve.

MONTAGEM

1. Em um molde de silicone, despeje a mousse de morango, cobrindo ¾ de seu interior. Congele por 1 hora.
2. Com um boleador ou uma colher de café, faça um buraco no centro da mousse e preencha com creme de chocolate.
3. Preencha todo o restante do molde com a mousse de baunilha e congele por 2 horas.
4. Desenforme o domo e decore o topo com um confeito rosinha, ou qualquer outra cor de peitinho que preferir.

 **ERRAR É HUMANO**

Adicionou o creme quente em cima do chocolate branco e ainda assim o calor não foi suficiente para derretê-lo? Ele é meio teimoso mesmo, mas leve tudo ao banho-maria, mexa a perder de vista que ele vai derreter, ficar homogêneo e brilhoso. Como o chocolate branco tem uma composição muito diferente da do chocolate ao leite ou amargo, o seu ponto de derretimento é mais baixo, fazendo que ele leve mais tempo para derreter. Seja gentil com o seu chocolatinho e derreta-o com muita paciência em fogo bem baixinho.

SOBREMESA TOSTADINHA DE MARSHMALLOW

Dificuldade:
Porções: 1 2 3 4 5 **6** 7 8 9 10
Essencial: 6 MOLDES DE ANEL DE 9 CM × 9 CM. ACETATO
Duração: 4 DIAS NA GELADEIRA
 8 H Preparo
 0 MIN Forno

Essa é uma das minhas receitas favoritas desse livro. O sabor intenso do crème pâtissière de chocolate junto do marshmallow tostado e o crocante das pipocas caramelizadas criam uma harmonia de fazer uma pessoa glutona como eu chorar de alegria – e olha que nem de pipoca eu gosto!

INGREDIENTES

 Ingredientes que já foram ensinados neste livro estão grifados de branco.

CRÈME PÂTISSIÈRE DE CHOCOLATE

1 ½ xícara (350 g)	Creme de leite fresco
½ xícara + 1 colher de sopa (135 ml)	Leite
1 fava	Baunilha (opcional)
½ xícara (100 g)	Açúcar
1 pitada	Sal
3 colheres de sopa (15 g)	Cacau em pó
3	Gemas
1 xícara + 2 colheres de sopa (185 g)	Chocolate meio amargo
2 ½ folhas (5 g)	Gelatina

MARSHMALLOW

2	Claras
5 colheres de sopa (75 g)	Açúcar
1 ¼ folha (2,5 g)	Gelatina
1 colher de chá (5 ml)	Extrato de baunilha

BASE DE PIPOCA (OPCIONAL)

3 xícaras (150 g)	Pipoca caramelizada, como indicado na página 362 (para decorar)

DICA

Caso precise deixar o doce em temperatura ambiente por muitas horas, para uma festa ou jantar, aumente a quantidade de gelatina para 5 folhas no crème pâtissière, e 2 folhas no merengue, para não derreter.

MODO DE PREPARO

BASE DE PIPOCA
1. Em um processador de alimentos ou liquidificador, triture as pipocas até obter uma farofa. Reserve.

CRÈME PÂTISSIÈRE DE CHOCOLATE
1. Em uma panela, leve o creme de leite, o leite e a fava de baunilha com as sementes raspadas para ferver. Assim que ferver, retire do fogo e tampe a panela. Deixe a mistura fazer a infusão por 10 minutos.
2. Em uma vasilha, adicione o açúcar, o sal, o cacau em pó e as gemas de ovo e bata com um fouet até a mistura ficar fofa.
3. Retire a fava de baunilha da panela e despeje um pouco do creme quente em cima da mistura de ovos, mexendo sempre para temperá-los.
4. Volte tudo para a panela e, mexendo sem parar, cozinhe a mistura até atingir o ponto nappant, ou seja, até que a mistura fique espessa o suficiente para cobrir as costas de uma colher de pau e que, ao passar o dedo na colher, um rastro se forme e fique intacto. Retire do fogo imediatamente para os ovos não talharem.
5. Pique o chocolate e adicione em uma vasilha. Despeje o creme sobre ele e deixe descansar por 5 minutos, para o chocolate derreter.
6. Enquanto isso, hidrate as folhas de gelatina em água fria. Assim que estiverem macias, esprema a água e adicione na vasilha de chocolate e leite quentes.
7. Com uma espátula, mexa a mistura para emulsificar o creme com o chocolate e derreter a gelatina. Reserve.

MARSHMALLOW
1. Depois de o creme de chocolate ter endurecido, faça o marshmallow. Hidrate a folha de gelatina em água gelada.
2. Em uma vasilha, adicione as claras, o açúcar e cozinhe em banho-maria até dissolver completamente os grãos de açúcar. Ao tocar a mistura, seus dedos não podem sentir nenhum grãozinho. Retire do banho-maria.
3. Esprema o excesso de água da gelatina hidratada e adicione às claras quentes. Misture para dissolver.
4. Em uma batedeira, bata as claras em velocidade média até o merengue esfriar e ficar bem volumoso e brilhoso. Adicione o extrato de baunilha e mexa. Reserve.

MONTAGEM
1. Coloque os moldes de anel em uma fôrma coberta com papel-manteiga ou tapete de silicone.
2. Cubra o interior do aro com um pedaço de acetato da mesma altura. Ele é essencial para que você consiga desenformar o doce.
3. Adicione 4 colheres de sopa da farofa de pipoca no fundo de cada aro e pressione bem para fazer uma camada uniforme e tampar bem as bordas do aro para o creme não vasar.
4. Encha metade do aro com o creme de chocolate e certifique-se de ele estar completamente nivelado. Leve para o congelador por, pelo menos, 4 horas para endurecer, mas de preferência durante a noite.

FINALIZAÇÃO
1. Retire o creme de chocolate do congelador e preencha o aro com o marshmallow. Alise o topo com uma espátula para que fique bem uniforme e liso. Congele por mais 2 horas.
2. Retire os anéis do congelador e coloque nos pratos em que serão servidos. Remova os anéis e retire cuidadosamente o acetato que envolve o exterior do doce enquanto ele ainda estiver congelado, para não estragar sua textura.
3. Deixe o doce em temperatura ambiente por 1 hora e meia, ou na geladeira por 2 horas e meia, antes de servir.
4. No momento de servir, toste o merengue com um maçarico e decore com mais pipocas caramelizadas no topo.

 ERRAR É HUMANO

 Não diminua o tempo que o doce deve passar no congelador pois a sua ansiedade é a inimiga da perfeição dessa sobremesa. É importante que os cremes esfriem completamente e a gelatina endureça para que você consiga desenformá-los facilmente.

TORTA DE LIMÃO NO PALITO

| Dificuldade: | Porções: 1 2 3 4 5 6 7 **8** 9 10 | Essencial:
FÔRMA 22 CM × 22 CM +
8 PALITOS PARA PICOLÉ | Duração:
1 DIA FORA DA GELADEIRA | 4 H
Preparo | 10 MIN
Forno |

Nunca fui fã das tortas de limão abrasileiradas com recheio de leite condensado batido no liquidificador. Primeiro, porque o leite condensado mata todas as características azedinhas e aciduladas do suco do limão e, segundo, porque aquele merengue que vai no topo começa a se liquefazer, e todo mundo acaba comendo torta de limão finalizada com claras cruas derretidas no final da festa. É a tortinha da depressão e não é à toa que costumo chamá-la de torta de climão! Nessa receita, apesar de apresentá-la no palito, ela não é um picolé, não, e mantém todas as características que uma torta de limão deve ter, sendo finalizada com merengue suíço, que é estável o suficiente para não derreter depois de tostado, mesmo que fique em temperatura ambiente por dias.

INGREDIENTES

Ingredientes que já foram ensinados neste livro estão grifados de branco.

GRAHAM CRACKER

1 ½ xícara (180 g)	Farinha
1 xícara (120 g)	Farinha de trigo integral
½ xícara (60 g)	Gérmen de trigo
1 pitada	Sal
1 pitada	Canela
¾ colher de chá (4 g)	Bicarbonato de sódio
1 xícara (200 g)	Manteiga
¾ xícara (150 g)	Açúcar mascavo
2 colheres de sopa (40 g)	Mel

LEMON CURD

8 ½ folhas (17 g)	Gelatina
1	Limão-siciliano (apenas as raspas)
12 (660 ml)	Limões-sicilianos (suco)
1 ⅔ xícara (375 g)	Açúcar
1 ¼ xícara (250 g)	Manteiga
9	Ovos
8	Palitinhos de sorvete

MERENGUE SUÍÇO

8	Claras
2 ⅔ xícaras (580 g)	Açúcar

DICA

Você também pode usar forminhas de picolé, enchê-las com o lemon curd, inserir um biscoito no centro e depois o palito, antes de levar ao freezer; mas eu acho essa técnica mais difícil no momento de desenformar, ao puxar pelo palito, sem deixar parte do creme dentro dos moldes.

MODO DE PREPARO

GRAHAM CRACKER

1. Em uma vasilha, adicione a farinha de trigo, a farinha de trigo integral, o gérmen de trigo, a pitada de sal, o bicarbonato de sódio e a canela.
2. Em outra vasilha, coloque a manteiga, o açúcar mascavo e o mel, e bata com um fouet até que a mistura fique fofa e esbranquiçada.
3. Junte o conteúdo das duas vasilhas e, com uma espátula, mexa até incorporar.
4. Abra a massa sobre uma folha de papel-manteiga, para não grudar, até ficar com 0,5 cm de espessura.
5. Faça retângulos de aproximadamente 10 cm × 5 cm usando uma faca. Fure a superfície com um garfo e leve a massa para o congelador por 20 minutos.
6. Preaqueça o forno a 180 °C.
7. Com a massa já durinha, remova o papel-manteiga e transfira os retângulos para uma fôrma, deixando 3 cm de espaço entre eles. Asse os biscoitos por 10 minutos, ou até ficarem dourados nas bordas. Reserve.

LEMON CURD

1. Hidrate as folhas de gelatina em água gelada.
2. Em uma vasilha grande de vidro ou de cerâmica, misture as raspas de limão-siciliano, o suco de limão-siciliano, o açúcar, a manteiga e os ovos. Coloque a vasilha sobre uma panela com dois dedos de água, e cozinhe em banho-maria, mexendo constantemente por 25 minutos, ou até que a mistura fique espessa (80 °C).
3. Retire do fogo, esprema toda a água da gelatina hidratada e adicione-a ao lemon curd. Misture para derreter.
4. Passe o creme por uma peneira para remover as raspas do limão.

MONTAGEM

1. Com um filme plástico, forre uma fôrma de 22 cm × 22 cm. Despeje a metade do lemon curd no fundo da fôrma, cubra toda a sua superfície com os biscoitos graham assados e despeje o restante do lemon curd por cima.

2. Congele por 2 horas, ou até que esteja totalmente firme.
3. Desenforme o lemon curd e corte em retângulos de 12 cm × 6 cm.
4. Insira um palito em cada picolé, deixando apenas 3 cm de palito para fora. Leve para o freezer por mais 2 horas.

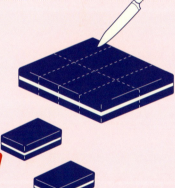

MERENGUE SUÍÇO E FINALIZAÇÃO

1. Em uma vasilha de vidro ou cerâmica, misture as claras e o açúcar. Coloque sobre uma panela com dois dedos de água e cozinhe em banho-maria, mexendo constantemente por 8 minutos, ou até que o açúcar esteja completamente dissolvido e os dedos não sintam mais grãos no fundo da vasilha.
2. Adicione a mistura em uma batedeira e, em alta velocidade, bata as claras até formarem picos duros, ou seja, ao virar o batedor para cima, forma-se um bico durinho que não dobra para os lados.
3. Transfira o merengue suíço para uma vasilha alta (mais alta que o picolé) e, com delicadeza, mergulhe o picolé de ponta-cabeça no merengue, para cobri-lo. Passe uma colher na superfície para dar textura e, com um maçarico, toste o merengue imediatamente.
4. Uma alternativa também é decorar com o bico de confeiteiro, mas eu acho bem mais bonito apenas decorado com a colher. Espete os picolés em uma superfície de modo que eles consigam ficar de pé, e sirva imediatamente.
5. Caso vá servir depois, deite-os tostadinhos sobre uma bandeja e leve ao freezer até a hora de servir.

ERRAR É HUMANO

Não deixe sua torta no palito de pé de bobeira por mais tempo que o necessário ou a torta vai despencar. Essa sobremesa não é congelada. Apesar de ir ao freezer, ela não endurece completamente por conter muito ácido e açúcar em sua composição, e o peso do creme pode ser demais se mantido de pé, no palito, por mais de 15 minutos. Se você não quiser fazer a torta no palito, obviamente que ela fica maravilhosa feita em uma fôrma de torta comum: é só assar a massa do biscoito na fôrma sem formatá-la em biscoitinhos, rechear com o lemon curd e finalizar com o merengue.

141

Massa folhada e Pâte à choux

Massa folhada é uma massa laminada amanteigada que é esticada e dobrada seis vezes, criando mais de 700 camadas de farinha e manteiga, da finura de uma folha de papel. No forno, a manteiga cria um vapor, que faz com que a massa infle e se separe em centenas de camadas crocantes. Ela é muito maravilhosa quando feita em casa. Digo isso porque apesar de ser facilmente encontrada nos freezers dos mercados, as industrializadas são normalmente fabricadas com gordura hidrogenada, o que é um verdadeiro sacrilégio, levando em consideração que o verdadeiro sabor de uma massa folhada vem da manteiga. Além de influenciar no sabor, a gordura hidrogenada também influencia na textura, pois a margarina contém mais água em sua composição que a manteiga, o que torna a massa molenga e menos crocante. Massa folhada, também conhecida como pâte feuilletée, é uma das massas mais deliciosas da confeitaria e, por ter sabor neutro, pode ser utilizada tanto em preparos doces quanto salgados.

Anatomia de uma massa folhada

1. **DÉTREMPE:** a massa inicial antes de encapsular a manteiga. Por ser uma massa leve e delicada, ela não precisa desenvolver muito glúten e por isso não há a necessidade de ser sovada. Sorte nossa!
2. **BEURRAGE:** o bloco de manteiga moldado que vai ser encapsulado pelo détrempe.
3. **PÂTON:** o détrempe com a beurrage encapsulada, ou seja, a massa agarradinha com a manteiga.

DICAS PARA UMA MASSA FOLHADA PERFEITA

- Para fazer uma massa folhada perfeita, a cozinha deve estar com temperatura amena e você precisa de uma boa superfície de trabalho, de preferência de mármore, senão vai ser difícil manusear a sua massa folhada. A massa precisa ser resfriada assim que começar a ficar mole e a manteiga começar a derreter, senão vai ser impossível de manipular.
- Quando fizer o détrempe, misture os ingredientes o mínimo possível – só o suficiente para formar uma massa que tenha os ingredientes juntos e misturados. Misturar demais vai desenvolver excessivamente o glúten e a massa ficará difícil de dobrar. Os períodos de descanso da massa entre as dobras também ajuda a evitar o desenvolvimento do glúten.
- Sempre comece com o détrempe (massa) descansado na geladeira antes de incorporar a beurrage (manteiga).
- O détrempe e a beurrage devem ter consistências similares para que seja fácil de se juntarem e formarem o pâton. Ou seja, os dois precisam ficar na geladeira pelo mesmo tempo.
- Assim que transformada em pâton, mantenha a massa num retângulo perfeito com a mesma espessura; continue moldando os lados com um rolo de massa enquanto você trabalha. Camadas iguais resultam numa massa que cresce perfeitamente no forno.
- Na hora de dobrar a massa na bancada, use pouca farinha para ela não impedir o crescimento das camadas. Retire todo o excesso com um pincel antes de dobrar.
- Não corte a massa folhada na horizontal – sempre corte de uma vez só na vertical. Tal prática vai manter as bordas iguais e vai ajudá-la a crescer bastante no forno.
- Quando estiver moldando a massa folhada para finalmente ser assada, abra-a até chegar na espessura desejada e depois coloque para gelar. Desta maneira, a massa pode descansar – esse descanso evita que a massa encolha enquanto estiver assando. Quando estiver firme, o pâton pode ser cortado nos tamanhos desejados e depois ser refrigerado de novo antes de assar.
- Pincele o ovo cuidadosamente. Nunca deixe o líquido escorrer pelas laterais da massa. Isso também inibe o crescimento das camadas no forno.

- Tenha a certeza de que a massa folhada está assada completamente antes de tirar do forno, porque ela engana. Para estar crocante e deliciosa, a massa deve ser assada até ficar dourada em todas as camadas. Se a massa for aberta muito fina, a temperatura do forno deve ser diminuída para se ter a certeza de que você terá esse resultado. A massa esbranquiçada e mal assada pode ficar muito pesada e pegajosa.

O que fazer com as sobras

A massa folhada não pode NUNCA ser desperdiçada; como ela é cara e trabalhosa, até um pouquinho de sobra deve ser usada. Os restos de massa são conhecidos como demi-feuilletage ou rognures e são perfeitos para fazer vários tipos de pequenas massas, como palitinhos de queijo, base para torta, barquetes (conchinhas de massa) e palmiers (palitinhos de massa moldados em círculos e salpicados com açúcar). Aliás, qualquer massa que não precise crescer muito no forno pode ser feita com essas sobras, mas nunca abra as sobras em círculos, coloque os pedaços um do lado do outro formando um patchwork. Ela deve ser armazenada fria e mais alinhadamente possível para evitar que as camadas delicadas sejam destruídas antes de serem moldadas como se deseja.

Pâte à choux

O nome choux vem de repolho, em francês, por ser uma massa que expande muito ao ser assada.

Usada no preparo de bombas, carolinas, saint-honoré, profiteroles, croquembouches, beignets, churros e inclusive em preparos salgados como gougères (bolinhos de queijo), pommes dauphine (croquetes de batata) e até coxinhas, ela é uma massa muito versátil, que pode ser assada ou frita.

Sua peculiaridade vem do cozimento antes de ser moldada, pois a massa é primeiramente cozida na panela pra depois ter os ovos incorporados e poder ser assada, escaldada em água ou frita.

A massa é cozida no fogão, batida constantemente para tirar a umidade e deixá-la seca o suficiente para absorver os ovos. O termo em francês para esse processo é dessécher. A massa, então, é removida do calor e batida para desenvolver a estrutura de glúten e esfriar para que os ovos possam ser incorporados sem que cozinhem.

Por que ela cresce tanto no forno?

O excesso de umidade e os ovos na massa se expandem no calor e se tornam vapor, fazendo com que a massa infle, criando uma cavidade interna oca.

DICAS PARA UMA PÂTE À CHOUX PERFEITA
- A proporção dos ingredientes varia dependendo da umidade do dia e da umidade extraída da massa durante a cocção; por isso a quantidade de ovos pode variar também. Para saber se ela está no ponto correto, levante o batedor da batedeira a uma altura de 20 cm e veja se a massa fica conectada da vasilha até o batedor. Esse é conhecido como ponto fita.
- Toda a sua umidade deve ser eliminada no forno para que a massa continue crocante. Caso ela ganhe cor e continue úmida por dentro, é importante baixar a temperatura do forno e deixar a porta entreaberta até o seu interior ficar sequinho.
- Borrife um pouco de água em sua superfície antes de levá-la ao forno para evitar que rache.

Como avaliar o sucesso de uma choux assada

- Sua cor deve ser dourada e sua superfície, plana.
- Sua superfície não deve ter grandes rachaduras expostas.
- Ao ser aberta, a cavidade deve estar oca e sem massa crua.
- Deve ser leve quase como uma pluma.
- Sua textura deve ser macia, mas não murcha, levemente crocante no seu exterior.
- Seu sabor deve ser neutro: nem doce nem salgado, dando lugar para o recheio brilhar.
- Ela deve crescer mais que o dobro do tamanho no forno.

CHOUX AU CRAQUELIN

| Dificuldade: | Porções: 1 2 3 4 5 6 7 8 9 **40** | Essencial: **CORTADOR DE BISCOITO DE 3 CM + SACO DE CONFEITAR** | Duração: **1 DIA FORA DA GELADEIRA** | **3 H** Preparo | **35 MIN** Forno |

A invenção do craquelin foi uma pequena revolução na pâtisserie e virou tendência mundial, atropelando a choux clássica. O craquelin forma um tipo de revestimento sobre a massa choux, obrigando o vapor a permanecer dentro dela, o que a faz inflar sem rachar. Assim, as suas bombas, ou carolinas, ficarão crocantes externamente, macias por dentro e muito mais bonitas com a cobertura, no caso colorida, que vai se formar na superfície. Uma explosão de cores que eu nunca dispenso, especialmente se forem tingidas com meus corantes naturais!

INGREDIENTES

 Ingredientes que já foram ensinados neste livro estão grifados de branco.

CRAQUELIN

15 colheres de sopa (180 g)	Manteiga
1 xícara (225 g)	Açúcar
1 ¾ xícara (225 g)	Farinha
q. b.	Corantes naturais ou da sua preferência

MOUSSE DE MARACUJÁ

1 xícara (240 ml)	Suco de maracujá (aproximadamente 4 maracujás)
1 xícara (150 g)	Chocolate branco picado
3 folhas (6 g)	Gelatina incolor
¾ xícara (180 g)	Creme de leite fresco gelado

PÂTE À CHOUX

½ xícara (120 ml)	Água
5 colheres de sopa (65 g)	Manteiga
¼ colher de chá (1 g)	Açúcar
1 pitada	Sal
⅔ xícara (70 g)	Farinha
2 a 3	Ovos

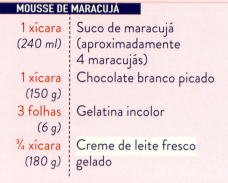

DICA

Não quer fazer o craquelin? Molhe o topo das choux em chocolate derretido e recheie com doce de leite para transformá-las em carolinas, meu docinho favorito de padaria.

144

MODO DE PREPARO

CRAQUELIN

1. Em uma vasilha adicione a manteiga e o açúcar. Bata com um fouet até a mistura ficar bem fofa. Adicione a farinha e, com uma espátula, misture até ficar homogêneo.
2. Divida a massa em 3 partes e tinja cada parte na cor desejada. Aqui eu usei roxo, rosa e laranja.
3. Com ajuda de um rolo, abra a massa colorida entre duas folhas de papel-manteiga até ela ficar bem fininha.
4. Com um cortador de biscoitos pequeno (3 cm), corte círculos na massa, mas sem retirá-los do papel. Leve para o congelador por no mínimo 1 hora, ou até o momento de usar.

PÂTE À CHOUX

1. Prepare a massa, seguindo as instruções de 1 a 5 na página 151, referentes à receita de pâte à choux.
2. Transfira a massa para um saco de confeiteiro, com ponta redonda média, e faça pequenas bolinhas de 3 cm de diâmetro sobre uma fôrma coberta com papel-manteiga ou tapete de silicone.
3. Com a ponta dos dedos molhados, achate o biquinho que se formou na massa.
4. Retire o craquelin do freezer e coloque um círculo congelado em cima de cada choux.
5. Asse em forno preaquecido a 190 °C por 35 minutos, ou até que a base esteja douradinha ao ser levantada.
6. Caso elas já estejam douradas mas ainda não estejam secas por dentro, baixe a temperatura do forno para 150 °C, coloque uma colher de pau na porta do forno e deixe que sequem um pouco mais. Retire do forno e reserve.

MOUSSE DE MARACUJÁ

1. Em uma vasilha com água gelada, hidrate as folhas de gelatina.
2. Derreta o chocolate branco em banho-maria até ficar completamente homogêneo. Reserve.
3. Em uma panela, coloque o suco de maracujá coado para dar uma leve aquecida, mas não deixe ferver. Adicione lentamente ao chocolate derretido, mexendo sem parar para não talhar.
4. Esprema a água da gelatina hidratada e adicione à mistura de chocolate e maracujá. Mexa para derreter.
5. Em uma vasilha, bata o creme de leite fresco gelado até atingir picos médios, ou seja, ao virar o batedor um bico em formato de gancho se forma.
6. Adicione a mistura de chocolate e maracujá completamente fria no creme batido e incorpore, lentamente, com uma espátula.
7. Leve para gelar por 2 horas.

MONTAGEM

1. Coloque a mousse em um saco de confeiteiro, com bico fino, para rechear.
2. Use um bico de confeiteiro avulso, liso, para fazer furos nas bases das choux.
3. Insira o bico de confeiteiro nessas aberturas e recheie todo o interior das choux com a mousse, até começar a vazar. Choux boa é recheada até quase explodir!
4. O ideal é servir imediatamente para a massa não murchar ou rechear apenas 2 horas antes de servir.

 ### ERRAR É HUMANO

 Se você incorporar o suco de maracujá muito rapidamente ao chocolate derretido, ele pode talhar, pois o suco é muito ácido. A melhor técnica é adicioná-lo bem aos poucos e fazer esse processo em várias adições, assim o chocolatinho vai se habituando ao azedão do senhor maracujá.

ÉCLAIR DE CHOCOLATE

1 H Preparo | 1 H Forno

Dificuldade: ▰▱
Porções: 1 2 3 4 5 6 7 8 9 **16**
Essencial: SACO DE CONFEITEIRO
Duração: DEPOIS DE RECHEADA, 1 DIA

Se você procura emoções fortes, nada melhor do que morder uma bomba e sentir o recheio explodir na sua boca. Criação francesa, ela primeiro foi chamada de "pão da duquesa", e só em 1850 foi batizada de "éclair", como ainda é conhecida em vários países. Uma bomba de qualidade não dobra na mão, tem a massa sequinha e um recheio saboroso que também não escorre facilmente, tipo essa belezura aqui ao lado.

INGREDIENTES

Ingredientes que já foram ensinados neste livro estão grifados de branco.

PÂTE À CHOUX

1 xícara (240 ml)	Água
9 colheres de sopa (110 g)	Manteiga
½ colher de chá (2 g)	Açúcar
¼ colher de chá (2 g)	Sal
4 a 5	Ovos
1 xícara (140 g)	Farinha
1	Ovo batido para pincelar

CRÈME PÂTISSIÈRE DE CHOCOLATE

1 xícara (240 ml)	Leite
1 xícara (240 g)	Creme de leite
4	Gemas
5 colheres de sopa (75 g)	Açúcar
⅓ xícara (30 g)	Chocolate em pó
3 colheres de sopa (20 g)	Farinha
3 colheres de sopa (20 g)	Amido de milho
½ xícara (85 g)	Chocolate amargo picado

COBERTURA

1 ½ xícara (400 g)	Chocolate meio amargo derretido

DICA

O processo de cozinhar a massa até formar uma fina película no fundo da panela é essencial e chamado de dessécher. Consiste em secar a massa o suficiente para que ela possa absorver os ovos facilmente.

MODO DE PREPARO

PÂTE À CHOUX

1. Em uma panela, leve a água, a manteiga, o açúcar e o sal para ferver.
2. Assim que levantar fervura, tire a panela do fogo e adicione a farinha, mexendo até formar uma pasta.
3. Volte a panela para o fogo baixo, e mexa até a massa soltar do fundo da panela e uma fina película começar a se formar no fundo.
4. Transfira a massa para a batedeira e bata até esfriar completamente. É possível bater na mão com uma colher de pau, mas como a massa é muito pesada você vai cansar.
5. Com a massa já fria, adicione os ovos, um por vez, e bata até incorporar. A quantidade de ovos pode variar dependendo do seu tamanho, mas o ponto certo é o de fita, ou seja, quando você levantar o batedor ou a colher de pau, uma fita de massa ficará conectada de um ponto ao outro, ou ao passar o dedo na massa ela abrirá um caminho que se fechará lentamente.
6. Transfira a massa para um saco de confeiteiro com bico de pitanga e faça cilindros de 10 cm sobre uma fôrma forrada com papel-manteiga. Deixe espaço de 3 cm entre eles para não grudarem.
7. Preaqueça o forno a 200 °C.
8. Pincele o topo com ovo batido e asse por aproximadamente 1 hora, ou até que a bomba fique com o seu interior oco e seco, sem resquícios de massa crua. A massa assada dura até 1 semana fora da geladeira se bem embalada.

CRÈME PÂTISSIÈRE DE CHOCOLATE

1. Em uma panela, leve o leite e o creme de leite para aquecer, mas sem ferver.
2. Em uma vasilha, bata as gemas e o açúcar até obter um creme clarinho e fofo, o blanchir. Adicione a farinha, o amido e o chocolate em pó. Misture.
3. Tempere as gemas com um pouco do leite quente para elevar gradualmente sua temperatura.
4. Volte tudo para a panela e cozinhe em fogo baixo, mexendo sempre por mais alguns minutos, até o creme começar a engrossar. Se cozinhar muito, o ovo cozinhará demais, e a textura ficará granulosa.
5. Tire o creme do fogo, adicione o chocolate picado e misture até ele derreter. Deixe esfriar.

MONTAGEM

1. Use um bico de confeitar liso ou uma faquinha pontuda para abrir dois furos na base da bomba, um em cada extremidade.
2. Coloque o crème pâtissière de chocolate em um saco de confeiteiro, com um bico fino, para rechear e insira o bico dentro de um dos furos. Recheie até o creme chegar ao outro lado.
3. Molhe a superfície da bomba no chocolate derretido ou no fondant. O fondant deixa a bomba mais brilhosa, mas o chocolate é mais gostoso. Deixe endurecer e sirva. Se fizer a receita com antecedência, deixe para recheá-las antes de servir, para não murchá-las.

  **ERRAR É HUMANO**

 Se a massa da sua bomba começar a ficar muito escura, mas o interior ainda estiver úmido, diminua a temperatura do forno para 160 °C e coloque uma colher de pau na porta do forno para deixá-la entreaberta. Isso vai permitir que o interior da bomba fique sequinho como deve ser, sem queimar a superfície.

MIL-FOLHAS FENOMENAL

Dificuldade: ▬▬▬▬▬

Porções: 1 2 3 4 5 **6** 7 8 9 10

Essencial: FÔRMA DE 40 CM × 30 CM

Duração: 1 DIA FORA DA GELADEIRA

 Preparo 2:30 H

 Forno 35 MIN

Apesar de ser mais conhecido como mil-folhas, esse doce também é chamado de napoleão, em homenagem ao imperador francês. Registrada em livros de culinária desde 1600, a receita foi aperfeiçoada por Antoine Carême, o chef que revolucionou a culinária francesa. O nome da receita vem da particularidade da massa folhada, que contém centenas de folhas! Como a receita tradicional da massa é dobrada de 6 a 10 vezes e produz entre 300 e 400 folhas, as três camadas do doce se aproxima de mil. Eu sou ruim de conta, mas vou confiar na matemática apetitosa francesa.

INGREDIENTES

 Ingredientes que já foram ensinados neste livro estão grifados de branco.

CRÈME PÂTISSIÈRE

1 xícara (250 ml)	Leite
1 xícara (240 g)	Creme de leite
1 fava	Baunilha (ou)
1 colher de chá (5 ml)	Extrato de baunilha
4	Gemas
4 colheres de sopa (60 g)	Açúcar
3 colheres de sopa (20 g)	Amido de milho
2 colheres de sopa (15 g)	Farinha
2 colheres de sopa (30 ml)	Licor de laranja (opcional)

MASSA FOLHADA

2 xícaras (250 g)	Farinha
1 pitada	Sal
½ xícara + 2 colheres de sopa (150 ml)	Água gelada
3 ½ colheres de sopa (50 g)	Manteiga derretida
15 colheres de sopa (175 g)	Manteiga gelada
1 ½ colher de sopa (30 g)	Mel
⅓ xícara (45 g)	Açúcar de confeiteiro

DICA

O mel vai impermeabilizar as camadas da massa folhada e, quando o crème pâtissière for adicionado, a massa não vai ficar encharcada porque ela terá essa "capa protetora". Depois de pincelar o mel, deixe a massa assar bem para secá-lo e não ficar grudenta.

MODO DE PREPARO

CRÈME PÂTISSIÈRE

1. Prepare o crème pâtissière seguindo os passos de 1 a 5 da página 285 (torta de morango).

2. Adicione o licor de laranja e mexa para incorporar. Coloque o creme em uma vasilha e cubra a superfície com filme plástico em contato direto com o creme. Leve para gelar por no mínimo 2 horas para endurecer.

 MASSA FOLHADA

Détrempe

1. Em uma vasilha, coloque a farinha, a pitada de sal, a água gelada e mexa com a ponta dos dedos, até obter uma massa pegajosa.

2. Adicione 3 ½ colheres de sopa (50 g) de manteiga derretida, sem estar quente, e mexa levemente só até formar uma bola. Não precisa sovar.

3. Com a massa esticada, faça um quadrado de aproximadamente 12 cm × 12 cm. Com uma faquinha, faça uma cruz no centro da superfície do quadrado, para ajudar a expor mais a massa e relaxar o glúten. Embrulhe a massa em filme plástico e gele por 30 minutos.

Beurrage

1. Beurrage é o processo de moldar a manteiga na fôrma desejada, para ser envolvida na détrempe. Embrulhe 175 g de manteiga gelada entre duas folhas de filme plástico e, com a ajuda do rolo, bata a manteiga até ela ficar do mesmo tamanho da massa, um quadrado de 12 cm × 12 cm.

Pâton

1. Retire a détrempe da geladeira e coloque-a em uma superfície enfarinhada. Com um rolo, abra as quinas do quadrado, deixando sempre um excesso de massa no centro. Quando a massa estiver aberta, formando uma cruz, é hora de adicionar a beurrage.

2. Coloque o bloco de manteiga bem no centro da massa e feche-o, cobrindo com um lado da extremidade da massa por vez. A ideia é envelopar a manteiga no centro.

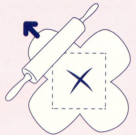

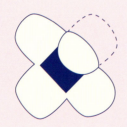

3. Leve o pâton para a geladeira e refrigere por 30 minutos.

4. Retire a massa da geladeira e abra rapidamente para a manteiga não derreter. Com o rolo, faça movimentos de vai e vem, até que ela fique com 50 cm de comprimento (não abra a massa para os lados!)

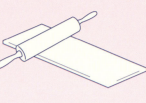

5. Dobre a parte superior da massa até o centro, e dobre a parte inferior sobre a parte superior, formando um quadrado com 3 camadas de massa. Abra a massa até atingir 50 cm de comprimento e repita o processo da dobra. Completamos 2 dobras no total.

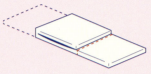

6. Leve a massa para gelar por 30 minutos para a manteiga não começar a derreter e repita o processo de dobras descrito acima.

7. Leve a massa para gelar outra vez, por mais 30 minutos, e repita o processo de dobras pela última vez. Esse último passo vai totalizar 6 dobras na massa, que foram divididas em 3 etapas com 2 dobras a cada descansada. Ufa! Quem não está nada descansada sou eu!

8. Preaqueça o forno a 180 °C.

9. Cubra uma fôrma de 40 cm × 30 cm, ou a maior fôrma que você tiver, com papel-manteiga.

10. Em uma superfície enfarinhada, abra a massa em forma de um retângulo, com 0,5 cm de altura. Corte as rebarbas com uma faca grande e coloque a massa na fôrma.

11. Fure toda a sua superfície com um garfo.

12. Cubra a massa com outra folha de papel-manteiga e coloque uma fôrma por cima, para fazer peso. Esse procedimento vai impedir que a massa cresça descaradamente.

13. Asse por 15 minutos, tire a fôrma e a folha que estavam sobre a massa e pincele mel na superfície para impermeabilizá-la. Asse por mais 20 minutos, ou até que a massa fique bem dourada. Retire do forno e deixe esfriar.

14. Com uma faca de serra, corte o comprimento da massa em 3 fatias iguais e reserve.

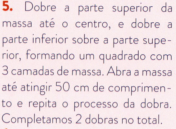

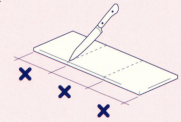

MONTAGEM

1. Transfira o crème pâtissière para um saco de confeiteiro. Em movimento de zigue-zague, cubra toda a superfície de uma das 3 fatias da massa folhada. Cubra o creme com outra fatia de massa e repita o processo até obter 3 fatias de massa e 2 de creme.

2. Com uma faca de serra, corte retângulos menores de aproximadamente 8 cm × 13 cm cada, ou do tamanho que aproveita melhor a massa.

3. Polvilhe uma fina camada de açúcar de confeiteiro por cima e queime uma das quinas com um espeto de metal aquecido na boca do fogão, para um *look* matador, digno de Napoleão.

4. Sirva imediatamente ou só recheie na hora de servir, caso contrário a massa começa a murchar e umedecer.

ERRAR É HUMANO

Se no meio do processo de dobras sua massa já está mais desfigurada que uma obra do Picasso, mantenha a calma! O maior segredo para fazer uma massa folhada incrível, em casa, é sempre manter a geometria nas formas a cada abertura e dobra, além de manter tudo sempre geladinho. Se a manteiga estiver sempre gelada, é mais fácil manter a simetria das formas, e seu trabalho vai render uma massa muito mais cheia de camadas.

MASSA FOLHADA GUARDANAPINHO COM CREME

Dificuldade: ▰▱▱▱

Porções: 1 2 3 ④ 5 6 7 8 9 10

Essencial: ROLO DE MASSA

Duração: 1 DIA FORA DA GELADEIRA

Preparo: 2:30 H

Forno: 35 MIN

Massa folhada é uma massa de textura crocante, superversátil, que pode ser usada para abraçar qualquer recheio, seja ele doce ou salgado. Feita com várias camadas de manteiga sólida, que deve ser dobrada várias vezes, essa técnica é usada na preparação de vários clássicos da pâtisserie, como o mil-folhas, e da viennoiserie, como o croissant. Não vou mentir, dá trabalho fazer e requer paciência, mas o resultado dessa massa laminada e iluminada compensa cada migalha. Apesar de ser fácil encontrar pronta, a maioria das marcas comerciais usa gordura hidrogenada em seu preparo para baratear os custos, e o resultado é uma massa de sabor e textura muito inferiores às feitas em casa com a manteiga das vacas de divinas tetas.

INGREDIENTES

Ingredientes que já foram ensinados neste livro estão grifados de branco.

RECHEIO

1 xícara (220 g)	Cream cheese
⅔ xícara (80 g)	Açúcar de confeiteiro
1 colher de chá (5 ml)	Extrato de baunilha
2 colheres de chá (10 ml)	Suco de limão
1 colher de sopa (5 g)	Raspas de limão
6 colheres de sopa (100 g)	Geleia de morango

MASSA FOLHADA

2 xícaras (250 g)	Farinha
1 pitada	Sal
½ xícara + 2 colheres de sopa (150 ml)	Água gelada
3 ½ colheres de sopa (50 g)	Manteiga derretida
15 colheres de sopa (175 g)	Manteiga gelada
2 colheres de sopa (30 g)	Mel
⅓ xícara (45 g)	Açúcar de confeiteiro

DICA

Adicione a geleia de sua preferência ao creme para mudar o sabor dessa sobremesa. Eu adoro com geleia de laranja ou uva.

MODO DE PREPARO

RECHEIO

1. Em uma batedeira, bata o cream cheese até ficar macio e cremoso.
2. Adicione o açúcar de confeiteiro, o extrato de baunilha, o suco e as raspas de limão e bata até ficarem homogêneos.
3. Adicione a geleia de morango e misture com uma espátula.
4. Leve para gelar por 30 minutos antes de usar.

MASSA FOLHADA

1. Prepare a massa seguindo os passos da página 154 (mil-folhas).
2. Abra a massa em um quadrado com 0,3 cm de espessura.
3. Corte um grande círculo de aproximadamente 45 cm de diâmetro, depois corte o círculo em quatro triângulos iguais, fatiando-o como uma pizza. Refrigere os triângulos por 30 minutos.
4. Retire um triângulo de cada vez da geladeira, faça uma linha imaginária da base do triângulo, partindo do centro até a ponta. Em cada lado, corte cinco linhas, partindo do centro para a ponta mas sem ultrapassar o limite do triângulo. É importante manter uma linha de massa intacta tanto no centro quanto nas laterais de fora do triângulo, ou seja, os cortes precisam estar "voando".

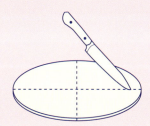

5. Recheie o centro do triângulo, deixando um espaço no topo e na base sem recheio. Dobre os cantos da base do triângulo por cima do recheio sobrepondo um ao outro. Sele com água para que grudem. Coloque de volta na geladeira. Repita o processo com os outros triângulos.
6. Gele a sua massa folhada pronta por 45 minutos.
7. Preaqueça o forno a 200 °C. Certifique-se de que a massa seja colocada na parte de baixo ou do meio do forno.
8. Cubra uma fôrma com papel-manteiga, ou tapetinho de silicone, e asse os guardanapinhos de massa folhada por 20 minutos, ou até que fiquem dourados.
9. Diminua o fogo para 160 °C, para terminar de secar a massa por mais 15 minutos. Cuidado para que eles não fiquem muito escuros.
10. Retire do forno, deixe esfriar e sirva. Quanto mais fresquinha a massa folhada, melhor. Nhac!

ERRAR É HUMANO

Não encha muito de recheio a massa folhada. Se adicionado exacerbadamente, ele vai vazar no forno e a sua forma de guardanapinho charmoso vai por água abaixo, ficando desfigurada e toda melada.

PAIN AU CHOCOLAT

Dificuldade:	Porções:	Essencial:	Duração:	7 H Preparo	20 MIN Forno
▬▬▬▬▬	1 2 3 4 5 6 7 8 9 ⑩	ROLO DE MASSA	3 DIAS FORA DA GELADEIRA		

O pain au chocolat, também conhecido como chocolatine, se tornou muito popular por ser distribuído no lanche das escolas francesas. Ele consiste de uma massa de croissant tradicional recheada com pedaços de chocolate amargo, sem muita abundância, pois a ideia é ser um lanchinho harmonioso que une o rico sabor do chocolate entre as camadas hiperamanteigadas de um pão folhado. Existem várias técnicas para se fazer um croissant fajuto, uma delas inclusive se chama falsa massa folhada. Apesar de mais simples, sua textura não se compara às centenas de camadas delicadas e fininhas que um clássico croissant deve oferecer! Além do quê, aqui vamos fazer tudo aos moldes franceses, croissant sem preguiça e com resultado merveilleux.

 ## INGREDIENTES

Ingredientes que já foram ensinados neste livro estão grifados de branco.

DÉTREMPE (MASSA INICIAL)

4 xícaras (500 g)	Farinha
⅓ xícara (65 g)	Açúcar
1 ½ colher de chá (10 g)	Sal
1 ½ colher de sopa (20 g)	Manteiga
7 colheres de sopa (100 ml)	Leite
¾ xícara (190 ml)	Água
8 colheres de chá (25 g)	Fermento biológico seco

BEURRAGE (MANTEIGA MOLDADA)

1 ½ xícara (300 g)	Manteiga gelada

RECHEIO

3 ⅔ xícaras (600 g)	Chocolate amargo em bastão ou picado em pequenos pedaços
1	Ovo batido

DICA

O ideal é rechear os pães com bastões de chocolate de 7 cm, feitos exatamente para isso. Meu predileto é da marca Valrhona, mas você pode substituí-los por 60 g de chocolate picado.

MODO DE PREPARO

DÉTREMPE (MASSA INICIAL)

1. Em uma superfície limpa, adicione a farinha, o açúcar e a manteiga.
2. Dissolva a manteiga na farinha com a ponta dos dedos, adicione o sal e abra um círculo no meio dos ingredientes secos.
3. No meio do círculo, adicione o leite, a água, o fermento e misture os ingredientes das bordas para o centro, até que a massa fique homogênea.
4. Modele a massa em um quadrado e, com uma faca no centro da massa, risque uma cruz em sua superfície, para ajudar a relaxar o glúten.
5. Cubra a massa e deixe-a crescer em temperatura ambiente por 1 hora.
6. Espalhe um pouco de farinha sobre a bancada e abra a massa em um quadrado de 30 cm × 30 cm.
7. Embrulhe a massa em filme plástico e coloque na geladeira por 30 minutos.

BEURRAGE (MANTEIGA MOLDADA)

1. Coloque a manteiga gelada entre 2 folhas de filme plástico e, com o rolo de massa, bata na manteiga para moldá-la e formar um retângulo de 30 cm × 15 cm. É muito importante tudo ser bem simétrico.
2. Reserve na geladeira.

PÂTON (MASSA ENVOLVENDO BLOCO DE MANTEIGA)

1. Jogue um pouco de farinha na bancada, mas sem exageros para não ressecar a massa. Coloque o quadrado de massa gelada bem no centro e posicione o bloco de manteiga no meio da massa. Tudo deve estar geladinho.
2. Cubra o bloco de manteiga levando as duas laterais da massa para o centro.
3. Com o rolo, abra a massa na vertical, até atingir 60 cm de comprimento, mas mantendo a largura com 15 cm.
4. Traga as duas extremidades da massa para o centro e repita o processo de abrir na vertical até atingir 60 cm de comprimento e continuar com 15 cm de largura. Leve para gelar por 20 minutos. Até aqui, já fizemos 2 dobras.

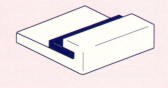

5. Tire a massa da geladeira e repita o processo de abrir a massa até atingir 60 cm de comprimento. Dobre a massa até o centro, abra de novo, dobre e leve para gelar por mais 20 minutos. Agora finalizamos 4 dobras.
6. Retire a massa da geladeira e prepare-se para as duas últimas dobras, totalizando assim 6 dobras durante o processo todo. Abra a massa novamente na vertical até atingir 60 cm de comprimento, e dobre as extremidades até o centro. Imediatamente, abra a massa outra vez e dobre-a de novo.
7. Embrulhe a massa em filme plástico e leve para gelar por no mínimo 4 horas, para que a manteiga possa endurecer e para que os sabores se desenvolvam de maneira correta.
8. Depois de descansar as 4 horas, abra a massa em um retângulo até que ela fique com 1 cm de espessura. A massa de croissant não pode ser muito fina, senão ela não cresce e racha ao ser assada.
9. Com uma faca de chef, corte as rebarbas do seu retângulo para torná-lo ainda mais geométrico e expor as camadas nas laterais da massa.
10. Corte perfeitos pedaços de 10 cm × 15 cm na massa.
11. Trabalhando com um retângulo por vez, vire-o na vertical e pincele com ovo batido uma pequena faixa na ponta próxima à sua barriga (que tem 10 cm). Ele será a cola para fechar o pão.

12. Na extremidade de cima, oposta ao ovo batido, coloque um bastonete de chocolate ou espalhe na horizontal uma fileira de pedacinhos de chocolate picado.
13. Dobre a massa apenas uma vez de cima para baixo, só para cobrir o chocolate. Coloque outra fileira de chocolate rente à que acabou de ser enrolada e enrole a massa de cima para baixo outra vez para cobrir essa segunda fileira. Agora vá enrolando a massa até chegar à ponta de baixo, pincelada com o ovo batido.

14. Repita o processo com os outros retângulos, coloque-os em uma fôrma coberta com papel-manteiga, cubra com um pano de prato limpo e deixe-os repousando em temperatura ambiente por 1 hora.
15. Preaqueça o forno a 200 °C.
16. Pincele o ovo batido na superfície dos pães, sem deixar escorrer demais para não impedir o crescimento das camadas folhadas na lateral, e asse os pães por 10 minutos. Vire a fôrma 180° e asse por mais 10 minutos, ou até que eles ganhem uma cor bem uniforme de dourado-escuro.
17. Deixe esfriar e sirva. O ideal é que eles sejam consumidos no mesmo dia, mas caso não seja possível, guarde-os em uma embalagem hermética e aqueça-os no forno antes de servir, para que seu exterior fique crocante outra vez.

 **ERRAR É HUMANO**

Massa folhada só dá errado por dois motivos. Primeiro: deixar a manteiga e a massa ficarem quentes demais durante o preparo. É muito importante que tudo se mantenha gelado durante o processo; caso contrário, a manteiga derrete e vaza para fora da massa, impedindo que as camadas se formem. Caso você more em uma cidade muito quente, e no meio do processo sua bancada começa a ficar uma lambança, coloque tudo na geladeira e só volte a trabalhar com ela quando tudo estiver durinho e gelado. Segundo erro fatal: não manter a simetria da massa durante a etapa inicial e durante as viradas. Uma vez que você deixa a massa tomar um formato assimétrico, ela só tende a piorar e, quando você menos espera, o retângulo virou uma forma não identificável. Certifique-se de manter todas as formas o mais geometricamente possível durante todo o processo, assim o sucesso dessa maravilhosidade é garantido.

SAINT-HONORÉ

Dificuldade: ▬▬▬▬▬▬▬

Porções: 1 2 3 4 5 6 7 8 9 ⑬

Essencial: SACO E BICO DE CONFEITEIRO LISO E DE ESTRELA ABERTA

Duração: 1 DIA FORA DA GELADEIRA

 2H Preparo
 1:05H Forno

Criado na França no final do século XIX, o saint-honoré é um dos doces mais clássicos e complexos da pâtisserie. Batizado com o nome do padroeiro dos confeiteiros e padeiros, Santo Honório, em português, o doce enobrece o paladar e faz a gente comer rezando!

 INGREDIENTES *Ingredientes que já foram ensinados neste livro estão grifados de branco.*

PÂTE À CHOUX
½ xícara (120 ml)	Água
5 colheres de sopa (65 g)	Manteiga
¼ colher de chá (1 g)	Açúcar
1 pitada	Sal
⅔ xícara (70 g)	Farinha
3	Ovos
1	Ovo batido para pincelar

PÂTE BRISÉE
10 colheres de sopa (120 g)	Manteiga gelada
1 ⅔ xícara (200 g)	Farinha
1 ½ colher de sopa (20 g)	Açúcar
3 a 6 colheres de sopa (45 a 90 ml)	Água gelada
1 pitada	Sal

CREME DE CEREJA
1 xícara (250 g)	Creme de leite fresco
1 xícara (250 ml)	Purê de cerejas (cerejas batidas)
8	Gemas
¼ xícara (56 g)	Açúcar
⅓ xícara (42 g)	Amido de milho

MERENGUE ITALIANO
4	Claras
¾ xícara (170 g)	Açúcar
3 colheres de sopa (45 ml)	Água

CARAMELO
2 ⅔ xícaras (575 g)	Açúcar

DICA

Pule o processo do merengue italiano se você não se importar com o efeito de bico de estrela na apresentação final do doce. Só o creme de cerejas já é delicioso, mas infelizmente não é espesso o suficiente para decorar assim.

MODO DE PREPARO

PÂTE À CHOUX

1. Siga as instruções de 1 a 5 da receita de pâte à choux, da página 151 (éclair de chocolate).
2. Transfira a massa para um saco de confeiteiro com ponta redonda média, e faça pequenas bolinhas do diâmetro de uma moeda de 25 centavos sobre uma fôrma coberta com papel-manteiga ou tapete de silicone.
3. Pincele o topo com ovo batido e asse em forno preaquecido a 190 °C por 45 minutos, ou até ficarem douradas por fora e sequinhas por dentro, sem vestígios de massa crua.
4. Caso elas já estejam douradas mas ainda não estejam secas por dentro, baixe a temperatura do forno para 150 °C, coloque uma colher de pau na porta do forno e deixe-as secarem. Reserve.

PÂTE BRISÉE

1. Siga as instruções de 1 a 4 da receita de pâte brisée, da página 285 (torta de morango).
2. Em uma superfície enfarinhada, abra a massa com 0,5 cm de espessura, e corte círculos de aproximadamente 10 cm cada. Fure com o garfo e leve para gelar por 10 minutos.
3. Preaqueça o forno a 190 °C.
4. Coloque os círculos em uma assadeira e asse por 20 minutos, ou até a borda começar a dourar. Reserve.

CREME DE CEREJAS

1. Em uma panela, adicione o creme de leite fresco e o purê de cerejas. Assim que levantar fervura, desligue.
2. Em uma vasilha, bata as gemas e o açúcar até ficarem esbranquiçados.
3. Peneire o amido de milho sobre as gemas e bata para incorporar.
4. Tempere as gemas com um pouco do creme quente e volte tudo para a panela. Cozinhe em fogo baixo até atingir o ponto nappant, ou seja, quando o creme está espesso o suficiente para cobrir as costas de uma colher de pau e, ao passar o dedo, um rastro se forma e se mantém intacto.
5. Deixe o creme esfriar completamente, coloque em um saco de confeiteiro com o bico para rechear e reserve na geladeira.

MERENGUE ITALIANO

1. Em uma panela, coloque o açúcar e a água, e cozinhe em fogo médio. Assim que começar a borbulhar, pincele as bordas de dentro da panela com água fria para dissolver os cristais que forem se formando.
2. Enquanto isso, vá batendo as claras até ficarem espessas e branquinhas.
3. Cozinhe a calda até atingir o ponto de bala mole (118 °C), ou seja, despeje um pouquinho da calda em água fria, se formar uma massa espessa porém maleável, está no ponto certo.
4. Derrame a calda quente sobre as claras, batendo constantemente, até esfriarem completamente. O merengue deve ficar brilhoso e espesso.
5. Adicione o merengue ao creme de cerejas gelado em duas adições.

CARAMELO

1. Aqueça uma panela em fogo médio, assim que o fundo estiver quentinho, adicione o açúcar e diminua o fogo. Continue cozinhando, mexendo até o açúcar derreter completamente e ficar cor de âmbar-claro. Pare o processo de cozimento mergulhando a bundinha da panela em água fria, evitando que o caramelo cozinhe demais e queime.
2. Mergulhe o topo das pâte à choux assadas, uma por vez, nesse caramelo, e deixe esfriar sob uma bancada.
3. Com elas já frias, use um bico de confeiteiro para furar suas bases e recheie o interior oco com o creme de cerejas.

MONTAGEM

1. Coloque o creme de cerejas em um saco de confeitar com o bico de estrela.
2. Usando o creme de cerejas como uma cola, posicione 3 bolinhas de pâte à choux na beirada do disco de pâte brisée, deixando um espaço entre elas.
3. Com o bico de confeiteiro, comece preenchendo o espaço entre as pâte à choux e termine preenchendo o buraco no centro do doce.
4. Decore com uma cereja no topo e já chega, essa receita me cansou!

ERRAR É HUMANO

Para que sua massa de pâte à choux não fique pontuda e queime no forno, molhe os dedos ou a pata em água fria e pressione os biquinhos que se formaram quando você fez as bolinhas na fôrma com o bico de confeiteiro.

Bolos Ordinários

Quem ama muito bolo deve pensar que existe uma infinidade de tipos de bolo no mundo; mas, na verdade, só existem seis tipos: bolo amanteigado, bolo com óleo, bolo génoise (com claras em neve), bolo pão (com fermento de pão como babas e savarins), bolo merengue e bolo apudinzado (cheesecake e outros assados em banho-maria). Todos os outros são apenas variações desses básicos citados acima. É importante ter um certo conhecimento na composição dos bolos para poder fazer escolhas certas quando forem ousar na cozinha. Por exemplo: saber qual receita é a mais indicada para ser empilhada e decorada sem quebrar, qual é o mais leve para recheios pesados, qual é o mais molhado para um lanche da tarde e assim por diante. Com conhecimento, é possível criar e customizar todas as receitas desse capítulo de acordo com a sua necessidade.

Anatomia de um bolo

- **FARINHA:** principal ingrediente, pois é o que mantém o bolo firme e segura o ar dentro dele, mesmo depois de frio.
- **OVOS:** não existe bolo de verdade sem ovos. Eles agem em uma temperatura mais baixa que a farinha, para não deixar a temperatura do bolo cair enquanto é aquecido para a farinha agir, e também seguram o ar, deixando o bolo com aquela textura leve e fofinha que amamos.
- **AÇÚCAR:** ajuda a manter o bolo fofo; quando batido com manteiga, ajuda a segurar o ar dentro da mistura.
- **MANTEIGA:** apesar de existir outras formas de gordura, ela dá um sabor insubstituível, evitando que a farinha endureça.
- **LEITE:** quando líquidos como o leite ou o iogurte são combinados com a mistura de manteiga e ovos, mais glúten é ativado e o bolo acabará precisando de mais manteiga.
- **IOGURTE:** ótimo ingrediente ácido que, quando em contato com o bicarbonato de sódio, que é alcalino, reagem e criam dióxido de carbono, bolhinhas que deixam o bolo fofinho e molhadinho. Apesar de não serem necessários em todo o preparo, os bolos, com a sua presença, são os meus prediletos e você vai encontrar bastante neste capítulo.

Tipos de bolo

BOLOS AMANTEIGADOS

Meu tipo predileto e uma das técnicas mais populares de feitura de bolo. Normalmente, utilizando o método cremoso, a manteiga em temperatura ambiente é batida com o açúcar até ficar bem branquinha e fofinha, e até os cristais de açúcar se dissolverem parcialmente. Então são adicionados os ovos e a farinha. Esse processo é muito importante na feitura do bolo porque ele incorpora bastante ar na massa e deixa o bolo bem fofo e saboroso.

BOLOS COM ÓLEO

Manteiga × óleo: Um bolo feito com manteiga é muito mais saboroso, além de ser muito mais fofinho. Mas existem também os bolos feitos com óleo, que os mantém molhados por mais tempo. Isso acontece porque o óleo não endurece em temperatura ambiente e nem quando é refrigerado; então, o bolo fica úmido por mais tempo, apesar de o seu sabor não ser tão gostoso quanto o dos bolinhos feitos com manteiga. O lado negativo dos bolos com manteiga é que ela endurece em temperatura ambiente e fica mais rígida ainda quando refrigerada. Os bolos feitos com manteiga, então, ficam um pouco mais durinhos depois de frios. Solução? Comer sempre bolo quentinho!

BOLO GÉNOISE

Um bolo leve e aerado, porém seco. Ele não cresce usando fermento químico ou bicarbonato de sódio, mas por meio do ar incorporado durante os ovos batidos. O nome técnico desse processo é "aeração mecânica".

Caso vá utilizar essa massa para fazer rocamboles e passar do tempo de forno, a massa vai rachar quando for enrolada, pois a sua natureza é seca. Se isso ocorrer, coloque a massa na geladeira por 1 hora. A umidade da geladeira vai deixar o rocambole macio de novo e você vai conseguir enrolá-lo sem rachaduras.

BOLO PÃO

Um bolo feito à base de fermento biológico ou levedura. Ele é leve e tem sabor suave, pois o adoçado só vem no final do preparo quando uma calda de açúcar saborizada com diferentes ingredientes é adicionada em cima do bolo assado.

BOLO MERENGUE

São discos de merengue assados que lembram suspiro. Claras em neve batidas com açúcar são assadas em temperatura baixa para não dourarem demais e ficarem sequinhas e crocantes. Muitas vezes, uma farinha de amêndoas, avelã ou outra noz é adicionada ao merengue para saborizá-lo e dar textura mais firme. Esses discos também são usados intercalados com camadas de bolos amanteigados ou génoise para dar textura.

BOLO APUDINZADO

São bolos assados em banho-maria para obter a cocção correta dos ovos sem talhá-los e assim manter sua textura sempre cremosa. Esses bolos costumam ser os mais tentadores, pois são extremamente pastosos e densos, muitas vezes sem a adição de farinha em seu preparo. Sua estrutura vem do cozimento lento dos ovos com os outros ingredientes, que são emulsionados. Quando feitos com chocolate, lembram um brownie, porém mais cremoso.

Qual é a diferença entre bicarbonato de sódio e fermento?

Ambos são fermentos químicos, ou seja, eles criam gás. O **BICARBONATO DE SÓDIO** é mais indicado quando o bolo contém um ingrediente ácido como iogurte, melaço, café, suco cítrico, vinagre e açúcar mascavo. Como o bicarbonato é alcalino, ao entrar em contato com um ácido, eles geram dióxido de carbono na massa criando bolhas que fazem o bolo crescer e ficar fofinho e molhado.

Já o **FERMENTO** é feito de bicarbonato de sódio com a adição de um ácido (normalmente cremor de tártaro), ou seja, ele não precisa de um ácido na massa para reagir; precisa apenas de líquidos.

Caso a receita exija bicarbonato, não o substitua pelo fermento, pois ele pode deixar um gosto metálico nos bolos.

A fôrma de bolo

A maior parte das receitas aqui servem para fôrmas de bolo redondas, de 23 cm, que são as mais usadas em casa. Com elas, é possível fazer um bolo de uma ou duas camadas. Caso queira transformar a receita de qualquer bolo em rocambole, a massa também é o suficiente para uma fôrma retangular de 40 cm × 30 cm.

Como eu gosto de bolos mais altinhos, porque acho que ficam mais elegantes, utilizo muito duas fôrmas de 15 cm em vez de uma de 23 cm.

Garantindo que um bolo cresça uniformemente

Como a parte de fora do bolo é aquecida primeiro, pode ficar assada antes da parte central do bolo, fazendo com que as laterais do bolo cresçam menos, enquanto o centro, que assou de uma maneira mais devagar e homogênea, cresça em forma de uma abóbada. Para evitar que isso ocorra, envolva a fôrma com um pano úmido. Essa técnica diminui a cocção da parte de fora do bolo e resulta em um bolo reto em cima.

Entenda o que deu errado com seu bolo

TALVEZ SEJA PORQUE...
1. o fermento não agiu corretamente; ele pode estar velho;
2. a massa foi batida demais;
3. foi colocado muito ou pouco açúcar, gordura ou líquido;
4. o forno estava muito quente;
5. muita gordura, açúcar ou fermento fazem o centro do bolo rachar;
6. pouca farinha ou muito líquido fazem a borda rachar.

BOLO DE BRIGADEIRO VEGANO

| Dificuldade: ▓▓▓░░░░░░░ | Porções: 1 2 3 4 5 6 7 **8** 9 10 | Essencial: FÔRMA COM FURO NO MEIO | Duração: 3 DIAS FORA DA GELADEIRA | 1:30 H Preparo | 45 MIN Forno |

Eu não me canso de dizer que acho uma contradição a gente optar por se alimentar de alguns animais enquanto amamos tantos outros. Quando questiono essa insensibilidade humana, fico inspirada a criar receitas veganas para deixar tanto os bichinhos quanto os meus amigos veganos mais alegrinhos. Essa receita foi a minha tentativa de transformar uma sobremesa tradicional da confeitaria brasileira em uma versão sem derivados animais. Ela se mantém fiel ao gosto que recordamos dos bolinhos de infância, mas sem as artimanhas de tirar leite do peitinho da vaca nem roubar os ovos das galinhas. Os bichinhos agradecem!

INGREDIENTES

Ingredientes que já foram ensinados neste livro estão grifados de branco.

BOLO

2 ½ colheres de sopa (25 g)	Linhaça
½ xícara (120 ml)	Água
5 xícaras (600 g)	Farinha
1 ¼ xícara (100 g)	Cacau em pó
1 ¾ colher de chá (9 g)	Bicarbonato de sódio
2 ½ colheres de chá (10 g)	Fermento em pó
¾ colher de chá (5 g)	Sal
1 xícara (215 g)	Óleo de coco
2 (400 g)	Abacates amassados
2 xícaras (600 g)	Agave ou melaço
1 ½ xícara (350 ml)	Leite de amêndoa
1 colher de sopa (15 ml)	Vinagre de maçã
4 colheres de chá (20 ml)	Extrato de baunilha

BRIGADEIRO VEGANO

1 ¼ xícara (395 g)	Leite condensado de amêndoa
3 colheres de sopa (15 g)	Cacau em pó
1 colher de sopa (15 g)	Óleo de coco
½ xícara (50 g)	Chocolate granulado

DICA

Nesta receita, a linhaça hidratada substitui os ovos, mas ela também pode ser substituída por ½ xícara de banana amassada, 3 colheres de sopa de pasta de amendoim ou ¼ de xícara de purê de maçã.

MODO DE PREPARO

BOLO

1. Pincele uma fôrma com óleo de coco e polvilhe cacau em pó.
2. Em uma vasilha pequena, misture a água com a linhaça e deixe descansar por 5 minutos para ficar hidratada.
3. Preaqueça o forno a 160 °C.
4. Peneire juntos a farinha, o cacau, o bicarbonato, o fermento em pó e o sal.
5. Adicione a linhaça, o óleo de coco, o abacate, o agave, o leite de amêndoa, o vinagre e a baunilha.
6. Misture tudo até ficar homogêneo.
7. Despeje a massa em uma fôrma com buraco no meio e bem untada. A massa vai quase dobrar de tamanho.
8. Asse por 45 minutos, até o centro do bolo ficar firme.
9. Retire o bolo do forno, deixe descansar por 5 minutos e desenforme.

BRIGADEIRO VEGANO

1. Em uma panela, adicione o leite condensado de amêndoa, o cacau em pó e o óleo de coco.
2. Em fogo baixo, cozinhe até a mistura começar a soltar do fundo da panela. O brigadeiro vegano cristaliza mais que o tradicional.
3. Deixe esfriar e faça algumas bolinhas do tamanho do seu apetite sem esquecer de passá-las pelo granulado. Espalhe o restante do brigadeiro em cima do bolo e decore com as bolinhas da alegria.

ERRAR É HUMANO

Não espere o palito sair limpo desse bolo para checar se ele está pronto. Por conta do abacate, essa massa é extremamente úmida e, mesmo quando estiver assada, ainda terá uma textura similar a de um bolo cru, ou seja, o palitinho vai sempre sair sujinho!

BOLO DE CENOURA COM BRIGADEIRO

Dificuldade: ▓▓▓░ | **Porções:** 1 2 3 4 5 6 7 ⑧ 9 10 | **Essencial:** CORTADOR DE BISCOITO, FÔRMA DE BOLO INGLÊS | **Duração:** 2 DIAS FORA DA GELADEIRA | **3 H** Preparo | **1:10 H** Forno

Criação inglesa do século XVIII, o pound cake é um bolo cuja medida "*pound*" é a mesma para os principais ingredientes, ou seja, 450 g. Esse tipo de receita rende um bolo denso e muito saboroso, de massa amanteigada. O nosso tradicional bolinho de cenoura cor de laranja fluorescente é maravilhoso, mas muitas vezes a massa acaba ficando solada, murchando o nosso apetite. É por isso que eu criei essa versão que garante textura perfeita por toda a eternidade e que preserva o sabor tradicional.

INGREDIENTES

Ingredientes que já foram ensinados neste livro estão grifados de branco.

POUND CAKE DE CHOCOLATE

2 xícaras + 2 colheres de sopa (450 g)	Manteiga
2 xícaras (450 g)	Açúcar
10	Ovos
3 ½ colheres de chá (17 ml)	Extrato de baunilha
3 xícaras (375 g)	Farinha
1 xícara (85 g)	Chocolate em pó
½ colher de chá (2,5 g)	Sal

POUND CAKE DE CENOURA

3 xícaras (375 g)	Cenoura descascada e cortada em pedaços
1 ¾ xícara (400 g)	Açúcar
⅔ xícara (150 g)	Creme azedo (ou iogurte natural integral)
½ xícara (120 g)	Óleo de coco
4	Ovos
2 ¾ xícaras (345 g)	Farinha
1 ¾ colher de chá (7,5 g)	Fermento em pó
¼ colher de chá (1 g)	Bicarbonato de sódio
¾ colher de chá (5 g)	Sal

COBERTURA DE BRIGADEIRO

1 ¼ xícara (395 g)	Leite condensado
½ xícara (80 g)	Chocolate amargo
1 colher de sopa (15 g)	Manteiga
⅓ xícara (75 g)	Creme de leite

DICA

Achocolatado no brigadeiro nem pensar! As marcas mais populares são compostas de 75% a 90% de açúcar, o que torna o brigadeiro extremamente doce e sem sabor de chocolate. Se não quiser usar chocolate em barra, substitua-o por ¼ de xícara de cacau em pó sem açúcar.

MODO DE PREPARO

POUND CAKE DE CHOCOLATE

1. Preaqueça o forno a 180 °C.
2. Na batedeira, bata a manteiga em velocidade baixa. Adicione o açúcar aos poucos e bata até ficar fofo.
3. Adicione os ovos e o extrato de baunilha, batendo após cada adição.
4. Adicione a farinha, o chocolate em pó e o sal. Misture com a espátula até a massa ficar cremosa.
5. Unte, com manteiga, uma fôrma de rocambole de aproximadamente 50 cm × 35 cm e polvilhe com farinha. Despeje a massa e nivele com uma espátula. Esse bolo precisa ficar fino, com 2 cm de altura, mas se você não tiver uma fôrma grande, asse em duas fôrmas menores.
6. Asse por 18 a 20 minutos ou até o palito sair limpo. Reserve.

POUND CAKE DE CENOURA

1. Em um liquidificador ou processador de alimentos, bata as cenouras picadas com o açúcar, o creme azedo (ou iogurte natural), o óleo de coco e os ovos.
2. Peneire a farinha com o fermento, o bicarbonato e o sal.
3. Misture os ingredientes secos com os molhados até ficarem homogêneos. Reserve.

MONTAGEM

1. Preaqueça o forno a 180 °C.
2. Unte uma fôrma de bolo inglês com manteiga e farinha.
3. Usando um cortador de biscoitos da sua preferência, de altura menor que a altura da fôrma de bolo inglês, corte o bolo de chocolate. Enfileire os bolinhos cortados no meio da fôrma sem deixar espaço entre eles. Utilize o restante do bolo de chocolate para outra finalidade.
4. Cuidadosamente, despeje a massa do bolo de cenoura sobre os coelhos de chocolate e asse entre 45 a 50 minutos, ou até o palito sair limpinho.
5. Retire do forno e espere 1 hora para desenformar.

COBERTURA DE BRIGADEIRO

1. Faça a mesma receita da página 356, substituindo as amêndoas moídas por ½ xícara (80 g) de chocolate amargo ou ¼ de xícara de chocolate em pó, adicionando ainda ⅓ de xícara (75 ml) de creme de leite no final do cozimento do brigadeiro, para dar a textura de cobertura.
2. Espalhe a cobertura em cima do bolo e fatie para revelar a surpresa de um lindo coelhinho lá dentro, ou qualquer outro bichinho que você tenha escondido por lá. Tcharam!

ERRAR É HUMANO

Para evitar que o seu bolo de cenoura sole e fique pesado, pese as cenouras na balança para se certificar de que está adicionando apenas 375 g. Um dos maiores erros ao fazer bolo de cenoura é seguir receitas que pedem números de cenoura, pois cada uma tem um tamanho e um peso. Tá achando que coelho é tudo igual?

BOLO DE LIMÃO COM CASCA

Dificuldade: ▮▮▯▯ | Porções: 1 2 3 4 5 6 7 **8** 9 10 | Essencial: FÔRMA DE BOLO | Duração: 2 DIAS FORA DA GELADEIRA | 2 H Preparo | 30 MIN Forno

Essa receita é bem interessante por dois motivos: uma porque ela aproveita o limão por inteiro, sem deixar gosto amargo no bolo, e outra porque ela não contém açúcar, apenas mel. Esses dois motivos fazem com que ela tenha um aroma incomparável e um gostinho de limão insubstituível. Um bolo muito leve para um café da tarde ou um picnic no parque.

INGREDIENTES

 Ingredientes que já foram ensinados neste livro estão grifados de branco.

DICA

Prefira limões orgânicos sempre, mais imperativamente nessa receita, pois os pesticidas ficam concentrados na casca e lavá-los remove apenas parte do veneno.

PASTA DE CASCA DE LIMÃO
3	Limões-sicilianos ou taiti
1 ½ xícara (500 g)	Mel

COBERTURA
1 xícara (220 g)	Cream cheese
3 colheres de sopa (45 ml)	Suco de limão
6 colheres de sopa (120 g)	Mel

BOLO
14 colheres de sopa (170 g)	Manteiga derretida
3	Ovos
6 colheres de sopa + 2 colheres de chá (100 g)	Iogurte natural integral
2 ¾ xícaras (350 g)	Farinha
½ colher de sopa (6 g)	Fermento
1 pitada	Sal
⅓ xícara (40 g)	Pistaches picados (opcional)

MODO DE PREPARO

PASTA DE CASCA DE LIMÃO
1. Lave os limões e descasque-os. Esprema o suco até obter um total de ¾ de xícara (180 ml). Reserve tanto a casca quanto o suco.
2. Em uma panela com água fervente, branqueie as cascas cozinhando-as por 1 minuto e depois resfriando-as em água fria. Repita esse processo mais duas vezes para remover o sabor amargo da casca.
3. Em uma panela, adicione o suco do limão, as cascas e o mel e cozinhe por 40 minutos para engrossar. Assim que as peles estiverem macias e a calda densa, retire do fogo. Para ter certeza do ponto, você tem que conseguir ver o fundo da panela quando passar uma colher. Reserve.

BOLO
1. Preaqueça o forno a 160 °C.
2. No liquidificador, bata o creme de casca de limão até ficar pastoso. Adicione os ovos, a manteiga derretida, o iogurte natural e bata até ficarem homogêneos.
3. Em uma vasilha, misture a farinha, o fermento e o sal.
4. Adicione o creme batido nos ingredientes secos e mexa com uma espátula para incorporar.
5. Adicione o pistache picado.
6. Transfira para uma fôrma untada e enfarinhada. Asse por 30 minutos ou até o velho truque de o palito sair limpo.

COBERTURA
1. Bata o cream cheese com o suco de limão e o mel até ficarem um creme homogêneo.
2. Cubra o bolo já frio com o creme e decore com raspas de limão.

ERRAR É HUMANO

Toda vez que você usa a casca de frutas cítricas você não aguenta de tanto amargor? Isso se deve à parte branca que fica embaixo da casca e não da casca em si. É só descascar fininho, sem pegar essa parte branca, que fica tudo certo.

BOLO DE PÊSSEGO DE PONTA-CABEÇA

| Dificuldade: | Porções: 1 2 3 4 5 6 7 **8** 9 10 | Essencial: FÔRMA DE 23 CM | Duração: 2 DIAS FORA DA GELADEIRA | 30 MIN Preparo | 40 MIN Forno |

Honestamente eu já devo ter feito esse bolo umas cem vezes. Originalmente feito com o abacaxi, o bolo de cabeça para baixo apareceu na virada de 1900, nos Estados Unidos, quando o rei dos frutos começou a ser vendido enlatado. Como de abacaxi eu só gosto na minha cabeça, vou subverter esse clássico e fazê-lo com pêssegos, um bolo para perfumar e fazer a festa de qualquer ocasião.

 ## INGREDIENTES   *Ingredientes que já foram ensinados neste livro estão grifados de branco.*

PÊSSEGOS CARAMELIZADOS

⅓ xícara (80 g)	Açúcar mascavo
3 colheres de sopa (40 g)	Manteiga
1 pitada	Canela
3 colheres de sopa (50 ml)	Bourbon ou uísque (opcional)
6	Pêssegos frescos ou em conserva

BOLO

2 xícaras (240 g)	Farinha
2 ½ colheres de chá (10 g)	Fermento em pó
1 colher de chá (5 g)	Bicarbonato de sódio
8 colheres de sopa (100 g)	Manteiga
½ xícara (120 g)	Açúcar
2	Ovos
2 colheres de chá (10 ml)	Extrato de baunilha
¾ xícara + 1 ½ colher de sopa (200 ml)	Iogurte natural integral

DICA

Quanto mais você bater a manteiga com o açúcar no passo 3, mais fofo o seu bolo vai ficar. Esse processo incorpora o ar na mistura e reflete em fofura no forno.

 ## MODO DE PREPARO

PÊSSEGOS CARAMELIZADOS

1. Adicione na fôrma do bolo o açúcar mascavo, a manteiga, a canela e aqueça até que a manteiga derreta.
2. Adicione o bourbon e cozinhe até que o álcool evapore, ou seja, que você não sinta mais cheiro de álcool subindo.
3. Retire a fôrma do fogo e reserve.
4. Corte os pêssegos frescos na metade e retire o caroço. Fatie cada metade em 4 pedaços.
5. Posicione as fatias de pêssego na fôrma em cima da mistura de açúcar, formando uma espiral de fora pra dentro. Reserve.

BOLO

1. Preaqueça o forno a 180 °C.
2. Em uma vasilha, misture a farinha, o fermento e o bicarbonato de sódio.
3. Em uma batedeira, bata a manteiga e o açúcar até ficarem bem fofos.
4. Adicione os ovos, um por vez, e o extrato de baunilha.
5. Retire a mistura da batedeira e, mexendo com uma espátula, adicione um pouco do iogurte e alterne com os ingredientes secos. Repita o processo em 3 adições.
6. Despeje a massa na assadeira sobre as fatias de pêssego, espalhando com cuidado, pois a massa é bem densa.
7. Asse por 40 minutos, ou até que um palito saia limpo quando inserido no meio do bolo.
8. Retire do forno e deixe esfriar por 30 minutos antes de desenformar. Sirva morno para matar o convidado do coração de tanta deliciosidade!

 ERRAR É HUMANO

Não tente desenformar esse bolo frio, ou você vai acabar com a coroa de pêssegos grudada no fundo da fôrma. Se ele esfriar, aqueça a fôrma na boca do fogão por 20 segundos, assim o caramelo vai derreter de novo e desgrudar da fôrma, como luva de mão de rainha.

BOLO STREUSEL DE BANANA

Dificuldade: ▮▮▯

Porções: 1 2 3 4 5 6 7 ⑧ 9 10

Essencial: FÔRMA REDONDA DE 23 CM

 Duração: 2 DIAS FORA DA GELADEIRA

 Preparo 1:30 H

 Forno 1 H

Esse bolinho supermolhado é tão fenomenal que vai se tornar uma marca registrada no seu café da tarde. Apesar de seu nome parcialmente alemão, essa receita é brasileiríssima, e de alemã só mesmo essa farofinha crocante que vai por cima dele para fazer o acabamento fatal.

INGREDIENTES

Ingredientes que já foram ensinados neste livro estão grifados de branco.

STREUSEL

¾ xícara (100 g)	Farinha
¼ xícara (50 g)	Açúcar
½ xícara (100 g)	Açúcar mascavo
1 pitada	Sal
6 colheres de sopa (85 g)	Manteiga derretida

BOLO DE BANANA

2 xícaras (250 g)	Farinha
1 colher de chá (4 g)	Fermento em pó
½ colher de chá (2 g)	Bicarbonato de sódio
1 pitada	Sal
9 colheres de sopa (115 g)	Manteiga
1 xícara (200 g)	Açúcar
2	Ovos
1 colher de sopa (15 ml)	Extrato de baunilha
1 xícara (245 g)	Iogurte natural integral
½ xícara (100 g)	Banana amassada
2 xícaras (360 g)	Bananas em rodelas
1 ⅓ xícara (400 g)	Doce de leite

DICA

Deixe uma pequena área no centro do bolo sem doce de leite para você poder fazer o teste do palito. Se o doce de leite estiver por cima, você pode ficar na dúvida se a sua massa está assada ou não.

MODO DE PREPARO

STREUSEL

1. Em uma vasilha, adicione a farinha, o açúcar, o açúcar mascavo e o sal. Adicione a manteiga derretida e misture com as mãos até que a farofa esteja bem úmida.

2. Espalhe essa farofa em uma fôrma e asse em forno a 180 °C por 10 minutos, ou até que os pedaços estejam sequinhos e apenas levemente dourados. Retire do forno e reserve. O streusel dura até 2 semanas fora da geladeira, fechado em um saquinho hermético.

BOLO DE BANANA

1. Preaqueça o forno a 180 °C.
2. Unte uma fôrma redonda de 23 cm com manteiga e farinha.
3. Em uma vasilha, peneire a farinha, o fermento, o bicarbonato e o sal.
4. Na batedeira, bata a manteiga e o açúcar até obter um creme fofo e esbranquiçado.
5. Adicione os ovos, um de cada vez, e o extrato de baunilha.
6. Desligue a batedeira e, mexendo com uma espátula, delicadamente, adicione os ingredientes secos, o iogurte e a banana amassada alternadamente, em 3 adições, no creme de manteiga. Um tiquinho de ingredientes secos, um tiquinho de iogurte e um tiquinho de banana amassada.
7. Despeje metade da massa na assadeira e espalhe 12 colheres de sopa de doce de leite por cima.
8. Despeje a outra metade da massa e espalhe mais 12 colheres de sopa de doce de leite.
9. Fatie as rodelas de banana e pressione-as firmemente em toda a superfície do bolo.
10. Asse por 30 minutos e polvilhe toda a sua superfície com o streusel. Leve o bolo de volta ao forno e asse por mais 20 minutos, ou até que a massa esteja firme. Faça o teste do palito no centro do bolo para certificar-se de que a massa está inteiramente assada.
11. Deixe o bolo esfriar na fôrma por no mínimo 1 hora antes de desenformar.

 ERRAR É HUMANO

Para evitar que a farofa voe por toda parte na hora de desenformar o bolo, utilize um prato da mesma largura que a da sua fôrma para encaixá-lo perfeitamente dentro, vire o bolo com cuidado em cima do prato e desvire o bolo em cima de um segundo prato, sempre mantendo o streusel em contato direto com a superfície do prato. Assim, não sobra nenhum espacinho para a farofa voar feito chuva de verão e deixar o topo do seu bolinho peladão.

CANELÉ DE BORDEAUX

Dificuldade: ▬▬▬▬

Porções: 1 2 3 4 5 6 7 8 9 **20**

Essencial: MOLDES DE COBRE CANELADOS OU FORMINHAS DE EMPADA

Duração: 2 DIAS FORA DA GELADEIRA

 48H Preparo 1:15H Forno

A origem do nome canelé vem das forminhas de cobre caneladas, onde o bolinho é tradicionalmente assado. Pequetito sim, mas tão importante que pertence ao patrimônio culinário de Bordeaux, cidade que é sinônimo de bons vinhos e canelé. Das freiras que começaram esse ícone da confeitaria fazendo bolinhos para a caridade até os chefs que o aperfeiçoaram e chegaram à receita aprovada pela Confraria de Bordeaux, se passaram 500 anos! Apesar de popular, é raridade encontrar um com as características tradicionais, e até na França muitos lugares ainda não aperfeiçoaram as técnicas desse bolinho. Nessa receita hiperdetalhada, tentei passar todas as dicas e entrelinhas para você obter um canelé clássico, com textura apudinzada por dentro e exterior crocante, que até as freirinhas de Bordeaux se orgulhariam.

INGREDIENTES

 Ingredientes que já foram ensinados neste livro estão grifados de branco.

CANELÉS

2 xícaras (500 ml)	Leite integral
4 colheres de sopa (50 g)	Manteiga
1 fava	Baunilha (ou)
4 colheres de chá (20 ml)	Extrato de baunilha
¾ xícara + 3 colheres de sopa (110 g)	Farinha
2 xícaras (250 g)	Açúcar de confeiteiro
1 pitada	Sal
2	Ovos
2	Gemas
¼ xícara (60 ml)	Rum

PARA UNTAR OS MOLDES DE COBRE

¼ xícara (40 g)	Cera de abelha comestível
3 colheres de sopa (40 g)	Manteiga

DICA

É essencial que a massa descanse por dois dias antes de você assar os canelés, é o único jeito de não inflarem muito durante o cozimento. O canelé tradicional deve ser assado na fôrma de cobre, mas se você não tiver em casa, pode dar o truque com forminhas de empada. O cobre permanece quente e distribui o calor no molde por igual, deixando o centro macio e a crosta uniformemente caramelizada.

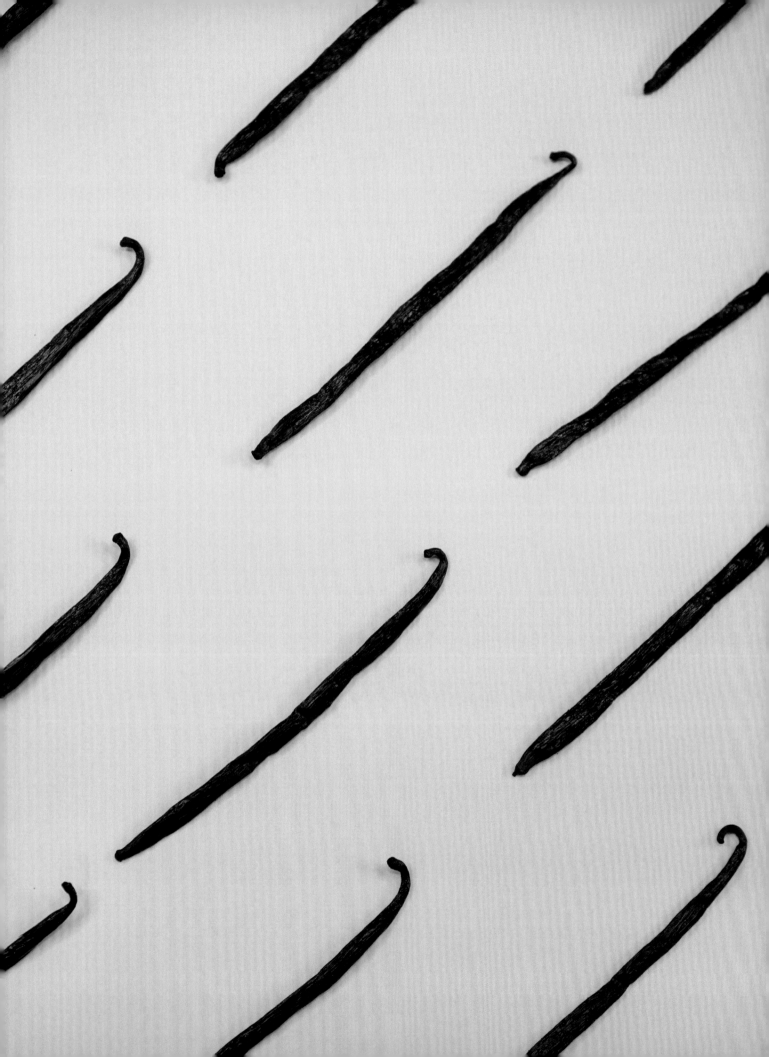

MODO DE PREPARO

CANELÉS

1. Em uma panela, adicione o leite integral, a manteiga, a fava de baunilha e as sementes. Em fogo baixo, cozinhe até ferver, tampe a panela e deixe a infusão acontecer por 10 minutos.
2. Em uma vasilha, peneire a farinha, o açúcar de confeiteiro e uma pitada de sal.
3. Sobre a vasilha com os ingredientes secos, peneire os ovos e as gemas e despeje o leite morno. Esse processo de peneirar os ovos é para evitar criar bolhas de ar na massa.
4. Com um garfo, misture a massa delicada e brevemente, mesmo que ela fique parcialmente empelotada.
5. Peneire a mistura outra vez.
6. Adicione o rum e mexa suavemente com o garfo. Cubra com filme plástico e leve para a geladeira por 48 horas. Assim que completar 24 horas, lembre-se de dar uma mexida na massa com o garfo.

PARA UNTAR OS MOLDES DE COBRE

1. Unte os moldes no máximo 2 horas antes de assar os canelés.
2. Preaqueça o forno a 250 °C e disponha os moldes em uma assadeira. Mantenha-os no forno quentinhos.
3. Em uma panela, adicione a cera de abelha comestível e derreta em fogo baixo. Quando a cera estiver derretida, desligue o fogo e adicione a manteiga. Mexa até ela derreter.
4. Tire os moldes quentes do forno e coloque um pouco da cera dentro de cada um para formar uma camada fina protetora.
5. Com ajuda de uma pinça, vire-os de ponta-cabeça sobre uma grade e deixe escorrer o excesso.
6. Leve-os para o congelador.

MONTAGEM

1. Coloque uma fôrma forrada com papel-alumínio em forno preaquecido a 250 °C.
2. Retire a massa da geladeira e os moldes do congelador. Preencha os moldes com a massa, deixando 1 cm de borda livre, pois eles vão crescer.
3. Coloque os canelés na prateleira do meio e deixe-os assando por 15 minutos.
4. Passados os primeiros 15 minutos, baixe a temperatura para 230 °C, e deixe assar por mais 7 minutos.
5. Gire a fôrma 180° e asse por mais 8 minutos adicionais.
6. Baixe a temperatura novamente para 190 °C, e deixe assar por mais 45 minutos. Esse processo garante a casquinha crocante por fora e a coloração uniforme de âmbar-escuro.
7. Retire-os do forno e, com a ajuda de uma pinça, desenforme-os imediatamente. Deixe esfriar e sirva essa iguaria complicada e perfeitinha.

  ERRAR É HUMANO

 A camada de cera de abelha que cobre os moldes deve ser visível, porém com uma certa transparência. Se parecer branca demais, é porque está muito grossa e o canelé, ao ser mordido, vai deixar textura pastosa na boca, igual chocolate hidrogenado de guarda-chuvinha. Esse passo é o mais difícil de aperfeiçoar, e manter os moldes quentinhos no forno ajuda bastante, pois assim a cera não gruda demais e não forma uma crosta grossa nas paredes do canelé.

MADELEINES DE LIMÃO

Dificuldade: ▮▮▯▯

Porções: 1 2 3 4 5 6 7 8 9 **15**

Essencial: FÔRMAS DE MADELEINE OU CUPCAKE

Duração: 2 DIAS FORA DA GELADEIRA

1:35 H Preparo

9 MIN Forno

Musa absoluta do chá da tarde, a madeleine foi criação de última hora para um jantar de nobres franceses, em 1755. Imortalizada por Marcel Proust em seu livro *No caminho de Swann*, essa delicadeza de bolo em formato de concha leva ingredientes simples e pode ser de vários sabores, mas a recheada com lemon curd é a minha *femme fatale* existencial.

 ## INGREDIENTES

 Ingredientes que já foram ensinados neste livro estão grifados de branco.

DICA

Beurre noisette quer dizer manteiga amarronzada, e é uma técnica francesa que adiciona complexidade no sabor por tostá-la até dourar.

LEMON CURD

¼ xícara (50 g)	Açúcar
1 colher de chá (2 g)	Raspas de limão
¼ xícara (60 ml)	Suco de limão
1	Ovo
2 ½ colheres de sopa (30 g)	Manteiga

MADELEINES

8 colheres de sopa (100 g)	Manteiga
⅔ xícara (145 g)	Açúcar
¾ xícara (95 g)	Farinha
½ colher de chá (2 g)	Fermento em pó
4 colheres de chá (6 g)	Raspas de laranja
5	Claras
15 (150 g)	Framboesas (opcional)

 ## MODO DE PREPARO

LEMON CURD

1. Em uma vasilha, adicione o açúcar, as raspas de limão, o suco de limão e o ovo. Misture.
2. Leve a vasilha para o banho-maria, tomando cuidado para não encostar o fundo da vasilha na água, e cozinhe, mexendo constantemente até começar a engrossar levemente.
3. Adicione a manteiga e mexa para incorporar. Cozinhe o creme por mais 15 minutos, mexendo sem parar, ou até que ele esteja mais grosso e brilhoso. Retire do fogo.
4. Mantenha o lemon curd na geladeira até as madeleines ficarem prontas.

MADELEINES

1. Em uma panela pequena, faça a beurre noisette: derreta a manteiga em fogo médio, mexendo sempre. Primeiro ela vai espumar e depois os sólidos do leite vão começar a tostar. O aroma vai ficar sedutor. Assim que grãozinhos marrons se formarem no fundo da manteiga derretida, estará pronto. Desligue o fogo e reserve.
2. Em uma vasilha, adicione o açúcar, a farinha de trigo, o fermento, as raspas de laranja e as claras de ovo. Com um garfinho, mexa tudo para combinar. Adicione a beurre noisette.
3. Leve a massa à geladeira por 1 hora.
4. Preaqueça o forno a 190 °C.
5. Unte a fôrma para madeleines somente com manteiga. Despeje a massa em cada cavidade enchendo apenas ⅔ do buraco.
6. Asse por 5 minutos e coloque uma framboesa em cada madeleine, com o buraquinho virado para cima.
7. Asse por mais 4 minutos, ou até dourar.
8. Retire as madeleines do forno e desenforme-as imediatamente.
9. Coloque o lemon curd em um saco de confeiteiro, com o bico para rechear, e insira-o na cavidade da framboesa até ela ficar completamente recheada.

 **ERRAR É HUMANO**

Mordeu sua madeleine e ela mal tinha recheio dentro? Oh, dó! É porque você a recheou fria. Certifique-se de inserir o lemon curd no interior das madeleines quando ela ainda estiver morna. Dessa maneira, ela fica mais receptiva para absorver o creme feito uma esponjinha.

MOELLEUX DE DOCE DE LEITE

Dificuldade:

Porções: 1 2 3 4 5 **6** 7 8 9 10

Essencial: 6 FÔRMAS INDIVIDUAIS OU 1 DE MUFFIN

Duração: PRECISA SER CONSUMIDO NA HORA

 10 MIN Preparo

 12 MIN Forno

Moelleux, fofo ou mole, em português, é muito conhecido na França; é aquela receita simples e rápida que toda mãe sabe fazer. Também chamado de lava cake, ele deve ter a casquinha firme e um recheio líquido que escorre como lava quando tocado pela colher. Tradicionalmente de chocolate, ele também fica irresistível recheado com doce de leite! Essa é sinceramente a receita mais fácil que eu já fiz na minha carreira, só erra quem assa demais e acaba com a magia do recheio escorrendo, mas mesmo assim fica bonzão!

INGREDIENTES

Ingredientes que já foram ensinados neste livro estão grifados de branco.

1	Ovo
2	Gemas
2 xícaras (600 g)	Doce de leite cremoso (não pode ser cozido na lata)
2 ½ colheres de sopa (14 g)	Farinha

DICA — *Depois de pronta, a massa dos moelleux pode ficar na geladeira por até 4 dias antes de ser assada. Tendo sido assada, é imprescindível servi-la imediatamente.*

MODO DE PREPARO

1. Unte muito bem as forminhas com manteiga e farinha.
2. Em uma batedeira, adicione o ovo, as gemas e bata até ficarem bem fofos e esbranquiçados. Claro que dá pra bater na mão também, mas tudo vai depender do tamanho do seu bíceps.
3. Adicione o doce de leite aos poucos até incorporar tudo.
4. Desligue a batedeira, adicione a farinha e mexa levemente para misturar.
5. Encha as forminhas, ¾ apenas, e leve a massa para a geladeira para endurecerem por no mínimo 1 hora.
6. Preaqueça o forno a 200 °C (forno alto) e asse-os por 12 minutos ou até que estejam mais durinhos nas bordas mas ainda chacolhantes no centro. É, o meio fica molinho.
7. Retire do forno, deixe descansar por 5 minutos. Desenforme no pratinho que vai servi-los.

ERRAR É HUMANO

Não asse esses meninos em fôrma de silicone de jeito nenhum, a flexibilidade da fôrma destrói as laterais dos bolinhos quando desenformados. Aliás, os moelleux também não resistem quando transportados de um lado para o outro por terem apenas uma fina película de massa que os protegem, por isso certifique-se de desenformá-los diretamente no prato em que eles serão servidos, para evitar uma explosão catastrófica de doce de leite.

MUFFIN DE MIRTILO COM TOPO GIGANTESCO

Dificuldade: | **Porções:** 1 2 3 4 5 6 7 8 9 **10** | **Essencial:** FÔRMA DE MUFFIN OU FORMINHAS DE EMPADA | **Duração:** 2 DIAS FORA DA GELADEIRA | 45 MIN Preparo | 18 MIN Forno

O muffin de mirtilo é o mais clássico de todos os muffins. Ele apareceu no século XIX, junto com o bicarbonato de sódio, mas triplicou de tamanho nos anos 1970, quando foi engrandecido com frutas. O mirtilo, também conhecido como blueberry, é uma frutinha sem graça que explode em sabor depois de assada. Muita gente fica intrigada com o fato de o muffin americano ter um topo tão gigante que até já rendeu assunto no seriado *Seinfield*. No episódio, a personagem Elaine tem a brilhante ideia de vender apenas o topo dos muffins, justamente por ser a melhor parte do bolinho! Essa proeza ocorre porque a massa é muito mais densa que a de um bolo comum, dando estabilidade para ele crescer de maneira descontrolada, nos hipnotizando com o seu cabeção.

INGREDIENTES

 Ingredientes que já foram ensinados neste livro estão grifados de branco.

DICA

Para evitar que os mirtilos afundem na massa do muffin durante o cozimento, mergulhe-os em farinha de trigo antes de adicioná-los à massa, certificando-se de que eles estejam empanados. Esse detalhe vai permitir que cada mordida seja recheada com essa preciosidade.

STREUSEL
- 2 colheres de sopa (25 g) | Açúcar demerara
- 4 colheres de sopa (50 g) | Manteiga gelada
- 4 colheres de sopa (25 g) | Farinha
- 5 colheres de sopa (25 g) | Farinha de amêndoa ou amêndoas moídas
- 1 pitada | Canela

MUFFIN
- 2 ½ xícaras (300 g) | Farinha
- ¾ colher de chá (4 g) | Bicarbonato de sódio
- ⅔ xícara (50 g) | Aveia em flocos
- 1 xícara (200 g) | Açúcar demerara (pode substituir pelo mascavo)
- 2 | Ovos
- 4 colheres de sopa (55 g) | Óleo de coco
- 1 xícara (250 g) | Iogurte natural integral
- ⅔ xícara (100 g) | Mirtilos (ou uva sem caroço, uva-passa, pêssego, maçã ou gotas de chocolate)
- 3 colheres de sopa (15 g) | Raspas de limão
- 1 pitada | Sal

MODO DE PREPARO

STREUSEL
1. Com a ponta dos dedos misture o açúcar, a manteiga gelada, a farinha, a farinha de amêndoas e a canela até que a farofa fique com pedacinhos do tamanho de ervilhas. Reserve.

MUFFIN
1. Preaqueça o forno a 160 °C e forre a fôrma de muffin com forminhas de papel, ou unte-as muito bem com manteiga e farinha.
2. Em uma vasilha, misture a farinha, o bicarbonato de sódio, a aveia, o açúcar e o sal. O bicarbonato vai funcionar como fermento nesse caso.
3. Em outra vasilha, misture os ovos, o iogurte, o óleo de coco e as raspas de limão. Junte essa mistura aos ingredientes secos e mexa só até ficarem parcialmente homogêneos.
4. Despeje os mirtilos nessa mistura e mexa apenas 10 vezes com uma espátula. Mesmo que a massa não fique completamente homogênea não mexa mais para não quebrar o dióxido de carbono criado pela mistura de iogurte e bicarbonato, o que poderia destruir o topo gigante do nosso muffinzão.
5. Encha os moldes de muffins com a massa até o topo para eles crescerem bastante, e polvilhe a farofa por cima. Quanto mais, melhor, mas já aviso que se for exagerar ela não gruda tão bem.
6. Asse por 16 a 18 minutos, ou até a borda ficar moreninha.
7. Retire do forno e deixe descansar por 5 minutos, antes de desenformar.

ERRAR É HUMANO

Para evitar esmagar um muffin com a luva ao retirá-lo do forno, meu truque é sempre deixar um copinho da fôrma de muffin sem massa para ter onde pegar. Com eles parcialmente frios, eu viro a fôrma de ponta-cabeça, próximo do balcão, para eles caírem naturalmente sem eu precisar arrancar fora o topo maravilhoso do muffin, também conhecido como o seu cabeção.

Dicas para um bolo bonitão e profissionalzão

- Sempre que você for fazer bolo, deixe todos os ingredientes em temperatura ambiente, isso permite que eles se homogeinizem de maneira uniforme e não comprometam a textura final da receita.
- Assim que adicionar a farinha, não bata mais a massa na batedeira e, sim, misture com uma espátula delicadamente. Ao mexer a farinha, desenvolvemos glúten na massa; o que pode tornar o bolo duro e massudo.
- Se quiser um bolo de chocolate de massa bem escura, opte pelo cacau em pó alcalino (o estilo europeu). Caso não o encontre, ative o cacau natural com algumas colheres de água fervente antes de adicioná-lo à massa, e a cor do seu bolo e sabor vão ficar mais intensos.
- Ao cortar um bolo na horizontal para recheá-lo, faça uma marcação vertical na massa. Dessa maneira, você conseguirá voltar o disco de cima no exato mesmo ponto, mantendo o bolo uniforme, mesmo que o seu corte horizontal tenha ficado torto.
- O ideal é sempre colocar o bolo na prateleira do meio do forno, porque assim o ar consegue circular e assar a massa uniformemente. Se você assar na prateleira de cima, o bolo vai ficar massudo e denso. Se assar na prateleira de baixo, que é de onde sai o calor do forno, o bolo vai assar muito rapidamente e vai acabar queimando e ficando muito seco.
- Eu sempre gosto de tirar o bolo do forno alguns minutos antes de estar pronto porque ele continua assando no seu próprio calor, evitando que a massa fique muito ressecada.
- Um truque utilizado para fazer bolos que pareçam profissionais é montar o bolo em uma fôrma de aro removível, com um pedaço de papelão no fundo. Essa estratégia possibilita que você utilize recheios mais líquidos sem que eles vazem pelos lados, mantendo as laterais do bolo perfeitamente iguais ao ser desenformado.
- Bolo não se guarda em geladeira, mas caso precise armazená-lo para uma montagem complexa, embrulhe-o em filme plástico e congele. Ao descongelar, ele estará mais seco; então, pincele as camadas com rum, brandy ou café.
- Depois de assado, deixe-o esfriar por uns 5 minutinhos e desenforme-o em uma grade. Isso permitirá que o ar circule em volta do bolo para ele ficar no seu ápice de textura e sabor. Sem esse truque, o bolo começará a gerar vapor, o que poderá deixá-lo com uma textura murcha.

BANANA BREAD COM GANACHE DE BANANA

Dificuldade: ▓▓▓░░░

Porções: 1 2 3 4 5 6 7 **8** 9 10

Essencial: MIXER OU LIQUIDIFICADOR

Duração: 3 DIAS FORA DA GELADEIRA

 25 MIN Preparo   1 H Forno

Banana bread é meu tipo de bolo de banana favorito. Ele deveria ter entrado na primeira edição do livro, mas eu não mandei a receita a tempo de a editora publicar... Hoje estou mais madura, assim como as bananas necessárias para esse bolo. Então, apresento essa maravilhosidade, acompanhada de uma receita de ganache sem creme de leite que elevou esse bolo à categoria de so-bre-me-sa, e não mais de "apenas um bolinho". Aos amantes de bolo de banana e de fazer sumir as bananas à beira da morte na fruteira, uma salva de palmas para essa receita sensacional!

INGREDIENTES

 Ingredientes que já foram ensinados neste livro estão grifados de branco.

DICA

A ganache pode ser feita utilizando a polpa de qualquer outra fruta da sua preferência. Caso prefira fazer o bolo sem ganache, misture 200 g de chocolate picado à massa do bolo para ter um banana bread bem tradicionalzão.

BANANA BREAD
450 g	Bananas bem maduras
3 colheres de sopa (50 g)	Iogurte integral
⅓ xícara (75 g)	Óleo de coco (ou outro óleo vegetal)
1 xícara (200 g)	Açúcar mascavo
2	Ovos
1 colher de chá (5 ml)	Extrato de baunilha
2 xícaras (240 g)	Farinha de trigo
1 colher de chá (5 g)	Bicarbonato de sódio
½ colher de chá (2 g)	Fermento em pó
1 pitada	Sal
1 pitada	Noz-moscada em pó

GANACHE DE BANANA
2 xícaras (300 g)	Chocolate ao leite
200 g	Bananas bem maduras

BANANAS BRÛLÉE PARA DECORAR
1	Banana (não muito madura)
2 colheres de sopa (25 g)	Açúcar

MODO DE PREPARO

GANACHE
1. Derreta o chocolate em banho-maria e adicione as bananas.
2. Bata utilizando um mixer de mão (ou um liquidificador) até virar um creme liso e homogêneo.
3. Cubra com um plástico filme encostando no topo do creme, para não criar uma película depois de fria.
4. Deixe a ganache esfriar em temperatura ambiente por cerca de 3 horas ou até que esteja no ponto de espalhar.

BANANA BREAD
1. Preaqueça o forno a 180 °C.
2. Unte uma fôrma de bolo inglês (25 cm × 12 cm) com manteiga e polvilhe com farinha.
3. Em uma tigela, amasse as bananas e adicione o iogurte, o óleo de coco e o açúcar mascavo, misturando até ficarem homogêneos.
4. Adicione os ovos, o extrato de baunilha e mexa para incorporar.
5. Em uma outra tigela, misture os ingredientes secos: farinha, bicarbonato, fermento, sal e noz-moscada.
6. Adicione a mistura dos secos gradualmente à tigela do creme de banana.
7. Despeje a massa na fôrma e asse-a por 60 a 75 minutos, até que o palito de dente saia limpo quando inserido no centro do bolo.
8. Deixe esfriar no balcão por 15 minutos, e só depois desenforme.

BANANAS BRÛLÉE
1. Fatie a banana ao meio na vertical, coloque-a em uma fôrma, polvilhe o açúcar e, com um maçarico, toste o topo dela para caramelizar.

MONTAGEM
1. Espalhe a ganache no topo do bolo e finalize com a banana brûlée no centro.

ERRAR É HUMANO

Quando está calor, a ganache não endurece em temperatura ambiente. Nesse caso, deixe-a esfriar na geladeira, mas só até ficar moldável. Se endurecer demais, vai ficar impossível espalhá-la no topo do bolo, mesmo com toda destreza de uma pata canina.

BOLINHO SUCULENTO

Dificuldade:	Porções:	Essencial:	Duração:	3 H Preparo	45 MIN Forno
▰▰▱	1 2 3 4 5 6 7 8 **9** 10	BICO FOLHA Nº 352. PITANGA ABERTO E FECHADO	3 DIAS FORA DA GELADEIRA		

Cactos e suculentas não são a mesma coisa, apesar de serem da mesma família. O primeiro é originário das Américas, enquanto as suculentas são encontradas no mundo todo. Esses lindos bolinhos foram criados por Alana Jones, uma amiga americana. A primeira vez que ela os postou em seu blogue, em 2013, foi uma enxurrada de réplicas por toda a internet, todos se apaixonaram por essas belezuras, inclusive eu! Achei-os tão geniais que resolvi fazer uma versão bem mexicana, com tequila, para um episódio inspirado em Frida Kahlo, e a chamei como convidada. O que eu mais gosto nesses bolinhos é que apesar de serem decorados e pitorescos, eles não levam pasta americana, uma terrível invenção da confeitaria a que tenho verdadeiro pavor.

INGREDIENTES

Ingredientes que já foram ensinados neste livro estão grifados de branco.

BOLO

1 xícara (200 g)	Manteiga
1 ⅔ xícara (360 g)	Açúcar
4	Ovos
3 xícaras (360 g)	Farinha
1 ¼ colher de chá (5 g)	Fermento
½ colher de chá (3 g)	Bicarbonato de sódio
1 pitada	Sal
1 ¼ xícara (300 g)	Iogurte natural integral
1 ½ colher de chá (8 ml)	Extrato de baunilha
3 colheres de sopa (45 ml)	Tequila (opcional)
1 ⅓ xícara (120 g)	Biscoito maisena triturado

BUTTERCREAM PROFISSIONAL

1 xícara (200 g)	Manteiga em temperatura ambiente
1 colher de chá (5 ml)	Extrato de baunilha
¼ xícara (60 ml)	Água
½ xícara (90 g)	Açúcar
1	Clara
1 colher de sopa (8 g)	Pó de matcha para usar como corante natural

DICA

Faça como eu e use xícaras antigas, encontradas em lojas de segunda mão, para dar esse tom descontraído na apresentação dos bolinhos.

MODO DE PREPARO

BOLO

1. Preaqueça o forno a 160 °C e unte uma fôrma retangular com manteiga e farinha.
2. Em uma vasilha, peneire a farinha, o fermento, o bicarbonato e o sal.
3. Na batedeira, bata a manteiga com o açúcar até ficarem bem fofos.
4. Batendo sempre, adicione um ovo por vez e espere incorporar.
5. Pare de bater e, com uma espátula, vá adicionando os ingredientes secos na pasta de manteiga, alternando com o iogurte. Misture levemente, o mínimo necessário. Tudo não deve passar de 3 adições.
6. Por fim, adicione o extrato de baunilha e a tequila.
7. Despeje a massa na fôrma e asse por 45 minutos ou até que o palito saia limpo quando inserido no seu centro.

BUTTERCREAM PROFISSIONAL

1. Em uma vasilha, coloque a manteiga e a baunilha, e bata por 10 minutos. Reserve.
2. Em uma panela, cozinhe o açúcar com a água até que comece a borbulhar. Não mexa a partir desse ponto para a calda não cristalizar.
3. Nesse início, vá passando um pincel com água fria na parte de dentro das bordas da panela, dissolvendo as gotinhas que respingarem, para evitar a cristalização.
4. Assim que as bolhas ficarem mais densas, pode parar de passar o pincel, pois é a hora de fazer o teste para saber se já chegou ao ponto de bala mole (118 °C): derrame um pouco da calda em um copo com água fria. Se a calda formar uma bolinha maleável, é porque está pronta. Mantenha a calda em um cantinho quente da cozinha. Enquanto isso, bata as claras na batedeira.
5. Assim que as claras atingirem picos duros, adicione a calda de açúcar quente, mas sem parar de bater em momento algum, para fazer o merengue italiano. Quando a mistura estiver fria, acrescente a manteiga batida, aos poucos, até incorporar totalmente.
6. Tinja o buttercream de verde, usando o pó de matchá, ou use qualquer outro corante da sua preferência.

MONTAGEM

1. Escolha as xicrinhas em que você gostaria de montar a sobremesa, e corte círculos no bolo do mesmo diâmetro delas.
2. Insira as rodelas de bolo dentro das xícaras e cubra a superfície com buttercream. Polvilhe o biscoito de maisena triturado por cima para se assemelhar à terra. Reserve.
3. Em uma vasilha, esfarele o restante do bolo que não foi usado nas xícaras e adicione uma colher de sopa de buttercream. Misture para fazer uma massa maleável, ajustando a quantidade de buttercream conforme for necessário.
4. Molde, na palma das mãos, cilindros e bolas de vários tamanhos e coloque-os no topo dos bolinhos.
5. Com o bico de confeiteiro de folha, faça longas listras verticais nos cactos e decore com granulado branco.
6. Com o bico de pitanga, decore as suculentas mais baixinhas, adicionando granulado branco no centro de cada florzinha formada pelo bico de pitanga.

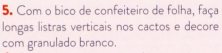

  ERRAR É HUMANO

 Se o seu cacto começar a se desmantelar na hora da decoração, leve-o para gelar por 15 minutos. O buttercream contém muita manteiga e vai endurecer rapidamente, facilitando o manuseio. Após gelar, você pode inserir um palito de churrasco bem no centro para dar mais estabilidade, especialmente para o cacto mais alto.

BOLO DEVIL'S DE CHOCOLATE E PRALINÉ

Dificuldade: ▮▮▮▮▯▯▯▯▯▯

Porções: 1 2 3 4 5 6 7 **8** 9 10

Essencial: 3 FÔRMAS DE 15 CM

Duração: 2 DIAS FORA DA GELADEIRA

 2 H Preparo

 50 MIN Forno

O praliné apareceu na Europa, no século XVII, como uma pasta de caramelo misturada originalmente com amêndoas, e logo depois com avelãs. O seu emprego em pâtisserie é amplo, e ele pode ser usado em pó, em creme e ganaches, ou em pedaços, misturados com chocolate ou manteiga de cacau. Tradicional como recheio de bombons belgas, o praliné também aparece em doces clássicos, como o paris-brest, e é tão versátil que aqui nessa receita ele é usado em pó, no recheio, e em folha, para encapar o bolo todinho.

 ## INGREDIENTES

 Ingredientes que já foram ensinados neste livro estão grifados de branco.

DEVIL'S CAKE

1 ½ xícara (185 g)	Farinha
1 ⅓ xícara (110 g)	Cacau em pó
¾ colher de chá (4 g)	Bicarbonato de sódio
1 pitada	Sal
½ xícara (85 g)	Chocolate amargo
14 colheres de sopa (170 g)	Manteiga
1 xícara (200 g)	Açúcar
½ xícara (110 g)	Açúcar mascavo
3	Ovos
1 ½ colher de chá (8 ml)	Extrato de baunilha
1 xícara (210 g)	Sour cream ou iogurte natural integral

PRALINÉ

1 ⅓ xícara (200 g)	Avelã ou amêndoa
1 ¾ xícara (400 g)	Açúcar

COBERTURA DE CHOCOLATE E PRALINÉ

14 colheres de sopa (170 g)	Manteiga
1 xícara (225 g)	Cream cheese
⅓ xícara (40 g)	Açúcar de confeiteiro
¾ xícara (75 g)	Praliné
⅓ xícara + 2 colheres de sopa (75 g)	Chocolate amargo

DICA

Use dois pedaços de linha para medir a circunferência do seu bolo e a sua altura. Coloque as linhas em uma fôrma e marque o tamanho necessário para fazer a tuile de praliné, que vai envolver todo o bolo.

MODO DE PREPARO

BOLO

1. Em uma vasilha, misture a farinha, o cacau em pó, o bicarbonato de sódio e o sal. Reserve.
2. Preaqueça o forno a 180 °C.
3. Unte as fôrmas com manteiga e cacau em pó. Reserve.
4. Em uma vasilha de vidro ou cerâmica, adicione o chocolate e derreta-o em banho-maria.
5. Na vasilha da batedeira, bata a manteiga, o açúcar mascavo e o açúcar até ficarem um creme fofo, por cerca de 5 minutos. Adicione os ovos, um por vez, e a baunilha.
6. Desligue a batedeira e, com a ajuda de uma espátula, vá alternando o sour cream e os ingredientes secos, mexendo até ficarem homogêneos.
7. Adicione o chocolate derretido na massa e misture.
8. Despeje-a nas fôrmas untadas. Caso não queira fazer um bolo alto, use uma fôrma de 23 cm.
9. Asse por 30 minutos, ou até o palito sair limpo do meio do bolo. Reserve.

PRALINÉ

1. Esse é um praliné bem tradicional e bastante simples, mas caso prefira, você pode usar a receita de brittle, da página 358, e pulverizar.
2. Em uma assadeira, espalhe as avelãs ou amêndoas em uma única camada, e asse no forno a 180 °C, por cerca de 10 minutos, ou até que desprendam seu aroma. Reserve.
3. Em uma panela já aquecida, em fogo médio, adicione o açúcar e derreta-o a seco, mexendo de vez em quando até caramelizar. Quando o açúcar estiver completamente caramelizado, adicione as avelãs e misture.
4. Despeje o caramelo sobre uma folha de papel-manteiga ou tapetinho de silicone.
5. Deixe esfriar completamente, quebre em pedaços e reserve alguns para decorar o topo do bolo.
6. Em um processador de alimentos ou um liquidificador, pulverize o restante do praliné até virar pó. Reserve.

COBERTURA DE CHOCOLATE E PRALINÉ

1. Em uma vasilha de vidro ou cerâmica, derreta o chocolate em banho-maria. Reserve.
2. Na vasilha da batedeira, bata a manteiga, o cream cheese e o açúcar de confeiteiro, até ficarem um creme fofo.
3. Adicione o praliné pulverizado e bata até incorporar. Em seguida adicione o chocolate derretido. Bata até ficar homogêneo.
4. Leve para gelar por, no mínimo, 30 minutos.

MONTAGEM

1. Com uma faca de serra, nivele o topo dos bolos, de maneira que fiquem retinhos, eliminando qualquer domo. Coloque um dos bolos sobre um prato e espalhe parte do recheio pela sua superfície. Coloque outro bolo por cima, espalhe mais recheio e finalize com o último bolo.
2. Com uma espátula offset, cubra todo o exterior dos bolos com a cobertura, espalhando-a de maneira uniforme. Leve para gelar por 30 minutos.

TUILE DE PRALINÉ

1. Preaqueça o forno a 160 °C.
2. Cubra uma fôrma com papel-manteiga e peneire uma espessa camada de pó de praliné uniforme sobre ela (ver DICA).
3. Leve o pó ao forno por 10 minutos. O praliné vai derreter, se juntar e criar uma tuile gigante.
4. Tire o bolo da geladeira. Com muito cuidado, levante o papel-manteiga com a tuile de praliné, e envolva toda a lateral do bolo, pressionando levemente toda a sua volta. Espere endurecer por 2 minutos e retire a folha de papel-manteiga. Se medida corretamente, a tuile deve envolver toda a lateral do bolo.
5. Decore o topo do bolo com os pedaços de praliné reservados, avelãs e fios de caramelo (página 355) e sirva.

 ERRAR É HUMANO

 Caso sua tuile de praliné endureça antes mesmo de você ter tido tempo de cobrir a lateral do bolo e comece a quebrar ao ser dobrada, não entre em pânico, volte tudo para o forno e em menos de 1 minuto ela vai voltar a ser flexível. Dá para errar quantas vezes você quiser.

BOLO DE IOGURTE COM MARSHMALLOW DE DOCE DE LEI–CELOTE!

Dificuldade:	Porções:	Essencial:	Duração:
▰▰▱▱	1 2 3 4 5 6 7 **8** 9 10	BICO DE CONFEITAR Nº 233	3 DIAS FORA DA GELADEIRA

 2 H Preparo 30 MIN Forno

É, esse bolo foi inspirado no Lancelote e todos os tons hipnotizantes que cobrem o seu corpinho e que me faz pensar em doce de leite. Bolos decorados precisam ter a massa mais densa que o normal para terem estabilidade quando empilhados, e essa receita é perfeita para isso. Aliás, mais perfeita do que isso só mesmo o Lancelote ao vivo e em cores.

INGREDIENTES

 Ingredientes que já foram ensinados neste livro estão grifados de branco.

DICA

Para não desperdiçar nenhuma gota de recheio no saco de confeitar, coloque-o sobre a bancada e pressione suavemente com um rolo em direção à ponta.

BOLO
- 19 colheres de sopa (230 g) | Manteiga
- ⅔ xícara (130 g) | Açúcar
- ½ xícara (100 g) | Açúcar mascavo
- 5 | Ovos
- 1 ½ | Limão (apenas as raspas)
- ½ xícara (135 g) | Iogurte natural integral
- 2 ⅔ xícaras (325 g) | Farinha
- ¾ colher de chá (4 g) | Bicarbonato de sódio
- 1 pitada | Sal

MARSHMALLOW DE DOCE DE LEITE
- 2 | Claras
- ½ xícara (100 g) | Açúcar
- 4 gotas | Limão
- 2 ⅔ xícaras (800 g) | Doce de leite pastoso

MODO DE PREPARO

BOLO

1. Preaqueça o forno a 160 °C e unte duas fôrmas de 18 cm, ou uma de 23 cm.
2. Em uma batedeira ou com o batedor de mão, bata a manteiga e os açúcares até ficarem um creme fofo.
3. Adicione os ovos, um por vez, e as raspas de limão.
4. Em outra vasilha, peneire a farinha, o sal e o bicarbonato.
5. Adicione um pouco do iogurte na mistura de ovos, alternando com a farinha. Repita o processo sempre alternando, até que tudo tenha sido misturado.
6. Asse por 30 minutos ou até o palito sair limpinho quando inserido no centro do bolo.
7. Deixe descansar por 5 minutos e desenforme.

MARSHMALLOW DE DOCE DE LEITE

1. Em uma vasilha, adicione as claras, o açúcar e as gotas de limão. Leve para cozinhar em banho-maria.
2. Mexendo sem parar, cozinhe a mistura até que todos os grãos de açúcar estejam dissolvidos, você pode sentir com os dedos.
3. Transfira imediatamente para a batedeira e bata até que a mistura esteja completamente fria e bem brilhosa.
4. Distribua o merengue em 4 vasilhas e divida 1 ⅓ de xícara de doce de leite (400 g) entre elas, adicionando quantidades diferentes em cada uma para criar um efeito gradiente. O doce de leite é o nosso corante natural cor de pelos do Lance. Reserve.

MONTAGEM

1. Quando os bolos estiverem frios, caso tenha assado 2 bolos como eu, corte-os ao meio para rechear.
2. Com uma espátula, espalhe parte do doce de leite restante numa metade do bolo e feche com a outra metade. Repita o processo para o segundo bolo. Coloque um bolo sobre o outro.
3. Coloque os cremes em sacos de confeitar com o bico nº 233, ou com qualquer bico fino, e, começando pela base do bolo, crie o padrão desejado em volta dele todo, alternando os tons. Quanto mais longos forem os fios, mais com cara de cachorrinho o bolo vai ficar.

ERRAR É HUMANO

Esse bolo é só "pavê e não para comer", porque nós, cachorros, não podemos consumir açúcar, além de sermos alérgicos a vários tipos de farinha. Para mim, homenagem boa foram as panquequinhas que a Raíza me fez na página 372.

BOLO FLORESTA ROXA

| Dificuldade: ▇▇▁▁▁ | Porções: 1 2 3 4 5 **6** 7 8 9 10 | Essencial: **2 FÔRMAS REDONDAS DE 15 CM** | Duração: **1 DIA FORA DA GELADEIRA** | 6H Preparo | 1:05H Forno |

O bolo floresta negra é um bolo clássico de origem alemã, que homenageia a cordilheira mais emblemática do país, cujos pinheiros escuros formam a vegetação densa tão famosa. Na minha versão, o bolo ganha ares de contos de fada com a adição da beterraba: sem interferir no sabor, ela deixa o bolo mais úmido e nutritivo, além de tingir essa floresta de roxo.

INGREDIENTES

Ingredientes que já foram ensinados neste livro estão grifados de branco.

CHANTILLY ESTABILIZADO

3 colheres de sopa (45 g)	Açúcar
1 ½ colher de sopa (10 g)	Amido de milho
⅓ xícara (80 g)	Creme de leite fresco
1 ¾ xícara (400 g)	Creme de leite fresco gelado
1 ½ colher de chá (7 ml)	Extrato de baunilha

BOLO DE BETERRABA

1 ½ (250 g)	Beterraba média
¾ xícara (55 g)	Cacau em pó
1 xícara (125 g)	Farinha
1 colher de chá (4 g)	Fermento em pó
1 pitada	Sal
⅔ xícara (110 g)	Açúcar mascavo
3	Ovos
¾ xícara + 4 colheres de chá (200 ml)	Óleo de coco
1 colher de sopa (15 ml)	Extrato de baunilha

GANACHE

| 1 ⅓ xícara (220 g) | Chocolate meio amargo picado |
| 1 xícara (240 g) | Creme de leite |

CALDA DE CEREJA

| 2 xícaras (450 g) | Cerejas ao marasquino (1 xícara de calda e 1 xícara de cerejas) |
| q. b. | Cerejas frescas a gosto para decorar |

DICA

O clássico recheio do floresta negra é o creme chantilly, mas ele desinfla rapidamente e encharca a massa, por isso é importante fazer essa versão estabilizada para que ele fique durinho e não murche. Outra coisa, prefira consumir beterrabas orgânicas, pois elas têm maior sensibilidade aos agrotóxicos por ser um tubérculo e absorver todas as toxinas jogadas na terra.

MODO DE PREPARO

CHANTILLY ESTABILIZADO

1. Em uma panela, coloque o açúcar, o amido de milho e ⅓ de xícara (80 g) de creme de leite fresco. Em fogo médio e mexendo sempre, ferva a mistura para engrossar. Assim que ferver, cozinhe por mais 2 minutos para acionar o poder do amido.
2. Retire do fogo e deixe a mistura esfriar. Coloque na geladeira por no mínimo 1 hora.
3. Em uma vasilha, bata com um fouet 1 ¾ de xícara (400 g) de creme de leite fresco junto com o extrato de baunilha, só até começar a engrossar. Vá adicionando, aos poucos, o creme de amido gelado, batendo sem parar, até atingir picos médios, ou seja, ao virar o batedor, nenhum bico pontudo se forma. Cubra e leve a mistura para gelar por 4 horas.

BOLO DE BETERRABA

1. Compre beterrabas frescas, enrole-as em papel-alumínio, com a casca, e asse em forno a 180 °C por 30 minutos, ou até que estejam macias ao espetar com um garfo.
2. Com uma faca de cozinha, remova a casca das beterrabas ainda quentes, e transforme-as em purê, passando por um processador de alimentos ou liquidificador. Reserve.
3. Preaqueça o forno a 170 °C. Unte duas fôrmas de 15 cm de diâmetro com manteiga e cacau em pó.
4. Em uma vasilha, junte o cacau em pó, a farinha, o fermento, o sal e o açúcar mascavo.
5. Em outra vasilha, misture o purê de beterraba, os ovos, o óleo de coco derretido e o extrato de baunilha. Mexa para incorporar tudinho.
6. Incorpore os ingredientes secos à mistura de beterraba e despeje a massa nas assadeiras untadas.
7. Asse por 35 minutos, ou até que um palito inserido no meio do bolo saia limpo. Desenforme sobre uma grade de bolo e reserve.

GANACHE

1. Em uma vasilha, coloque o chocolate meio amargo picado.
2. Em uma panela, aqueça o creme de leite só até levantar fervura. Despeje sobre o chocolate picado e deixe descansar por 1 minuto.
3. Com uma espátula, faça movimentos circulares até tudo estar emulsificado. Reserve.

CALDA DE CEREJA

1. Em uma panela, ferva 1 xícara de calda de cereja ao marasquino até reduzir pela metade. Reserve.

MONTAGEM

1. Com uma faca de serra, corte os topos dos bolos caso estejam abaulados para deixá-los retos. Corte cada bolo pela metade, na horizontal.
2. Pincele a calda de cereja ao marasquino reduzida sobre a superfície de um dos bolos e espalhe um pouco do chantilly em cima.
3. Espalhe as cerejas reservadas da calda em cima do chantilly e molhe com mais um pouco da calda reduzida. Coloque por cima a outra metade do bolo e repita o processo até as quatro metades estarem empilhadas, pinceladas e recheadas.
4. Finalize com a ganache e decore com cerejas frescas.

 ERRAR É HUMANO

 O próprio movimento da espátula para espalhar o creme chantilly no topo do bolo faz com que ele endureça mais ainda, por isso é importante batê-lo só o suficiente para atingir o pico médio. O excesso de agitação pode fazer o seu chantilly desandar, talhar e virar manteiga. Sim, você não viu como se faz manteiga na página 70?

BOLO PÃO DE MEL

Dificuldade: ▪▪□□□ | Porções: 1 2 3 4 5 6 **7** 8 9 10 | Essencial: FÔRMA DE BOLO | Duração: 3 DIAS FORA DA GELADEIRA | 20 MIN Preparo 45 MIN Forno

Inspirado no pain d'épices, ou pão de especiarias, essa receita é tradicional na Europa desde a Idade Média, mas costuma ser muito seca para o meu paladar. Em razão disso, criei essa versão em que o sour cream e o bicarbonato de sódio fazem um excelente trabalho para manter a massa mais úmida, enquanto o doce de leite dá aquela melecada final e totalmente essencial.

 ## INGREDIENTES   *Ingredientes que já foram ensinados neste livro estão grifados de branco.*

DICA

Para manter o bolo molhado por mais tempo, cubra-o com um domo ou com uma tigela de ponta-cabeça, junto de uma maçã descascada dentro. A umidade da maçã ajuda a manter o ar úmido dentro do domo, o que previne o ressecamento do bolinho e da cobertura.

1 ½ xícara (180 g)	Farinha
9 colheres de sopa (45 g)	Cacau em pó
½ colher de chá (2 g)	Bicarbonato de sódio
1 pitada	Sal
1 pitada	Canela em pó
1 pitada	Noz-moscada
1 pitada	Pimenta-do-reino
1 pitada	Cravo-da-índia
4	Ovos
½ xícara (120 g)	Sour cream ou iogurte natural integral
1 colher de chá (5 ml)	Extrato de baunilha
7 ½ colheres de sopa (150 g)	Mel
2 colheres de sopa (10 g)	Gengibre fresco ralado
2 colheres de sopa (10 g)	Raspas de limão
1 xícara (200 g)	Manteiga
1 ⅔ xícara (260 g)	Açúcar mascavo sem pressionar
1 ⅓ xícara (400 g)	Doce de leite

 ## MODO DE PREPARO

1. Preaqueça o forno a 160 °C e unte com manteiga e farinha uma fôrma de bolo de aproximadamente 22 cm.

2. Em uma vasilha, peneire a farinha, o cacau, o bicarbonato e o sal. Adicione a canela, a noz-moscada, a pimenta e o cravo. Reserve.

3. Em outra vasilha, misture os ovos, o sour cream, o extrato de baunilha, o mel, o gengibre ralado e as raspas de limão até obter uma mistura homogênea.

4. Em uma terceira vasilha (essa é a última, prometo), bata, com um batedor de mão, a manteiga com o açúcar mascavo até ficarem fofos. Adicione os ingredientes secos, misture com uma espátula e, em seguida, adicione a mistura dos ovos. Misture somente até ficarem homogêneos.

5. Despeje a massa na fôrma e asse por 45 minutos ou até que um palito inserido no meio do bolo saia limpo.

6. Deixe o bolo esfriar por 10 minutos e desenforme. Quando ele estiver completamente frio, corte ao meio e recheie e cubra com doce de leite.

 ERRAR É HUMANO

 Seu mel cristalizou e você pensou em jogá-lo fora? Nããão, isso é a maior prova de que ele é puríssimo e de boa qualidade. Caso isso ocorra, aqueça o mel lentamente, em banho-maria, que ele vai se liquefazer e você vai se sentir uma abelha-rainha.

BOLO RED VELVET NATURAL

Dificuldade:	Porções:	Essencial:	Duração:	30 MIN Preparo	1:10 H Forno
▮▮▯▯	1 2 3 4 5 6 7 **8** 9 10	2 FÔRMAS DE 15 CM	3 DIAS FORA DA GELADEIRA		

Nada me enfurece mais do que uma comida colorida artificialmente. Isso porque a natureza tem ingredientes com cores psicodélicas à disposição de todos, mas muitos ainda usam corantes criados em laboratórios para tornar uma comida atraente, e nem sequer tiram vantagem dos benefícios nutricionais de usar o suco de uma fruta ou vegetal para tingir uma receita. O bolo red velvet sempre foi um desses clássicos que não fazia sentido para mim, especialmente quando descobri como ele se popularizou: a receita era divulgada por uma família que tinha uma marca de corantes artificiais chamada Adams Extract Company. Eles distribuíam, de graça, cartões com a receita e a foto do bolo vermelho que deixava todo mundo maravilhado, e foi isso que impulsionou os negócios da família. Foi por essa e outras que desenvolvi a minha versão tingida com suco de beterraba e, acredite, ela fica com a cor muito mais viva do que com o tóxico corante vermelho 40, que vai te envenenando aos poucos.

INGREDIENTES

Ingredientes que já foram ensinados neste livro estão grifados de branco.

BOLO

4 (250 g)	Beterrabas médias inteiras com casca
4 colheres de sopa (40 ml)	Suco de limão
¾ xícara (140 g)	Óleo de coco (ou outro óleo vegetal)
¾ xícara (180 g)	Iogurte natural sem açúcar
4	Ovos
2 ½ xícaras (300 g)	Farinha de trigo orgânica para garantir a cor bem vermelha (ver comentário do Lancelote na página 219)
1 ½ xícara (300 g)	Açúcar
3 colheres de sopa (15 g)	Cacau em pó natural sem açúcar
2 colheres de chá (12 g)	Fermento em pó
½ colher de chá (3 g)	Bicarbonato de sódio

RECHEIO

1 xícara (220 g)	Cream cheese
¼ xícara (50 g)	Manteiga sem sal em temperatura ambiente
4 ½ xícaras (450 g)	Açúcar de confeiteiro
1 colher de sopa (10 g)	Raspas de limão
1 colher de chá (5 ml)	Extrato de baunilha
1 pitada	Sal

PARA DECORAR

q. b.	Frutas vermelhas a gosto

DICA

Quanto mais frescas forem as suas beterrabas, mais vibrantes serão suas cores, em razão da maior quantidade de betanina. A técnica de assá-las com casca e embrulhadas em papel-alumínio mantém sua cor muito viva.

216

MODO DE PREPARO

BOLO

1. Preaqueça o forno a 180 °C.
2. Embrulhe individualmente as beterrabas com casca em papel-alumínio e coloque-as direto na grade do meio do forno. Asse por aproximadamente 45 minutos ou até ficarem macias no centro. Com a ajuda de uma faquinha, remova toda casca.
3. Unte com manteiga e polvilhe com farinha duas fôrmas redondas de aproximadamente 15 cm cada (ou uma fôrma de 22 cm) e reserve.
4. Em um processador de alimentos ou liquidificador, adicione as beterrabas assadas, o suco de limão, o óleo de coco, o iogurte e os ovos. Processe ou bata até a mistura ficar cremosa.
5. Em uma outra vasilha, adicione a farinha, o açúcar, o cacau em pó, o fermento e o bicarbonato de sódio e misture.
6. Despeje o creme batido de beterrabas nos ingredientes secos e mexa com uma espátula até ficar homogêneo. A mistura ficará com uma cor bordô apaixonante.
7. Divida a massa entre as duas fôrmas untadas e asse em forno preaquecido por aproximadamente 25 minutos. Para garantir, enfie um palito no centro do bolo e veja se ele saiu limpo. Se a fôrma usada for de 22 cm, o tempo de fôrno pode aumentar para 40 minutos.
8. Depois de pronto, deixe o bolo esfriar por 10 minutos na fôrma antes de desenformar.

RECHEIO

1. Em uma batedeira, adicione o cream cheese e a manteiga e bata em velocidade média até a mistura ficar homogênea.
2. Baixe a velocidade e adicione gradualmente o açúcar de confeiteiro, as raspas de limão, o extrato de baunilha e o sal. Assim que a mistura ficar fofa e lisinha, estará pronta!

MONTAGEM

1. Com uma faca de serra, retire o domo formado no topo dos bolos e corte-os ao meio na horizontal.
2. Transfira o recheio de cream cheese para um saco de confeitar com bico liso e, fazendo um caracol do centro para as pontas, recheie as metades dos bolos, empilhando-os alternadamente com o recheio.
3. Quando chegar no topo, adicione o restante do recheio e faça movimentos circulares com a ajuda de uma colher para criar textura.
4. Finalize com com frutinhas vermelhas por cima e aprecie essa obra naturalmente bela, como você!

ERRAR É HUMANO

Se você usar as farinhas comuns, brancas, que parecem um talco, o bolo vai ficar marrom, e não vermelho. A cor natural desse bolo só é possível por causa da reação química entre os ingredientes e os ácidos (limão, iogurte e cacau). As farinhas populares brasileiras são branqueadas com, por exemplo, aloxana e peróxido de cálcio, o que a oxida. Esses agentes químicos interferem diretamente no desenvolvimento da cor vermelha desse bolo, tornando-o marrom. Por isso é importante não só para o seu bolo, mas para o seu corpo, usar farinhas não branqueadas. Uma sugestão é a farinha orgânica da marca Mirella.

ROCAMBOLE DE BABA DE MOÇA

| Dificuldade: | Porções: 1 2 3 4 5 **6** 7 8 9 10 | Essencial: FÔRMA DE 40 CM × 30 CM | Duração: 3 DIAS NA GELADEIRA | 5 H Preparo | 7 MIN Forno |

Baba de moça não faltou na nossa corte! Dom Pedro II e a sua filha, princesa Isabel, eram apaixonados por esse doce típico da culinária brasileira, mas com raízes portuguesas. Famoso no Segundo Reinado, o nome "baba de moça" é uma insinuação aos beijos doces e molhados das moçoilas. Ao longo dos anos essa receita foi se modificando cada vez mais, para se tornar mais prática e rápida. Até alternativa com leite condensado existe, mas eu tô fora. Essa receita aqui é tradicional e maravilhosa, espessa e brilhosa como um doce de ovos, cozido lentamente, em banho-maria, deve ser.

INGREDIENTES

Ingredientes que já foram ensinados neste livro estão grifados de branco.

DICA

Flores embelezam qualquer docinho, mas para serem comestíveis, elas precisam ser orgânicas pois as cultivadas para enfeite são tóxicas. As minhas prediletas são: violeta, amor-perfeito, rosa, lavanda e margarida.

BABA DE MOÇA
- 1 ¼ xícara (250 g) — Açúcar
- 1 xícara (250 ml) — Água
- ⅔ xícara (150 ml) — Leite de coco
- 10 — Gemas

GLACÊ
- ½ xícara (115 ml) — Leite de coco
- 4 ½ colheres de sopa (95 g) — Mel
- 5 xícaras (630 g) — Açúcar de confeiteiro
- q. b. — Flores comestíveis para decorar

BOLO
- 4 — Ovos separados
- 1 colher de chá (5 g) — Cremor de tártaro (ou)
- 5 gotas — Limão
- ½ xícara (90 g) + 1 colher de sopa (15 g) — Açúcar
- 4 colheres de sopa (60 g) — Manteiga derretida
- ½ xícara (60 g) — Farinha

MODO DE PREPARO

BABA DE MOÇA

1. Em fogo médio, cozinhe o açúcar com a água, sem mexer após levantar fervura, para a calda não cristalizar. Cozinhe até atingir 110 °C no termômetro, ou até a calda formar um fio embaixo da colher quando levantada. Parece um fio de cabelo, mas é um fio de açúcar espertinho.

2. Retire a calda do fogo e adicione o leite de coco. Assim que a mistura esfriar completamente, adicione as gemas.

3. Cozinhe a mistura em banho-maria durante 1 hora e meia (mexendo ocasionalmente). Não deixe a água do banho-maria tocar no fundo da tigela para não elevar a temperatura dos ovos.

4. Assim que a baba estiver espessa e brilhante, leve para gelar.

BOLO

1. Prepare a massa do rocambole génoise da página 225, desconsiderando o processo das estampas.

2. Deixe o bolo esfriar em cima de um papel-manteiga por 10 minutos. Em seguida, espalhe generosamente a baba de moça cobrindo toda a sua superfície.

3. Enrole o rocambole e o embrulhe com papel-manteiga, deixando-o bem compacto. Leve para o congelador por 3 horas, para que ele mantenha a forma antes do banho de glacê.

GLACÊ

1. Em uma batedeira, bata todos os ingredientes até que fiquem homogêneos e lisinhos. Nota: eu adoro esse glacê porque além de ser fácil de fazer, ele ainda dá uma supercobertura no bolo sem deixá-lo transparente. Oh, beleza!

MONTAGEM

1. Retire o rocambole do freezer e desembrulhe-o. Coloque-o em cima de uma grade vazada, ou de um copo de ponta-cabeça, e despeje o glacê por cima, delicadamente, certificando-se de que toda a sua superfície está sendo coberta.

2. Transfira para um prato e decore com pétalas de flores comestíveis. Sirva em temperatura ambiente.

ERRAR É HUMANO

Se você preparar o glacê com antecedência, ele vai secar e criar uma película. Por isso, ser uma pessoa planejada não funciona muito bem nessa receita, o negócio é fazê-lo minutos antes de banhar o rocambole.

ROCAMBOLE ESTAMPADO COM CREME DE AVELÃ

Dificuldade:

Porções: 1 2 3 4 5 **6** 7 8 9 10

Essencial: PAPEL ANTIADERENTE. BICO DE CONFEITEIRO Nº 5

Duração: 3 DIAS FORA DA GELADEIRA

 1:30 H Preparo

 7 MIN Forno

A massa génoise apareceu no século XIX, na França, e só foi arrebanhando fãs com o passar dos séculos. Ela é muito macia, elástica e cresce sem o uso de fermento. O responsável por essa magia é o ar, incorporado enquanto ela é batida, o que a faz inflar. O nome técnico desse processo é "aeração mecânica", mas só quer dizer que você bateu os ovos até o braço cair.

INGREDIENTES

 Ingredientes que já foram ensinados neste livro estão grifados de branco.

MASSA PARA A ESTAMPA

1	Clara
2 colheres de sopa (30 g)	Açúcar
⅓ xícara (40 g)	Farinha
1 ½ colher de sopa (20 g)	Manteiga
q. b.	Corante natural ou o da sua preferência

GÉNOISE

4	Ovos separados
1 colher de chá (5 g)	Cremor de tártaro (*ou*)
5 gotas	Limão
½ xícara (90 g) + 1 colher de sopa (15 g)	Açúcar
4 colheres de sopa (60 g)	Manteiga derretida
½ xícara (60 g)	Farinha
2 xícaras (480 g)	Creme de avelã

DICA

Se preferir fazer o génoise de chocolate, é só substituir metade da quantidade de farinha por cacau em pó, mas não se esqueça que, nesse caso, a estampa deve ser clara para aparecer.

MODO DE PREPARO

MASSA PARA A ESTAMPA

1. Escolha uma estampa da sua preferência e imprima na horizontal em papel A4. As simétricas são melhores nesse caso.
2. Em uma vasilha pequena, adicione a clara, o açúcar, a farinha e misture até ficarem homogêneos.
3. Adicione a manteiga e misture para incorporar.
4. Divida a massa pelo número de cores presentes na sua estampa. Na minha foram três. Tinja cada cor como desejado e reserve.
5. Em uma fôrma de aproximadamente 40 cm × 30 cm, coloque a folha com a sua estampa voltada para cima. Cubra a fôrma toda com o papel antiaderente. Nesse passo é importante a transparência do papel antiaderente, para permitir enxergar a estampa impressa embaixo. Reserve. Nota: o único papel que não gruda na estampa é o antiaderente disponibilizado pela marca Dover. Infelizmente, se usar papel-manteiga, a estampa não vai desgrudar.

6. Transfira a massa para um saco de confeiteiro e, com um bico bem fino (nº 5), desenhe no papel antiaderente seguindo as linhas do seu desenho, que está por baixo. Leve a massa para endurecer no congelador, por 10 minutos, a cada cor adicionada, para não se misturarem umas com as outras. Quando terminar, mantenha tudo no congelador.

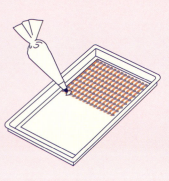

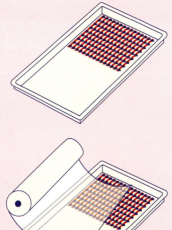

GÉNOISE

1. Preaqueça o forno a 200 °C.
2. Bata as claras até que elas formem uma espuma e adicione o cremor de tártaro ou o suco de limão, pois a acidez dá mais elasticidade para as claras.
3. Quando elas ficarem branquinhas, feito espuma de barbear, adicione lentamente 1 colher de sopa de açúcar. Assim que as claras formarem um pico duro, está pronto (ao levantar o batedor e virá-lo para cima, um biquinho pontudo fica imóvel).
4. Em outra tigela, bata as gemas e o açúcar até que a mistura fique clarinha e fofa.
5. Delicadamente, misture as gemas com as claras batidas. Adicione a manteiga derretida e a farinha, aos poucos.
6. Remova a estampa do congelador.

7. Despeje a massa do bolo sobre a estampa, espalhe uniformemente e limpe as bordas.
8. Asse o bolo por cerca de 7 minutos, ou até a superfície não sujar mais a mão ao tocá-la.
9. Retire do forno e vire-o imediatamente sobre um pedaço de papel antiaderente, ou papel-manteiga, e, delicadamente, retire o papel que cobre a estampa. Vire o bolo outra vez de modo que a estampa fique para baixo. Deixe esfriar por 10 minutos.
10. Espalhe o creme de avelãs por toda a superfície e enrole o rocambole pressionando para ficar compacto.
11. Se não for servir imediatamente, enrole o cilindro em papel-manteiga e leve para gelar. Deixe voltar à temperatura ambiente antes de servir. Comer bolo frio é uó!

 ERRAR É HUMANO

 A manteiga derretida dá elasticidade para que essa massa não rache, e se o seu rocambole rachar é porque você assou por tempo demasiado e o ressecou. Como a massa de rocambole é muito fina, ela precisa assar em forno bem alto por pouquíssimo tempo, só assim a umidade e elasticidade não são perdidas, e ela fica no ponto certo para ser enrolada igualzinho a mim quando estou com frio.

PÃES

    Pão é uma receita milenar, que nutre o corpo e a alma; um pão quentinho é uma dádiva que só é possível pela mágica da fermentação. Com o crescimento desenfreado das indústrias alimentícias, as pessoas têm feito cada vez menos pão em casa e cada vez mais consumido os industrializados. Que tristeza! O grande problema disso é que enquanto um pão caseiro leva de dois a seis ingredientes, o industrializado leva de 37 a 40 para fazê-lo durar meses nas prateleiras dos mercados. A verdade é que quem compra pão industrializado sem glúten está comprando também um pão lotado de adições químicas e, a não ser que você sofra com a doença celíaca, o bom pãozinho é aquele caseiro, feito com boa farinha e, claro, com glúten. Neste capítulo eu ensino algumas receitas de pães doces.

Afinal, o que é o glúten?

    Muito se fala sobre o glúten, mas pouco se sabe sobre ele. É o glúten que ajuda a dar estrutura e determina a textura final de uma receita. Ele nada mais é do que uma proteína grande, feita de duas proteínas menores (gliadina e glutenina). Quando fazemos um pão, é o glúten desenvolvido na farinha de trigo que permite que os gases fiquem ali presos na massa e o pão cresça.

    As proteínas do glúten começam a se alongar quando sovamos a massa, formando a rede de glúten. Essa rede vai envolver as bolhas de gás produzidas pelo fermento e quando elas crescerem no forno, o glúten vai crescer junto, fazendo o pão aumentar de tamanho. A rede de glúten se expande e deixa o interior do pão bem cheinho. Sabe aquele pão que ficou oco? Isso acontece porque ele foi feito com uma farinha de baixa qualidade, que não tinha glúten suficiente para abraçar as bolhas de gás formadas pelo fermento. É por isso que eu sempre digo – se é sem glúten, não é pão!

Mas se a farinha é carboidrato, como pode ter proteína?

    Farinha tem glúten, e glúten é proteína. A quantidade de proteína está diretamente associada a quanto de glúten é possível desenvolver em cada tipo de farinha. Farinha com menor teor de proteína desenvolve menos glúten e com maior teor de proteína desenvolve mais glúten.

Tipos de farinha

Muita gente acredita que farinha boa é farinha branquinha, que não cria bicho, que é inodora e fininha igual talco; mas a verdade é que para a farinha chegar a essa característica, ela precisou passar por um processo de refinamento agressivo, que retirou todas as propriedades benéficas que a farinha pode ter no seu organismo. Farinhas fazem toda a diferença para dar o resultado desejado no preparo de pães; e ela é feita moendo grãos de trigo em moinhos. A baga do trigo tem três elementos: a camada de farelo de fora, o germe e, então, o coração da baga, o endosperma.

- **FARINHA DE TRIGO INTEGRAL:** a baga inteira de trigo é moída, mantendo todo o seu valor nutricional.
- **FARINHA DE TRIGO NORMAL:** é utilizado somente o endosperma, removendo o germe e o farelo. Contém em média 10% de proteína.
- **FARINHA DE BOLO:** tem um pequeno teor de proteína de aproximadamente 8% e por isso não é indicada para fazer pães, e sim massas mais leves, como bolos e tortas.
- **FARINHA DE PÃO:** tem um alto teor de proteína com 14%; dá mais estrutura para massas, fazendo com que elas sejam mais elásticas e capazes de manter os gases enquanto se expandem, por isso essa farinha é ideal para pães.
- **FARINHA 00:** a típica farinha italiana moída bem fininha, retirando toda a sua fibra. O teor de proteína varia de 7% a 10%, pois existem dois tipos: a "grano tenero", que é mais fraca e tem uma menor quantidade de proteína, e a "grano duro", farinha mais forte com alto teor de proteína e a mais indicada para fazer pães, massas e, claro, pizza. Mas não se engane, como explicado aqui, nem toda farinha 00 é ideal para o preparo de pães; para isso ela deve estar rotulada como "grano duro".

Ou seja, para criar uma textura leve e aerada em bolos, você precisa de uma farinha com baixo teor de proteína; e pra criar uma textura massuda e densa como a de um pão, você precisa de uma farinha com muita proteína pra que ela desenvolva o máximo de glúten possível.

Tipos de fermento de pão

Fermento de pão é um fungo e faz parte de um grupo de leveduras, o mesmo ingrediente usado na fabricação de bebidas alcoólicas. São as leveduras que dão aquele aroma e gostinho azedinho característicos. O fermento biológico, quando entra em contato com a massa, começa a consumir açúcar e se transforma em dióxido de carbono, que são bolhas de gás. É isso que faz a massa do pão crescer.

Existem três tipos de fermento de pão: fermento seco ativo, fermento fresco comprimido e levedura (fermento selvagem).

- **FERMENTO SECO ATIVO:** é composto de pequenos grãos desidratados, que contêm organismos vivos, porém dormentes pela falta de umidade. Quando misturados com um líquido morno, eles ficam ativos.
- **FERMENTO FRESCO COMPRIMIDO:** aqueles vendidos em tabletinhos nas geladeiras dos mercados. Deve sempre ser refrigerado e usado no prazo de 1 semana. Ele pode ser congelado, mas precisa estar em temperatura ambiente antes de ser usado. Para substituir o fermento fresco pelo seco (ou vice-versa), utilize duas partes de fresco para uma parte de seco. Para testar se o fermento fresco ainda está vivo e maravilhoso, dissolva-o em água quente com uma pitada de açúcar e reserve em um lugar quentinho por 10 minutos. Se a mistura começar a inchar e a formar espuma, o fermenta estará supimpa.
- **LEVEDURA:** são feitos naturalmente. Para formar uma levedura, farinha e água são misturadas juntas e deixadas para descansar por um certo período de tempo. Os esporos do fermento se formam na mistura e começam a se multiplicar e a crescer. A levedura é alimentada com farinha e regada regularmente para cultivar o fermento, evitando que os esporos morram. Assim que uma grande quantidade de levedura for formada, ela pode ser misturada a uma massa para fermentar e agir como o fermento, e o que sobrar dela pode ser alimentado e regado para uma utilização futura. Algumas leveduras são muito, muito velhas e passam de geração para geração. É essa fermentação natural que produz pães e massas com um sabor e aroma azedinhos bem distintos dos conhecidos como sourdough ou pão de fermentação natural.

Receita básica de levedura (fermento natural)

Para essa receita é essencial usar farinhas orgânicas, porque elas não são lavadas como as industrializadas, o que permite que os microrganismos se desenvolvam. Na massa de pão, as leveduras e as bactérias processam os açúcares (amido) do trigo bem devagarzinho, produzindo os gases necessários para ele crescer; e o álcool, que dá o sabor especial ao seu pãozinho. Ou seja, se a farinha não for orgânica, seu fermento não dará certo.

INGREDIENTES
3 ⅓ xícaras (400 g) de farinha de trigo integral orgânica
2 ½ xícaras (200 g) de farinha de centeio orgânica
5 xícaras (600 g) de farinha de trigo orgânica

PREPARO
1. Em uma vasilha, misture as três farinhas juntas.
2. Pegue um pote de vidro bem limpo, coloque 1 xícara dessa mistura e 1 ½ xícara de água em temperatura ambiente.
3. Tampe e deixe descansar por 3 dias. No 4º dia, adicione mais ½ xícara da mistura de farinhas e ½ xícara de água.
4. Tampe e deixe descansar por mais 3 dias.
5. Separe uma xícara do seu fermento e coloque em um recipiente limpo. O restante você pode dar para um amigo começar a sua própria produção.
6. Agora você vai passar a alimentar esse fermento adicionando ¼ de xícara da mistura das farinhas e ¼ de xícara de água. Antes de alimentar o fermento, é importante descartar parte da massa deixando apenas o equivalente a 1 xícara no recipiente. Repita o processo duas vezes ao dia, por 6 dias. Utilize uma vasilha grande, pois a mistura vai crescer muito.
7. Depois de todo esse cuidado com o seu "tamagosh", seu fermento estará pronto! Mantenha-o na geladeira alimentando-o uma vez por semana para que não morra, e sempre eliminando o excesso de massa (só precisamos manter o equivalente a 1 xícara na vasilha). Antes de fazer pão, alimente-o 12 horas antes; afinal, ninguém trabalha bem de estômago vazio, não é mesmo? Se alimentado direitinho, ele durará por toda a eternidade.

Dicas para um pão maneirão

- Apesar de eu preferir sovar a massa na mão para sentir a textura correta do pão e os seus estágios, em todas as receitas desse capítulo a massa pode ser sovada na batedeira planetária com o gancho de pão.
- É importante cobrir a massa enquanto ela cresce para impedir que ela seque. O plástico filme é uma opção padrão, mas você pode também reutilizar as sacolas de supermercado.
- A temperatura ideal para deixar a massa de pão descansar é de 24 °C (aquela temperatura delicinha em que não sentimos calor nem frio). Acima de 35 °C, o fermento pode morrer e tanto seu pão quanto seu trabalhão podem ir por água abaixo.
- A quantidade de farinha em uma massa de pão pode variar de acordo com a marca, o tipo e a umidade do ar. Comece a sovar e se depois de alguns minutos ela continuar muito pegajosa, adicione um pouquinho mais de farinha. No início, é importante não se afobar adicionando muita farinha, pois, ao trabalhar a massa um pouco, ela vai ficando cada vez menos pegajosa.
- O ponto correto da maioria das massas de pão é o da cola de um post-it. Não entendeu? Faça uma bola e com o polegar encoste nela. Se ela estiver grudando de leve no dedo, assim como a colinha da parte de trás de um post-it, tá prontinha! (A não ser que a receita instrua de outra maneira.)
- Se a massa crua do seu pão estiver com um cheiro forte de álcool, quer dizer que a massa fermentou demais por mais tempo que o necessário e já não está mais ideal para fazer pão. Mas não chore, ela ainda poderá ser usada como massa de pizza e focaccia.
- Massas amanteigadas, como brioche e croissant, são indicadas a passar a noite na geladeira, pois a baixa temperatura impede sua fermentação exacerbada, dando tempo para os sabores mais complexos se desenvolverem na massa sem que azede. Apesar desse descanso, é importante deixá-la voltar à temperatura ambiente antes de assá-la.
- Depois de assado, deixe o pão esfriando em uma grade furada. Isso permitirá que o ar circule em volta do pão para que qualquer umidade liberada evapore. Se o pão for colocado em uma superfície plana, a umidade se acumulará no fundo e interferirá no desenvolvimento da casca. Resista à tentação de perfurar ou abrir o pão antes que ele esfrie – pois ele ainda estará cozinhando.

BRIOCHE AU SUCRE

| Dificuldade: | Porções: 1 2 3 4 5 6 7 8 9 **10** | Essencial: MOLDE DE TÊTE OU FÔRMA RETANGULAR | Duração: 1 DIA FORA DA GELADEIRA | 48 H Preparo | 25 MIN Forno |

O brioche é uma viennoiserie, que, em francês, quer dizer algo feito em estilo vienense, um sinônimo para pães finos. Com uma massa semelhante à do pão, ele leva muito mais manteiga e apenas um pouco de açúcar, por isso se aproxima mais da confeitaria, apesar de não ser nem doce nem salgado. Para mim, é um dos pães mais gostosos que existem, extremamente fofinho e amanteigado, uma delicadeza que só as viennoiseries podem nos proporcionar.

INGREDIENTES

 Ingredientes que já foram ensinados neste livro estão grifados de branco.

DICA

Se a manteiga for incorporada muito rapidamente e em grandes quantidades, a massa não terá tempo de absorver toda a gordura de maneira correta, e ela começará a se tornar uma pasta oleosa e quebradiça. Paciência é a palavra-chave para quando se está fazendo um brioche maneirão.

5 colheres de chá (25 ml)	Leite
2 colheres de sopa (30 g)	Açúcar
2 colheres de chá (6 g)	Fermento biológico
2 xícaras (240 g)	Farinha
1 pitada	Sal
3	Ovos
12 ½ colheres de sopa (150 g)	Manteiga
1	Ovo
1 colher de sopa (15 ml)	Água
¾ xícara (100 g)	Açúcar em pérolas
q. b.	Óleo para untar

MODO DE PREPARO

1. Em uma panelinha, aqueça o leite sem deixar ferver. Temperatura alta pode matar a levedura. Em uma tigela, adicione o açúcar, o fermento de pão e o leite morno. Misture e deixe repousar até ativar o fermento e ele borbulhar, por cerca de 5 minutos.
2. Enquanto isso, em uma vasilha grande, misture a farinha e o sal.
3. Adicione à farinha a mistura de fermento e os 3 ovos já batidinhos juntos. Misture tudo com as mãos (meu acessório predileto) até formar uma massa homogênea.
4. Sove a massa por 15 minutos em uma superfície enfarinhada para desenvolver o glúten.
5. Adicione a manteiga em temperatura ambiente, uma colher de sopa por vez, trabalhando a massa constantemente para absorver a manteiga e só então adicionar a próxima colher. Assim que a manteiga for completamente incorporada (150 g), sove a massa por mais alguns minutos até ela ficar elástica e brilhosa.
6. Coloque a massa em uma tigela, cubra com filme plástico e deixe-a crescer por 3 horas em temperatura ambiente.
7. Após esse primeiro repouso, pressione o centro da massa com o punho fechado (quase um soco) para eliminar todo o ar de seu interior. Cubra a tigela novamente e refrigere a massa por no mínimo 8 horas ou de um dia para o outro. As viennoiseries se beneficiam muito desse descanso na geladeira, onde a massa quase não cresce pela baixa temperatura, mas os sabores ficam mais complexos e o aroma também.
8. Divida a massa em pedaços de 40 g e enrole-os. Unte os moldes com óleo e coloque a massa dentro. Caso não tenha os moldes de tête clássicos para brioche, você pode usar uma fôrma de muffin ou até mesmo deixar as bolinhas espaçadas entre elas em uma fôrma retangular untada com óleo.
9. Cubra com um pano de prato e deixe a massa descansar em temperatura ambiente até dobrar de tamanho.
10. Preaqueça o forno a 180 °C.
11. Pincele o ovo batido com água por cima e polvilhe o açúcar em pérolas. Se os grãos forem muito grandes, pique-os em pedaços menores.
12. Asse-os por 25 a 30 minutos ou até ficarem com o topo bem dourado.

ERRAR É HUMANO

Estava todo empolgadinho para fazer pão um dia, mas depois de a massa descansar na geladeira ficou sem energia para assá-lo? Cuidado, a massa de pão não pode passar de 48 horas na geladeira porque começa a fermentar e a deixar aquele cheiro e sabor de cerveja. Cervejas são sempre bem-vindas, mas só geladinhas no copo.

CINNAMON ROLLS

Dificuldade: ▰▰▱▱▱ **Porções:** ① ② ③ ④ ⑤ ⑥ ⑦ ⑧ ⑨ ⑫ **Essencial:** FÔRMA PARA MUFFINS OU RETANGULAR **Duração:** 2 DIAS FORA DA GELADEIRA

 24 H Preparo   30 MIN Forno

Esse pãozinho típico da Suécia, onde tem até dia especial, é muito popular desde o século XVIII nos Estados Unidos. Aromatizado com muita canela, ele é um pão enroladinho finalizado com uma cobertura de cream cheese. É impossível não perfumar o quarteirão inteiro quando eles estão assando, de tão cheirosos que eles são. Quando eu passeio com o Lancelote aqui pelo Brooklyn, passo sempre em frente a um brownstone, na Water Street, e todo final de semana tem uma família que assa esses pãezinhos para o café da manhã, e eu sei disso porque o cheiro domina o quarteirão todo.

INGREDIENTES

Ingredientes que já foram ensinados neste livro estão grifados de branco.

DICA

Se você não tiver uma fôrma de muffin, coloque os rolinhos lado a lado em uma fôrma comum – eles vão ficar menos redondinhos, mas não menos gostosos.

MASSA
4 colheres de chá (12 g)	Fermento biológico seco ou fresco (ver p. 228)
½ xícara (120 ml)	Leite morno
5 xícaras (600 g)	Farinha
¼ xícara (50 g)	Açúcar
¾ colher de chá (5 g)	Sal
2	Ovos
19 colheres de sopa (225 g)	Manteiga

RECHEIO
½ xícara (120 g)	Iogurte natural integral ou sour cream
½ xícara (110 g)	Açúcar mascavo
¼ xícara (50 g)	Açúcar
2 colheres de chá (4 g)	Canela em pó

COBERTURA
6 colheres de sopa (85 g)	Cream cheese
3 ½ colheres de sopa (43 g)	Manteiga
1 xícara (130 g)	Açúcar de confeiteiro
¼ xícara (60 ml)	Leite integral
¼ colher de chá (1 ml)	Extrato de baunilha

MODO DE PREPARO

MASSA

1. Misture o fermento e o leite morno em uma vasilha e deixe descansar por 10 minutos.
2. Em uma outra vasilha, misture a farinha, o açúcar e o sal. Adicione o leite com o fermento, os ovos e misture até formar uma massa homogênea.
3. Em um balcão enfarinhado, vá sovando a massa e adicionando a manteiga aos poucos, sempre esperando ela ser absorvida completamente antes de adicionar mais. Não polvilhe farinha demais para a massa não ressecar; no início ela é pegajosa mesmo.
4. Coloque a massa em uma vasilha coberta e leve para gelar durante a noite ou por no mínimo 8 horas.
5. Tire a massa da geladeira, divida-a ao meio e abra dois retângulos de 22 cm × 30 cm. Reserve.
6. Em uma vasilha, misture o iogurte, os açúcares e a canela e espalhe sobre o retângulo de massa.
7. Enrole a massa no sentido do comprimento, como um rocambole, mas sem pressionar muito. Leve para gelar por mais 15 minutos. É, fazer pão dá trabalho mesmo, pessoal!
8. Unte uma fôrma de muffins com manteiga.
9. Tire a massa da geladeira e corte fatias de 4 cm. Coloque-os dentro da fôrma de muffins. Cubra com filme plástico e deixe descansando em temperatura ambiente até que dobrem de tamanho, por aproximadamente 20 minutos.
10. Preaqueça o forno a 160 °C e asse os pãezinhos por cerca de 30 minutos, ou até que estejam dourados na borda. Tire-os do forno e deixe esfriar na própria fôrma por 5 minutos antes de desenformá-los.

COBERTURA

1. Bata o cream cheese com a manteiga em temperatura ambiente até ficarem um creme fofo.
2. Adicione o açúcar de confeiteiro e bata bem.
3. Acrescente o leite, o extrato de baunilha e misture novamente. Para uma consistência menos densa, adicione um pouco mais de leite.
4. Cubra os rolinhos de canela com a cobertura de cream cheese e *bon appétit*!

ERRAR É HUMANO

Cortar o rolinho de massa crua com a faca pode esmagar a massa toda e expelir todo o recheio de dentro; por isso, a melhor coisa é usar um fio dental sem sabor em volta das fatias e cortar de uma só vez para os pãezinhos ficarem uniformes e perfeitos.

DONUTS DE CRÈME BRÛLÉE

Dificuldade: █████████████████

Porções: 1 2 3 4 5 6 7 8 9 **15**

Essencial: **BICO DE CONFEITEIRO FINO**

Duração: **2 DIAS FORA DA GELADEIRA**

 2:30 H Preparo   0 MIN Forno

Existem dois tipos de massa de donuts: a de bolo e a de pão. A mais antiga é a de pão, levando em consideração que fermento de pão existe há muito mais tempo que fermento químico (usado em bolo). O tipo pão é o meu favorito, muito mais saboroso e complexo. A massa do donut pode até ter sido trazida para os Estados Unidos pelos imigrantes holandeses, mas o donut só virou donut depois que um capitão do Maine fez um buraco no meio do bolinho frito e o transformou nesse ícone americano tão amado. E se você observar, vai ver que os donuts tradicionais são iguais a uma boia de navio – menos o meu!

INGREDIENTES

Ingredientes que já foram ensinados neste livro estão grifados de branco.

MASSA

3 ½ colheres de sopa (50 ml)	Leite
½ xícara (120 ml)	Água
½ xícara (100 g)	Açúcar
2 colheres de sopa (20 g)	Fermento biológico em pó
2	Ovos
4 xícaras (500 g)	Farinha
1 colher de chá (5 g)	Sal
13 colheres de sopa (160 g)	Manteiga gelada
2 xícaras (480 ml) + 1 colher de sopa (15 ml)	Óleo vegetal
2 ½ colheres de sopa (50 g)	Mel
½ xícara (100 g)	Açúcar

RECHEIO

1 xícara (240 ml)	Leite
1 xícara (240 g)	Creme de leite
1 colher de chá (5 ml)	Extrato de baunilha
4	Gemas
⅓ xícara (75 g)	Açúcar
3 colheres de sopa (20 g)	Amido de milho
3 colheres de sopa (20 g)	Farinha

DICA

Não é porque óleos vegetais levam o nome de "vegetais" que eles sejam saudáveis. Óleos prensados a quente como os tão populares de canola, soja, girassol, milho, algodão, etc. contêm altíssimo teor de gordura trans, uma gordura que não consegue ser assimilada pelo nosso organismo. O processo de refinamento desses óleos é tão bruto que envolve solventes tóxicos como o hexane, entre outros químicos. Os melhores óleos para o consumo humano são os prensados a frio, que são mais caros por renderem menor quantidade.

MODO DE PREPARO

DONUT

1. Aqueça o leite com a água e o açúcar, mas sem deixar ferver. Adicione ao fermento e deixe descansar por 10 minutos para ativá-lo.
2. Em uma superfície, misture a farinha e o sal, faça um buraco no meio e adicione os ovos e a mistura de leite morno. Vá incorporando a farinha das beiradas para o centro, até formar uma massa homogênea.
3. Adicione, aos poucos, pedacinhos de manteiga gelada na massa, sovando a cada adição para absorvê-la completamente. A massa pronta deve ser lisinha e brilhosa.
4. Faça uma bola com a massa e espalhe 1 colher de sopa (15 ml) de óleo em sua superfície para evitar ressecamento. Deixe-a descansando em uma vasilha coberta com um pano de prato por 1 hora.
5. Com um rolo, abra a massa até ficar com aproximadamente 1,5 cm de altura.
6. Corte a massa em círculos perfeitos com a ajuda de um copo e deixe eles descansando, por 15 minutos, em temperatura ambiente.
7. Enquanto isso, adicione o restante do óleo em uma panela alta, de preferência com fundo grosso, e leve ao fogo até o óleo atingir a temperatura de 180 °C. Caso não tenha um termômetro, teste a temperatura colocando uma rebarbinha de massa no óleo quente. Se ele borbulhar imediatamente mas não queimar a massa muito rapidamente, é porque está na temperatura correta.
8. Frite no máximo dois donuts por vez para não esfriar o óleo. Assim que um lado ficar dourado, frite do outro.
9. Deixe-os descansando sobre papel-toalha.

RECHEIO

1. Prepare o crème pâtissière como indicado na página 285 e coloque-o em um saco de confeiteiro com um bico fino para rechear.

MONTAGEM

1. Insira o bico de confeiteiro dentro dos donuts e pressione o máximo de creme que conseguir colocar. A massa é densa e o creme não entra tão facilmente assim.
2. Pincele mel no topo dos donuts e passe-os no açúcar para formar uma crosta.
3. Com um maçarico, toste o topo dos donuts até caramelizar. Caso não tenha maçarico, use a dica que eu dei na página 318 de como "bruletizar" usando uma colher.

 **ERRAR É HUMANO**

 Já mordeu um donut e teve que procurar o recheio lá dentro? Isso acontece quando eles são recheados frios e a massa fica muito dura para absorver o creme. Certifique-se de rechear seus donuts quando eles estiverem ainda mornos; assim, seu interior vai abraçar o recheio com um abraço maior que o de mãe!

PANQUECA DE SOURDOUGH CARAMELIZADA

Dificuldade: ▰▰▱▱▱ Porções: 1 2 3 4 ⑤ 6 7 8 9 10 Essencial: **FRIGIDEIRA ANTIADERENTE** Duração: **CONSUMO IMEDIATO**   1:30 H Preparo   1:30 H Forno

Vou começar dizendo que panquecas de sourdough (fermentação natural) nem se comparam com as panquecas tradicionais. Elas têm uma característica de pãozinho caseiro macio, ficam mais grossas e saborosas pelo aroma incomparável e característico de fermento selvagem. A fermentação natural é usada desde o Antigo Egito, acidentalmente descoberta por alguma múmia que se esqueceu por alguns dias da massa de pão. Os microrganismos tiveram a chance de agir e produziram um pão mais gostoso e de textura delicada. Além de o pão de fermentação natural ser o meu predileto, essas panquecas também ganharam o cantinho esquerdo do meu coração.

INGREDIENTES

 Ingredientes que já foram ensinados neste livro estão grifados de branco.

DICA

O maple syrup é um xarope natural extraído do tronco das árvores de bordo, símbolo do Canadá. Quando comercializado, sua lista de ingredientes deve conter apenas 1 ingrediente: xarope de maple puro, qualquer outro ingrediente o torna uma imitação de maple syrup. Caso não encontre o original, é melhor servir as panquecas acompanhadas de mel.

¾ xícara (100 g)	Farinha
4 colheres de chá (20 g) + 5 colheres de sopa (75 g)	Açúcar
1 pitada	Sal
1	Ovo
¾ xícara (180 ml)	Leite
1 colher de chá (5 ml)	Extrato de baunilha
2 colheres de sopa (25 g)	Manteiga derretida
¾ xícara (180 g)	Levedura, receita na página 229
2	Maçãs Granny Smith (maçã verde)
5 colheres de sopa (75 ml)	Óleo de coco
q. b.	Maple syrup

MODO DE PREPARO

1. Em uma vasilha, junte a farinha, as 4 colheres de chá (20 g) de açúcar, o sal e misture. Reserve.

2. Em outra vasilha, misture o ovo, o leite, o extrato de baunilha, a manteiga derretida e a levedura.

3. Despeje os ingredientes molhados sobre a mistura de farinha e mexa com uma espátula para incorporar (cerca de 12 mexidas). A massa deve ficar mole e úmida.

4. Deixe a massa descansar, descoberta, em um cantinho quentinho por 1 hora.

5. Enquanto a massa estiver descansando, prepare as maçãs: descasque-as, corte-as em quadro pedaços e depois em fatias bem fininhas. Use um mandolim, se você tiver.

6. Em fogo médio, aqueça uma frigideira com uma colher de sopa de óleo de coco. Despeje ⅓ de xícara da massa de panqueca na frigideira.

7. Assim que as bolhas de ar subirem na massa, espalhe as fatias de maçã na superfície e polvilhe 1 colher de sopa (15 g) de açúcar. Vire-as para cozinhar do outro lado, até ficarem douradas e caramelizadas.

8. Repita o processo com toda a massa e sirva as panquecas morninhas, acompanhadas de maple syrup de boa qualidade ou mel.

 ERRAR É HUMANO

 Para fazer panquecas redondas e perfeitas, é preciso espalhar a massa na frigideira com as costas da colher. Diferente de crepes, massa de panqueca é densa e não espalha sozinha, não, espertinho. Tem que colocar esse talento para pôr a simetria à prova.

PÃO LUA DE MEL

Dificuldade:

Porções: 1 2 3 4 5 6 7 8 9 ⑬

Essencial: SACO DE CONFEITAR COM BICO PARA RECHEAR

Duração: 1 DIA FORA DA GELADEIRA

 1:20 H Preparo

 20 MIN Forno

Para quem não conhece, esse é um pãozinho doce, supermacio, recheado de crème pâtissière e enrolado no coco ralado. Quando eu estudava no Planalto Paulista, em São Paulo, eu adorava sair da escola com a minha mãe, às sextas-feiras, e passar na padaria local para comer essa delicinha com mais umas carolinas que eu levava para casa. Essa receita me traz boas lembranças de uma época feliz, e de uma padaria que eu não lembro mais o nome.

INGREDIENTES

 Ingredientes que já foram ensinados neste livro estão grifados de branco.

CRÈME PÂTISSIÈRE

1 xícara (250 ml)	Leite
1 xícara (240 g)	Creme de leite fresco
½ fava	Baunilha
4	Gemas
4 colheres de sopa (60 g)	Açúcar
2 colheres de sopa (14 g)	Amido de milho
2 colheres de sopa (12 g)	Farinha

COBERTURA

¾ xícara (190 ml)	Leite de coco
3 xícaras (225 g)	Coco ralado

PÃO LUA DE MEL

½ xícara (120 ml)	Leite morno
2 ¼ colheres de chá (7 g)	Fermento biológico em pó
6 colheres de sopa (70 g)	Manteiga derretida
3	Ovos
3 ⅓ xícaras (400 g)	Farinha
4 colheres de sopa (60 g)	Açúcar
1 pitada	Sal

DICA

É importante rechear os pãezinhos enquanto eles ainda estão quentes; dessa maneira, eles ficam mais aptos a receber mais recheio.

MODO DE PREPARO

CRÈME PÂTISSIÈRE

1. Prepare o creme seguindo os passos de 1 a 6, referentes ao crème pâtissière da página 285 (torta de morango).

PÃO LUA DE MEL

1. Misture o leite morno com o fermento e deixe descansar por 10 minutos.
2. Em uma vasilha, misture com o garfo a manteiga derretida, os ovos e o leite com o fermento.
3. Sobre uma bancada limpa, adicione a farinha, o sal e o açúcar. Abra um círculo no meio e despeje os líquidos.
4. Com a ponta dos dedos, vá incorporando os ingredientes secos das bordas para o meio, até formar uma bola. Sove a massa por 2 minutos apenas, só para ela ficar lisa e homogênea.
5. Divida a massa em 13 pedaços iguais (50 g) e faça uma bola com cada uma delas.
6. Cubra uma fôrma com papel-manteiga ou tapete de silicone e polvilhe farinha por cima. Coloque as bolinhas de massa, deixando espaço de 10 cm entre elas. Cubra com filme plástico e deixe descansar em um local morninho por 30 minutos ou até que elas dobrem de tamanho. Elas devem estar macias ao toque.
7. Preaqueça o forno a 180 °C.
8. Retire o filme e asse os pãezinhos por 20 minutos, ou até eles começarem a ganhar uma corzinha bem clara por cima.

MONTAGEM

1. Transfira o crème pâtissière para um saco de confeiteiro, com um bico comprido para rechear.
2. Com os pães ainda mornos, insira o bico de confeiteiro na base de cada pãozinho e recheie até que o creme comece a vazar.
3. Quando estiverem completamente frios, mergulhe os pãezinhos rapidamente em leite de coco e passe no coco ralado para empanar. Sirva imediatamente, quanto mais fresquinhos, melhor!

ERRAR É HUMANO

Se esses pães forem sovados demais, eles vão desenvolver muito glúten e criar uma crosta durinha ao serem assados. Esse tipo de pão doce deve ficar macio, quase como um pão de leite, sem formar crosta alguma; por isso, trabalhe a massa apenas até ela se tornar homogênea. Controle esse espírito de padeiro que mora dentro de você!

WAFFLE DE LIÈGE

Dificuldade: ▮▮▯▯

Porções: 1 2 3 4 5 6 7 8 9 **15**

Essencial: **MÁQUINA DE WAFFLE OU TOSTEX**

Duração: **5 DIAS FORA DA GELADEIRA**

4:30 H Preparo | 0 MIN Forno

Waffle na Bélgica ou gaufre na França, essa massa de pão em formato de favo ficou famosa durante a Idade Média. Na época, ele era oferecido na porta das igrejas por vendedores ambulantes, mas a coisa já melhorou bastante de lá para cá. O waffle de liège tradicional fica caramelizado quando é assado, e um de seus acompanhamentos mais populares é a pasta de biscoitos de especiarias, originalmente conhecido como speculoos, mas um docinho de leite brasileirinho também fica bem bacaninha.

 ## INGREDIENTES

 Ingredientes que já foram ensinados neste livro estão grifados de branco.

DICA

Waffle só fica gostoso quentinho, por isso, se sobrar massa assada, coloque-a na tostadeira e em 1 minuto ela vai ficar fresquinha de novo.

½ xícara (120 ml)	Leite
¼ xícara (60 ml)	Água
2 ½ colheres de sopa (55 g)	Mel
1 colher de sopa (10 g)	Fermento biológico em pó
2	Ovos
2 colheres de chá (10 ml)	Extrato de baunilha
3 ¾ xícaras (460 g)	Farinha
1 pitada	Sal
17 colheres de sopa (200 g)	Manteiga
1 xícara (150 g)	Miniaçúcar em pérolas
¼ xícara (30 g)	Açúcar de confeiteiro para polvilhar

 ## MODO DE PREPARO

1. Em uma panela, adicione a água, o leite e o mel. Aqueça, mas sem deixar ferver. Desligue o fogo e adicione o fermento. Reserve.
2. Em uma vasilha, bata os ovos e o extrato de baunilha até misturar bem. Adicione a farinha e o sal e misture até criar uma massa homogênea.
3. Comece a sovar a massa, adicionando 1 colher de sopa de manteiga por vez, esperando ela ser completamente absorvida até adicionar a próxima colher.
4. Coloque a massa dentro de uma vasilha e deixe-a descansar em temperatura ambiente por 2 horas.
5. Após esse primeiro descanso, leve a massa para a geladeira por pelo menos 2 horas (o ideal são 24 horas).
6. Após o segundo descanso, retire a massa da geladeira e deixe-a chegar à temperatura ambiente.
7. Adicione o açúcar em pérolas delicadamente na massa.
8. Divida-a em 16 partes iguais e asse na máquina de waffle até que fique dourada e crocante. Se preferir usar o tostex (meu método favorito), ligue em fogo baixo e toste por 4 minutos de cada lado ou até dourar. Quanto mais sujo o tostex for ficando, mais gostoso os waffles vão saindo.
9. Sirva morninho acompanhado de speculoos (pasta de biscoito de especiarias), doce de leite, chantilly, chocolate derretido ou simplesmente com açucrinha polvilhado.

ERRAR É HUMANO

Não tem açúcar em pérolas em casa, tá com preguiça de fazer a versão caseira do livro e pensou em substituir por açúcar granulado? Nem pensar, melhor não adicionar nada! As minibolinhas de açúcar em pérolas são rígidas e derretem lentamente quando o waffle é tostado, criando um caramelizado insubstituível.

Tortas e Biscoitos

Em tortas e biscoitos, o recheio é importante, mas, pra mim, a massa é mais. Ainda que exista uma infinidade de tipos, uma boa massa doce é aquela que não encolhe no forno, fica crocante, mas não extremamente quebradiça, é dourada, amanteigada e abre facilmente e sem rasgar. Essa é a combinação perfeita para receber recheios variados e decorações ousadinhas.

Do que consiste uma massa de torta

Uma pâte (em francês) é uma massa à base de farinha que, quando aberta e moldada, serve como um contêiner para um recheio. As mais populares são a pâte brisée (salgada) e a pâte sucrée (doce). A palavra pâte também se refere a uma massa fresca de macarrão (pâtes fraîches) e massa fresca de noodles (pâte à nouilles).

Todas as massas de tortas (pâtes) incluem quatro ingredientes básicos: **FARINHA**, **ÁGUA**, **GORDURA** e **SAL**. Ocasionalmente, a massa pode precisar da adição de um ovo inteiro ou de uma gema; mas, a adição dele influencia diretamente em sua crocância. As proporções desses quatro ingredientes e o método utilizado para incorporá-los irão determinar o tipo de massa criada.

A massa se forma graças ao glúten da farinha (olha ele aí de novo), e a suavidade é alcançada por meio da gordura. A quantidade de água adicionada na mistura é crucial, uma vez que ela permite que as moléculas do glúten se formem quando a farinha é misturada com o líquido.

Para uma massa bem crocante e perfeita

- Só misture os ingredientes até formarem uma bola. Diferentemente de pão, massas de tortas e biscoitos não devem desenvolver muito glúten, pois ficarão massudas, duras e encolherão no forno.
- A adição de muita água tornará a massa dura e seca; com pouca água, ela vai ficar quebradiça e difícil de trabalhar. A quantidade de água deve ser somente a necessária para permitir que a farinha e a gordura formem uma mistura consistente quando pressionada entre os dedos.
- Se a massa for aberta muito fina, ela vai encolher na hora de assar. Mesmo que você tenha deixado a massa descansar e tenha utilizado proporções corretas, se a massa ficar fininha demais (ou seja, menos que 0,5 cm), ela vai encolher no forno.
- Quanto mais gelada a massa estiver antes de assar, mais crocante ela vai ficar, pois o frio impede o desenvolvimento de glúten e o relaxa também. Por isso, além de adicionar os ingredientes sempre geladinhos, deixe sempre a massa descansar na geladeira ou no freezer antes de ser aberta e depois de ser esticada na fôrma. Além do glúten, esse choque térmico criado no forno quente também a torna crocante.
- Não pode exagerar na farinha da bancada quando for abrir uma massa de torta, senão a massa ficará seca e dura.
- Para evitar rasgá-la, enrole a massa já aberta no rolo e desenrole-a já em cima da fôrma; dessa maneira, o transporte da bancada para a fôrma é muito menos arriscado.
- Não há necessidade de untar a fôrma em razão da grande quantidade de manteiga que levam as massas de biscoitos e tortas. Essa gordura é mais do que suficiente pra fazer elas deslizarem da fôrma depois de assadinhas.
- Massas de torta devem ter sabor suave e por isso costumam servir tanto pra receitas doces quanto salgadas. A pâte brisée, por exemplo, é uma massa coringa na cozinha, e eu uso-a para torta de fruta, quiches e torta de tomate.

Assando a torta

Um dos métodos mais populares para assar massa de torta é o blind baking. Nele, a massa é assada sem recheio, e, depois de fria, é recheada (como é o caso da torta de morango da página 282). Para evitar que uma bolha de ar se instale na base da massa e ela fique ondulada depois de assada, cubra a massa crua com papel-manteiga, despeje feijões crus por cima e asse por 10 minutos assim. Retire o peso de cima e continue assando até o fundo ganhar cor.

Manteiga ou margarina

A **MANTEIGA** é a gordura mais indicada para a feitura de tortas e biscoitos, não apenas porque ela é natural e saborosa, mas porque seus 80% de gordura trazem maciez e crocância. Já a **MARGARINA** é de origem superduvidosa, pois a gordura vegetal é uma pasta cheia de ingredientes não reconhecíveis e que tem apenas 35% de gordura, ou seja, o resto é água, e quando você a coloca na massa, o biscoito fica fininho e queima facilmente.

Temperatura do forno

Tortas, scones, biscoitos e pizzas precisam de um calor forte, imediato, para desenvolver uma massa com exterior crocante; por isso, certifique-se de preaquecer o forno por, no mínimo, 15 minutos. Esse é o tempo que o forno leva para chegar à temperatura ideal.

Acabamento brilhoso para tortas de frutas

Tortas de frutas requerem um acabamento vitrificado no topo delas, não somente para a estética, mas também para fazer uma camada protetora nas frutas que são sensíveis e acabam estragando rapidamente e soltando água, como é o caso do morango. Essa é a minha receita básica de cobertura translúcida para pincelar no topo das minhas tortinhas de frutas:

INGREDIENTES
3 folhas (6 g) de gelatina incolor
½ xícara (100 g) de açúcar
5 colheres de sopa (75 ml) de água
1 colher de sopa (5 g) de raspas de laranja
1 colher de sopa (5 g) de raspas de limão
½ fava de baunilha ou 1 colher de chá (5 ml) de extrato de baunilha

PREPARO
1. Em uma vasilha, hidrate a gelatina em folhas com água fria (para substituição por pó, ver página 109).
2. Em uma panela, coloque a água, o açúcar e as raspas do limão e da laranja. Adicione a fava de baunilha (se for usar extrato, adicione-o no final). Cozinhe em fogo médio até a calda começar a ferver e os cristais de açúcar se dissolverem. Retire do fogo e deixe esfriar por 5 minutos.
3. Esprema o excesso de água das folhas de gelatina e adicione-as na calda. Mexa até que elas se dissolvam. Coe a cobertura e pincele no topo de tortas quando necessário.
4. Guarde na geladeira por até 2 meses e derreta em banho-maria sempre que necessário.

Seus cookies ou biscoitos ficaram muito finos?

Sua massa estava muito quente e mole quando você os assou. Para conseguir cookies gordinhos e uniformes, sempre coloque a massa na geladeira por algumas horas antes de assá-los.

Para eles ficarem uniformes, use uma colher de sorvete para porcioná-los perfeitamente.

Se depois de assado seu biscoito estiver muito duro, tente uma farinha com menos teor de proteína. Se estiver muito esfarelento, tente uma farinha com maior teor de proteína.

BANOFFEE COM DOCE DE LEITE DE BANANA

| Dificuldade: | Porções: 1 2 3 4 5 **6** 7 8 9 10 | Essencial: FÔRMA DE TARTLET DE 23 CM | Duração: 4 DIAS NA GELADEIRA | 2H Preparo | 35 MIN Forno |

Essa receita foi inspirada no doce de banana de colher, tão amado pelas vovós, e na torta banoffee, uma das sobremesas inglesas mais famosas no mundo. Esse nome meio estranho é a mistura das palavras banana + toffee, um tipo de caramelo mais durinho. A primeira banoffee foi servida há mais de 40 anos em um *pub*, claro, e ficou tão famosa que foi servida até no chá da rainha. E como rainha por rainha eu também sou – a da cocada –, criei uma versão de banoffee que inclui uma outra camada de sabor: bananinhas caramelizadas *à la* vovozinha.

INGREDIENTES *Ingredientes que já foram ensinados neste livro estão grifados de branco.*

MASSA DE AMÊNDOA E ESPECIARIAS

1 ¾ xícara (150 g)	Farinha de amêndoa
1 ½ xícara (185 g)	Farinha de trigo
1 colher de chá (2 g)	Canela
1 pitada	Cravo-da-índia moído
1 pitada	Sal
1 colher de sopa (5 g)	Raspas de limão
12 ½ colheres de sopa (150 g)	Manteiga
¼ xícara (50 g)	Açúcar
2	Gemas
1 colher de chá (5 ml)	Extrato de baunilha
1 colher de sopa (15 ml)	Suco de limão

DOCE DE LEITE DE BANANA

3	Bananas maduras
½ xícara (100 g)	Açúcar
1 ⅓ xícara (400 g)	Doce de leite

DECORAÇÃO

2	Bananas fatiadas
1 xícara (240 g)	Creme de leite fresco gelado
2 colheres de sopa (16 g)	Açúcar de confeiteiro
2 colheres de sopa (10 g)	Cacau em pó

DICA

A massa dessa torta pode ser substituída por qualquer outra massa de torta desse livro. Inclua a canela, o cravo e as raspas de limão na receita de sua preferência, que os sabores principais dessa sobremesa vão continuar presentes.

MODO DE PREPARO

MASSA DE AMÊNDOA E ESPECIARIAS

1. Em uma vasilha, misture a farinha de amêndoa, a farinha de trigo, a canela, o cravo-da-índia moído, o sal e as raspas de limão. Reserve.

2. Na vasilha da batedeira, adicione a manteiga e o açúcar, e bata até ficarem um creme fofo e esbranquiçado. Adicione as gemas, o extrato de baunilha e o suco de limão. Continue batendo até ficarem homogêneos.

3. Com uma espátula, adicione os ingredientes secos ao creme de manteiga batida, e mexa até virar uma massa. Embrulhe em filme plástico e leve à geladeira por 30 minutos, para relaxar o glúten e para endurecer.

4. Abra a massa entre dois pedaços de papel-manteiga, ou em uma bancada enfarinhada (essa massa é mais cremosa e tende a grudar), até ficar com 0,5 centímetro de espessura. Retire o papel-manteiga de cima e coloque a massa na fôrma de tartlet, com cuidado. Retire o segundo papel-manteiga e encaixe a massa perfeitamente no fundo e nas laterais da fôrma.

5. Corte a rebarba e o excesso de massa, fure o fundo todo com um garfo e leve para o congelador por 10 minutos.

6. Preaqueça o forno a 180 °C.

7. Asse a massa por 15 minutos, ou até ficar dourada.

DOCE DE LEITE DE BANANA

1. Em uma fôrma forrada com papel-manteiga, espalhe as fatias de 3 bananas cortadas com 1,5 cm de espessura. Polvilhe o açúcar por cima e asse a 200 °C por 20 minutos, ou até caramelizar e as bananas ficarem parcialmente secas. É importante remover o excesso de água das bananas.

2. Deixe esfriar em temperatura ambiente.

3. Em um processador de alimentos, adicione as bananas assadas, o doce de leite e bata até formarem um creme liso. Transfira para uma vasilha e leve para gelar por 1 hora, para endurecer.

DECORAÇÃO

1. Em outra vasilha, usando um fouet, bata o creme de leite fresco gelado com o açúcar de confeiteiro, até formarem picos firmes. Transfira para um saco de confeitar com bico de estrela.

2. Retire o doce de leite de banana da geladeira e recheie a massa da torta. Espalhe as fatias de bananas no centro e, com o saco de confeitar, cubra-a com o chantilly.

3. Polvilhe cacau em pó para decorar e sirva gelada.

ERRAR É HUMANO

Para que o recheio fique bem saboroso, como o da foto desse livro, escolha bananas bem maduras. Quando a fruta está madura, seu amido se transforma em frutose, assim como nosso corpo transforma carboidrato em glicose. A frutose é a responsável por deixar a fruta docinha e bem apetitosa para a nossa receita.

BISCOITO SABLÉ RECHEADO DE DOCE DE LEITE

Dificuldade: ▮▮▮▯▯ | Porções: ① ② ③ ④ ⑤ ⑥ ⑦ ⑧ ⑨ **⑩** | Essencial: CARIMBO DE BISCOITOS | Duração: 15 DIAS FORA DA GELADEIRA | 2:30 H Preparo   20 MIN Forno

A massa sablé, areia em francês, é inspirada na textura das praias da Normandia, na França. Uma das massas em que repousa a base da confeitaria, ela tem origem no século XIX. Nessa versão, o biscoito vai envelopar o doce de leite e ficar perfeito para levar em um passeio ou mandar de presente – protegido das intempéries, o recheio chega fresquinho ao seu destino.

INGREDIENTES

 Ingredientes que já foram ensinados neste livro estão grifados de branco.

DICA

Corte o círculo de cima do biscoito um pouco maior que o de baixo; assim, quando cobrir o recheio, ele não encolhe e alcança as bordas.

2 xícaras (250 g)	Farinha
1 xícara (130 g)	Açúcar de confeiteiro
1 pitada	Sal
8 colheres de sopa (100 g)	Manteiga gelada
2	Ovos
1 colher de sopa (15 ml)	Extrato de baunilha
1 ⅓ xícara (400 g)	Doce de leite

MODO DE PREPARO

1. Em uma vasilha, misture todos os ingredientes secos.
2. Adicione a manteiga gelada e misture com as pontas dos dedos formando uma textura arenosa.
3. Adicione os ovos e o extrato de baunilha e misture com as mãos, só até formar uma massa homogênea.
4. Abra a massa entre dois pedaços de papel-manteiga ou filme plástico até ficar com 0,5 cm de espessura e leve para gelar por, no mínimo, 2 horas.
5. Com um cortador de biscoito de aproximadamente 8 cm, ou com um copo, corte a massa em círculos.
6. Caso tenha um carimbo de biscoitos, mergulhe-o em amido de milho e carimbe metade da massa cortada.
7. Com o dedo, molhe as bordas do biscoito liso com água, e recheie o centro com 1 colher de sopa de doce de leite. Cubra o recheio com outro círculo de biscoito carimbado e pressione as bordas para selar bem e o recheio não vazar durante o cozimento.
8. Preaqueça o forno a 180 °C.
9. Coloque os biscoitos em uma fôrma forrada com papel-manteiga ou tapete de silicone e leve tudo para o congelador por 10 minutos. Esse choque térmico do freezer para o forno garante a crocância final.
10. Asse os biscoitos por 20 minutos, até que as bordas comecem a ganhar uma leve cor. Bem leve.
11. Retire do forno, deixe esfriar e nunca mais compre biscoito recheado mequetrefe.

 ERRAR É HUMANO

Nem pense em substituir o açúcar de confeiteiro pelo granulado comum. Por ser dez vezes mais fino, o açúcar de confeiteiro dá mais estrutura para a massa e a torna mais maleável e menos quebradiça.

COOKIE DE FRIGIDEIRA

Dificuldade: ▮▮▯▯▯
Porções: 1 2 3 4 5 6 7 **8** 9 10
Essencial: FRIGIDEIRA DE 22 CM
Duração: 6 DIAS FORA DA GELADEIRA

 10 MIN Preparo
 20 MIN Forno

Se você acha que frigideira de ferro só serve para fritar, errou feio! Ela é um ótimo curinga para quem não tem uma cozinha equipada, pois vai para o forno e o fogão com a mesma desenvoltura. Faça o teste com esse cookie de chocolate tamanho gulodice épica e veja como dá para fazer delícias em tempo curto e com muito pouco. Você pode usar frigideiras de outros materiais também, desde que não tenham cabo plástico ou emborrachado, senão ele vai derreter no forno junto com as gotas de chocolate...

INGREDIENTES

 Ingredientes que já foram ensinados neste livro estão grifados de branco.

DICA

Não bata demais a massa, pois incorporar ar só vai fazer seu cookie crescer e ficar fofo e de fofo aqui já basta o Lancelote. O cookie perfeito é crocante na borda e macio no centro.

7 ½ colheres de sopa (90 g)	Manteiga
⅓ xícara (65 g)	Açúcar mascavo
6 colheres de sopa (90 g)	Açúcar
1	Ovo
1 colher de chá (5 ml)	Extrato de baunilha
1 xícara (120 g)	Farinha
1 ¼ colher de chá (5 g)	Fermento em pó
1 pitada	Sal
1 ¼ xícara (200 g)	Chocolate meio amargo picado

MODO DE PREPARO

1. Preaqueça o forno a 180 °C.
2. Numa vasilha, misture a manteiga com o açúcar mascavo e o comum até formarem um creme.
3. Acrescente o ovo, a baunilha e mexa para incorporar.
4. Sempre mexendo, adicione a farinha, o fermento, o sal e, por último, o chocolate picado. Depois de tudo bem misturadinho, transfira para uma fôrma, ou frigideira, no caso de você ter uma cozinha minimalista. Leve para assar por 20 minutos, até o cookie ficar dourado.
5. Depois disso, espere 5 minutinhos para ele dar uma esfriada e você se deliciar à vontade. Se não aguentar, tudo bem, mas antes descubra um truque pra não queimar a língua, porque esse a Dulce esqueceu de ensinar...

ERRAR É HUMANO

O seu cookie fica murcho algumas horas depois de ter sido assado? Isso ocorre porque o açúcar absorve a umidade do ar e cookies são ricos em açúcar. Para manter a crocância por mais tempo, o truque é guardar as fatias em uma embalagem fechada com alguns cubinhos de açúcar dentro, aqueles cubinhos que usamos no chá; dessa maneira eles ficam fresquinhos por até 2 dias como se tivessem acabado de serem assados.

COOKIE DE CHOCOLATE DA MISS COOKIE

Dificuldade: ▓▓░░

Porções: 1 2 3 4 5 6 7 8 9 **16**

Essencial: FÔRMA

Duração: 10 DIAS FORA DA GELADEIRA

 30 MIN Preparo
 15 MIN Forno

Apesar de todo mundo achar que os cookies são originais dos Estados Unidos, foram os imigrantes ingleses, escoceses e holandeses que trouxeram os primeiros biscoitos para cá. Simplesinhos, eles levavam no máximo uma aguinha de rosas para dar um cheiro. O chocolate só começou a ser adicionado no início do século XX, e acabou se tornando um ícone inseparável do cookie. Essa receita de biscoitos é daquelas que satisfazem qualquer gosto, é crocantinha na borda, macia no centro e lotada de chocolate. Ela é tão boa que eu comecei a vendê-la no período de faculdade e fiquei conhecida como a Miss Cookie, prazer!

 ## INGREDIENTES

 Ingredientes que já foram ensinados neste livro estão grifados de branco.

DICA

O tempo de forno para os cookies pode variar de acordo com o seu gosto pessoal: 15 minutos para ficarem com a borda crocante, mas o centro macio ou 25 minutos para ficarem todinho crocantes.

21 colheres de sopa (250 g)	Manteiga
¾ xícara (150 g)	Açúcar
¾ xícara (160 g)	Açúcar mascavo
2	Ovos
½ colher de chá (3 ml)	Extrato de baunilha
3 xícaras (350 g)	Farinha
¾ colher de chá (3 g)	Bicarbonato de sódio
1 pitada	Sal
1 ½ xícara (250 g)	Chocolate ao leite picado

 ## MODO DE PREPARO

1. Preaqueça o forno a 160 °C.
2. Em uma vasilha, misture a manteiga com os dois açúcares até ficarem homogêneos.
3. Adicione os ovos e o extrato de baunilha, mexa até incorporar.
4. Adicione a farinha, o bicarbonato e o sal, misture-os levemente. Mexer demais nesse passo vai resultar em um cookie duro e superalto, que não se espalha na fôrma.
5. Adicione o chocolate picado, tomando cuidado, novamente, para não mexer demais. Pode variar com chocolate amargo, branco ou até mesmo confeito de chocolate (tipo confeti).

6. Divida a massa em 16 bolinhas iguais, ou faça como a Miss Cookie e use uma colher de sorvete para porcioná-las perfeitamente. Não se preocupe com a bolota, a massa se espalha sozinha no forno.
7. Coloque as bolinhas em uma fôrma com distância de 3 cm entre elas. Leve para gelar por 15 minutos antes de assar.
8. Asse os cookies por 8 minutos. Vire a bandeja para que assem por igual, e asse por mais 7 minutos, até que estejam dourados na borda mas ainda moles no centro.
9. Retire-os do forno e deixe esfriar na própria fôrma. Não se assuste se eles estiverem um pouco moles, eles vão endurecer ao esfriar.

 ERRAR É HUMANO

Para evitar que os cookies achatem e fiquem muito finos ao serem assados, refrigere a massa de um dia para o outro para solidificar a manteiga. Dessa maneira, ao assá-los, a manteiga demora mais tempo para derreter e os cookies não se espalham rapidamente pela fôrma. Essa foi a tática usada para eles ficarem perfeitos como esses da foto ao lado.

GALETTE DE GOIABA

Dificuldade: ▰▰▱▱

Porções: ① ② ③ ④ ⑤ ⑥ ⑦ ⑧ ⑨ ⑩ (5)

Essencial: ROLO DE MASSA

Duração: 2 DIAS FORA DA GELADEIRA

 1:30 H Preparo 1:30 H Forno

Galette é uma torta com massa sem forma específica e, por isso, é considerada a torta mais fácil que existe. A origem da galette repousa nas festas pagãs da Roma Antiga, fazendo parte das celebrações do solstício de inverno. Recheada com frangipane, na França ela é servida tradicionalmente na Epifania (Dia de Reis), mas a galette é tão sedutora com a sua massa crocante que não tem por que saboreá-la apenas em janeiro. Por isso eu criei esse recheio com goiaba que ainda traz um perfume tropical para a receita europeia.

INGREDIENTES

Ingredientes que já foram ensinados neste livro estão grifados de branco.

DICA

Não é apenas o ovo que serve para pincelar e dourar massas. Cremes como o creme de leite fresco, creme azedo ou crème fraîche também fazem o mesmo papel, deixando um gostinho ainda melhor na torta.

MASSA
8 colheres de sopa (100 g)	Manteiga gelada
1 ¾ xícara (220 g)	Farinha
1 colher de sopa (12 g)	Açúcar
1 pitada	Sal
1	Ovo
3 colheres de sopa (45 ml)	Água gelada

RECHEIO
¾ xícara (150 g)	Goiabada cascão picada
4	Goiabas sem caroço picadas
1	Ovo batido

MODO DE PREPARO

1. Corte a manteiga gelada em pedaços iguais e coloque os pedaços numa vasilha, juntamente com a farinha, o açúcar e o sal.
2. Com a ponta dos dedos, esfregue um ingrediente no outro até formar uma farofinha e a manteiga ficar do tamanho de ervilhas. O segredo é não manipular demais a mistura para que o glúten da farinha não se desenvolva, senão a crosta não vai ficar crocante.
3. Adicione o ovo e a água gelada e misture rapidamente, só até virar uma massa. Se a mistura estiver seca, adicione mais água gelada, 1 colher de sopa por vez.
4. Embrulhe a massa em filme plástico e deixe descansar na geladeira por 30 minutos.
5. Tire a massa da geladeira e, em uma superfície enfarinhada, abra-a com um rolo de macarrão, formando um círculo, até ela ficar com 0,5 cm de espessura, aproximadamente. Se estiver muito dura, bata com o rolo de maneira mais violenta que ela vai amaciando. Coloque a massa em uma fôrma.
6. Espalhe os pedaços de goiabada e goiaba na massa, deixando uma borda livre de 5 cm em volta. Dobre as bordas para dentro, sobrepondo-as ligeiramente.
7. Leve a massa para gelar por mais 30 minutos.
8. Preaqueça o forno a 180 °C.
9. Retire a massa da geladeira, pincele o ovo batido nas bordas e asse por cerca de 25 minutos, ou até a borda ficar bem dourada.
10. Sirva em temperatura ambiente, acompanhada de crème fraîche, ou creme azedo, para dar o contraste perfeito de sabores.

ERRAR É HUMANO

Se a borda de sua galette desdobrou quando estava no forno é porque você fez uma borda muito estreita, e quando ela assou, acabou se levantando. Ao fazer uma galette grande, é importante que a borda tenha no mínimo 5 cm, e caso queira fazer galettes individuais, faça bordas de no mínimo 2 cm. Só assim você garante o acabamento da sua galettinha do início ao fim.

MACARON DE CREME DE LICHIA E ROSAS

| Dificuldade: | Porções: 1 2 3 4 5 **6** 7 8 9 10 | Essencial: BATEDEIRA | Duração: 3 DIAS NA GELADEIRA | 2 H Preparo | 15 MIN Forno |

O macaron é um dos clássicos mais antigos e cobiçados da pâtisserie; mas é tanto macaron ruim nesse mundão que eu preciso compartilhar essa receita fenomenal, inspirada no meu chef de confeitaria predileto: o francês Pierre Hermé. Em sua versão, chamada de ispahan, ele usa as rosas-de-ispahan, uma flor nativa do Irã. Esse biscoitinho leve de amêndoas, que pode ter mil sabores, apareceu em Veneza, durante a Idade Média, e foi levado à França por Catarina de Médici, para a festa de seu casamento com o duque de Orléans. Em minha interpretação, eu diria que o macaron é o primeiro bem-casado da história!

 ## INGREDIENTES

 Ingredientes que já foram ensinados neste livro estão grifados de branco.

MACARON

1 ½ xícara (200 g)	Amêndoas cruas sem casca
1 ⅔ xícara (200 g)	Açúcar de confeiteiro
3 ½ colheres de sopa (50 ml)	Água
1 xícara (200 g)	Açúcar
7	Claras de ovos (5 para o merengue, 2 para a pasta de amêndoas)
1 colher de chá (5 ml)	Corante natural rosa ou o de sua preferência

GANACHE DE LICHIA E ROSAS

1 ⅔ xícara (400 g)	Lichias inteiras
2 ½ xícaras (410 g)	Chocolate branco picado
¼ xícara (60 g)	Creme de leite fresco
½ colher de chá (3 ml)	Água de rosas

PARA FINALIZAR

| 3 xícaras (450 g) | Framboesas (opcional) |
| q. b. | Pétalas de rosas orgânicas a gosto |

DICA

O processo de macaronnage é feito para retirar um pouco do ar que foi incorporado nas claras batidas. Faça o teste para saber se você misturou o suficiente: despeje uma colher da massa em um pratinho, se o biquinho que se formou se desfizer em 5 segundos, o ponto está perfeito. Chega de mexer!

MODO DE PREPARO

MACARON

1. Em um processador de alimentos ou liquidificador, triture as amêndoas cruas com o açúcar de confeiteiro até ficarem um pó bem fino. Reserve.

2. Em uma panela, em fogo médio, coloque a água, o açúcar e misture. Assim que começar a ferver, não mexa mais de jeito nenhum, e pincele as bordas de dentro da panela com água fria de vez em quando. Isso ajuda a dissolver os cristais de açúcar que vão se formando na borda e evita a cristalização da calda.

3. Enquanto a calda ferve, bata 5 claras em uma batedeira em velocidade média até elas começarem a endurecer e a ficar branquinhas, pico mole. Diminua a velocidade da batedeira para baixa e mantenha-a assim. Sincronicidade é tudo para fazer um merengue italiano.

4. Para saber se a calda chegou ao ponto de bala mole (118 °C), adicione uma colherada da calda em um pote com água fria. Se ela formar uma bolinha maleável, o ponto está correto, ou simplesmente use o termômetro de açúcar.

5. Com a batedeira ligada, derrame, lentamente, a calda de açúcar quente, deixando escorrer pela borda da tigela. Assim que incorporar toda a calda, mude a velocidade para alta.

6. Quando a vasilha da batedeira estiver totalmente fria e o merengue atingir picos duros, está pronto. Ele deve estar bem volumoso e brilhoso; ao virar o batedor, um biquinho se forma e não dobra para os lados.

7. Tinja o merengue com corante rosa da sua preferência. Reserve.

8. Em uma vasilha, peneire a farinha de amêndoa batida com o açúcar e adicione 2 claras. Mexa até a mistura ficar homogênea, então acrescente ⅓ do merengue e misture para dar leveza à massa.

9. Adicione o restante do merengue em 2 partes, sempre mexendo até incorporar. Esse processo de misturar o merengue à farinha de amêndoa é chamado de macaronnage, e é muito importante para dar o ponto correto da massa de macaron. Veja dica na página 260.

10. Quando tudo estiver homogêneo, transfira a massa para o saco de confeiteiro com o bico liso e abertura de 2 cm, e forre uma fôrma grande com papel-manteiga.

11. Com o saco de confeiteiro, desenhe 12 corações com 8 cm de altura e preencha todo o seu interior com a massa.

12. Bata a fôrma na bancada para tirar as bolhas de ar da massa e deixe descansando por 15 minutos, ou até formar uma película fina por cima que fique sequinha ao toque.

13. Preaqueça o forno a 170 °C.

14. Asse por 15 minutos ou até o pezinho esponjinha se formar na base (esse pezinho é uma base com aparência esponjosa). O macaron não deve ficar dourado. Deixe esfriar em temperatura ambiente e descole-os do papel em seguida.

GANACHE DE LICHIA E ROSAS

1. Descasque as lichias e retire o caroço. Bata-as no liquidificador até formar um purê.

2. Em uma panela, em fogo médio, reduza o purê pela metade.

3. Em banho-maria, derreta o chocolate branco e adicione ao purê de lichia aos poucos, mexendo sempre para emulsificar.

4. Adicione o creme de leite e a água de rosas. Mexa.

5. Deixe a ganache esfriar completamente e transfira para um saco de confeiteiro. Coloque na geladeira para endurecer levemente por cerca de 1 hora.

MONTAGEM

1. Vire o interior do macaron para você e contorne-o com as framboesas, uma a uma.

2. Preencha o interior do macaron com a ganache de lichia, e feche o macaron com outro biscoito por cima.

3. Finalize com pétalas de rosa e framboesa a gosto. O macaron só melhora com o tempo, então consuma no outro dia, quando a textura estiver no ápice da deliciosidade!

 ERRAR É HUMANO

Seus macarons não crescem o pezinho, ou ficam com a casquinha superdelicada e quebradiça em cima? O seu forno provavelmente tem temperatura instável. Para garantir o sucesso do seu macaron todas as vezes, utilize a técnica de cozinhar a calda de açúcar (merengue italiano) ensinada aqui. Assim, o fracasso jamais baterá à sua porta de novo. O merengue italiano é superestável, pois a calda quente cozinha levemente as claras em neve, o que evita que elas desinflem depois de batidas. Como a composição da clara é 85% água, ela é consumida pela calda e assim sua estabilidade faz que o macaron cresça com aquele pezinho, que todo mundo ama, e fique macio até a hora de você devorá-lo.

SHORTBREAD

Dificuldade: ▮▮▯▯▯

Porções: 1 2 3 4 5 6 7 8 9 **30**

Essencial: CORTADOR DE RAVIÓLI

 Duração: 15 DIAS FORA DA GELADEIRA

55 MIN Preparo

20 MIN Forno

Feito com ingredientes simples que todo mundo tem na despensa, o shortbread não passa de um biscoito bem amanteigado que tem origem escocesa. Ele era um luxo na Idade Média, reservado para ocasiões especiais. Hoje ele é perfeito para o lanche de qualquer hora, pois é muito fácil de ser feito, mas não adianta querer usar margarina; biscoito amanteigado precisa ter gosto de man-tei-ga!

 ## INGREDIENTES

 Ingredientes que já foram ensinados neste livro estão grifados de branco.

Esses biscoitos ficam ainda mais gostosos quando acompanhados de geleia de morango. O azedinho da fruta complementa muito bem o rico sabor de manteiga do shortbread.

2 ¾ xícaras (340 g)	Farinha
1 pitada	Sal
⅓ xícara (40 g)	Açúcar de confeiteiro
7 ½ colheres de sopa (90 g)	Manteiga gelada
½ xícara (120 g)	Creme de leite gelado

 ## MODO DE PREPARO

1. Em uma vasilha, coloque a farinha, o sal e o açúcar de confeiteiro.
2. Adicione a manteiga gelada e misture com as pontas dos dedos, formando uma textura arenosa.
3. Adicione o creme de leite gelado e misture rapidamente só até ficar homogêneo.
4. Embrulhe a massa em filme plástico e leve para descansar por 30 minutos na geladeira.
5. Abra a massa sobre uma folha de papel-manteiga para não precisar enfarinhar a bancada e ressecar seus biscoitinhos, e corte quadrados de aproximadamente 5 cm × 5 cm. O cortador de ravióli funciona perfeitamente aqui.
6. Fure com um garfo a superfície dos biscoitos, e coloque-os em uma fôrma.
7. Preaqueça o forno a 180 °C.
8. Congele os biscoitos por 10 minutos.
9. Asse por 20 minutos, ou até eles começarem a querer ganhar um tiquinho de cor nas laterais.

ERRAR É HUMANO

Shortbreads não são dourados, eles são branquinhos feito manteiga, por isso não passe do seu tempo de forno para não destruir a característica original dessa maravilhosidade.

TARTE TATIN

Dificuldade: ▓▓░░░ | Porções: 1 2 3 4 5 **6** 7 8 9 10 | Essencial: FRIGIDEIRA DE 25 CM QUE VÁ AO FORNO | Duração: 2 DIAS FORA DA GELADEIRA | 1:20 H Preparo | 25 MIN Forno

Admito que já desdenhei muito dessa receita até prová-la pela primeira vez. Maçãs na sobremesa não me soavam muito apetitosas, mas essa torta de maçãs, cozida de cabeça para baixo, fez o nome das irmãs Tatin ser reconhecido no mundo todo e o meu amor por sobremesas com maçã nascer. Donas de um pequeno hotel-restaurante francês, em um dia apressado, no início do século XX, colocaram as maçãs para caramelizar sem a massa. Assim que perceberam o esquecimento, jogaram a massa por cima e quando desenformaram a obra estava feita: maçãs revestidas de uma crosta irresistível de caramelo sobre uma cama macia e perfumada. Assim como eu, você também pode se surpreender com um dos maiores clássicos da confeitaria francesa.

DICA

Verifique se a sua frigideira vai ao forno. Para isso, a alça não pode ser de plástico e, se for de borracha, precisa ser própria para altas temperaturas.

INGREDIENTES

Ingredientes que já foram ensinados neste livro estão grifados de branco.

MASSA

1 ½ xícara (180 g)	Farinha
¼ xícara (35 g)	Açúcar de confeiteiro
1 pitada	Sal
10 colheres de sopa (120 g)	Manteiga gelada picada
1	Ovo

MAÇÃS CARAMELIZADAS

10 colheres de sopa (120 g)	Manteiga
⅓ xícara (70 g)	Açúcar
6 colheres de sopa (70 g)	Açúcar mascavo
6	Maçãs Granny Smith (maçã verde)

MODO DE PREPARO

MASSA

1. Em uma vasilha, misture a farinha, o açúcar de confeiteiro e o sal.
2. Adicione a manteiga gelada e misture com a ponta dos dedos até formar uma farofinha e a manteiga ficar com o tamanho de ervilhas.
3. Adicione o ovo e misture rapidamente só até obter uma massa homogênea.
4. Abra a massa entre duas folhas de papel-manteiga até ficar com 0,5 cm de espessura. Corte um círculo do tamanho da frigideira e leve para gelar por no mínimo 1 hora.

MAÇÃS CARAMELIZADAS

1. Descasque as maçãs e corte cada uma em 4 pedaços ao redor do núcleo. Remova as sementes.
2. Em uma frigideira de ferro, ou qualquer outra que vá ao forno, derreta a manteiga em fogo médio. Retire do fogo e adicione o açúcar e o açúcar mascavo. Misture e espalhe por todo o fundo da frigideira.
3. Coloque as maçãs na frigideira com a parte reta, a do corte, virada para baixo, para que toda essa superfície fique encostada no açúcar. Alinhe as fatias de maçã encostadinhas umas nas outras e feche o círculo mais externo da frigideira. Repita o processo até chegar ao centro e toda a superfície da frigideira estar forrada com maçãs.
4. Volte a frigideira ao fogo e cozinhe as maçãs em fogo alto, até que o açúcar caramelize e borbulhe. Pode levar uns 10 minutos.
5. Remova a frigideira do fogo e coloque o círculo de massa gelada por cima, de modo que cubra todas as maçãs. Cuidado para não queimar seus dedos! Caso a massa seja um pouco maior que o tamanho da frigideira, dobre o excesso para dentro, selando bem toda a lateral e enclausurando as maçãs.
6. Com uma faca, faça dois furinhos no meio da massa, para que o ar consiga escapar enquanto a torta estiver sendo assada. Asse-a no forno a 170 °C por 25 minutos, ou até que a massa fique dourada. Retire do forno e deixe descansar por 5 minutos antes de desenformar.
7. Solte as laterais com a ajuda de uma faca, e vire a torta sobre um prato de servir. Caso queira guardá-la para servir depois, mantenha-a na frigideira, tampada, em temperatura ambiente. Antes de servir, aqueça no fogão até o caramelo começar a fazer barulho e desenforme imediatamente.
8. Sirva com o clássico acompanhamento de crème fraîche ou sorvete de baunilha.

 ERRAR É HUMANO

Se você não quiser acabar com purê de maçãs em cima de uma massa, eu recomendo usar, realmente, a maçã verde (Granny Smith). É a mais indicada para essa receita porque, além do seu sabor azedinho ser perfeito para balancear o doce do caramelo, ela é uma maçã com polpa mais durinha, o que permite a caramelização sem que se desintegre na frigideira. A maçã argentina, por exemplo, seria uma catástrofe que só.

TORTA CLÁSSICA DE AMORA

Dificuldade: ▓▓▓░░

Porções: 1 2 3 4 5 6 7 ⑧ 9 10

Essencial: FÔRMA DE TORTA DE 22 CM × 8 CM

 Duração: 2 DIAS FORA DA GELADEIRA

 3 H Preparo

 50 MIN Forno

O acabamento em treliça é um verdadeiro clássico e deixa qualquer tortinha com cara supimpa. Não tem como ver uma torta dessa e não lembrar da cena de filme americano em que os vizinhos dão as boas-vindas ao novo morador, presenteando-o com uma torta entrelaçada! Mas a verdade é que esse tipo de entrelaçamento apareceu na culinária durante a Renascença, e ele não tem função apenas decorativa, sabia? Enquanto a torta é assada, os espaços vazados da massa permitem que o suco da fruta usada no recheio evapore. Assim, ele fica mais denso e a torta mais fatiável depois de pronta. Nem preciso falar que, além de bonita, a torta fica muito mais gostosa com essa trelicinha em cima, e dá para despertar o designer que mora em você e alternar fatias de todas as espessuras para criar um design pra chamar de seu!

INGREDIENTES

 Ingredientes que já foram ensinados neste livro estão grifados de branco.

MASSA

4 xícaras (500 g)	Farinha
1 ½ colher de sopa (18 g)	Açúcar
½ colher de chá (3 g)	Sal
1 ¼ xícara (250 g)	Manteiga gelada
7 colheres de sopa (100 ml)	Corante natural de beterraba gelado

RECHEIO

6 xícaras (850 g)	Amora ou outra fruta vermelha
½	Limão-siciliano (raspas)
2 colheres de sopa (30 ml)	Suco de limão-siciliano
¾ xícara + 2 colheres de sopa (190 g)	Açúcar
⅓ xícara (40 g)	Amido de batata ou amido de milho
1 pitada	Noz-moscada
1 pitada	Canela
1 pitada	Pimenta-da-jamaica
¼ xícara (50 g)	Manteiga gelada

DICA

Procure por amoras silvestres, elas são muito cultivadas no Brasil e, além de serem mais baratas, muitas vezes é possível encontrar no quintal do seu vizinho.

MODO DE PREPARO

MASSA

1. Em uma vasilha, adicione a farinha, o açúcar e o sal.
2. Pique a manteiga gelada em cubos e adicione aos ingredientes secos. Com a ponta dos dedos, trabalhe rapidamente para que a manteiga não derreta, esfarelando-a entre os ingredientes secos para formar uma farofa.
3. Adicione o corante natural de beterraba gelado na massa e mexa somente até incorporar tudo.
4. Divida a massa em dois pedaços, um com 350 g e outro com 450 g. Enrole-os em filme plástico e leve para gelar por 1 hora.

RECHEIO

1. Em uma vasilha, adicione as amoras, as raspas e o suco de limão-siciliano.
2. Em outra vasilha, misture o açúcar, o amido, a noz-moscada, a pimenta-da-jamaica e a canela. Despeje tudo sobre as amoras e misture com as mãos.
3. Deixe descansar por 15 minutos para macerar.

TOPO ENTRELAÇADO

1. Retire a massa de 450 g da geladeira e, sobre uma folha de papel-manteiga, bata a massa com um rolo até ela ficar mais macia.
2. Abra a massa em um quadrado grande o suficiente para cobrir a fôrma da torta. Usando uma régua, corte 4 tiras mais largas e 14 tiras mais finas.
3. Em outra folha de papel-manteiga, comece a montar a treliça: coloque metade das fatias na vertical, dando um espaço de 1,5 cm entre elas, começando com uma fatia fina, depois a grossa; na sequência, mais 5 finas, outra grossa e, por último, mais uma fina, assim como na foto. Levante as fatias alternadamente na vertical, mas só até o meio, deixando uma levantada e uma abaixada. Coloque uma fatia fina na horizontal, bem rente à dobra, e desça as fatias levantadas. Agora levante as fatias que antes estavam abaixadas e repita o processo, até toda a superfície ficar entrelaçada.

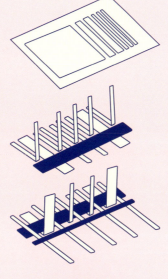

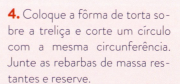

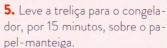

4. Coloque a fôrma de torta sobre a treliça e corte um círculo com a mesma circunferência. Junte as rebarbas de massa restantes e reserve.
5. Leve a treliça para o congelador, por 15 minutos, sobre o papel-manteiga.
6. Enquanto a treliça gela, abra o outro pedaço de massa (350 g) em um círculo maior que o da sua fôrma, repetindo a mesma técnica do passo 1.
7. Cubra a fôrma de torta com a massa, certificando-se de que ela esteja bem encaixadinha em todos os cantos e mantendo as rebarbas para fora da fôrma.
8. Leve para gelar por 15 minutos.

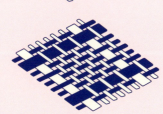

MONTAGEM

1. Com a massa gelada na fôrma, adicione o recheio de amoras e espalhe uniformemente.
2. Pique ¼ de xícara (50 g) de manteiga gelada em pedaços pequenos e espalhe sobre o recheio.
3. Coloque a treliça congelada sobre o recheio e pressione bem as bordas, para que elas fiquem fortalecidas e bem coladas. Corte a rebarba de massa.
4. Em uma superfície enfarinhada, abra a massa que sobrou das rebarbas da treliça e corte folhas de 2 cm de altura. Disponha as folhas ao redor da massa para dar acabamento, sobrepondo umas às outras.
5. Coloque a torta de volta no congelador enquanto você preaquece o forno a 190 °C.
6. Asse a torta por 50 minutos (leia o que diz o Lancelote), ou até o recheio borbulhar como geleia quente.
7. Retire a torta do forno e deixe esfriar em temperatura ambiente por, no mínimo, 1 hora antes de servir; caso contrário, o recheio estará muito líquido. Sirva com sorvete de baunilha ou crème fraîche.

 ### ERRAR É HUMANO

Caso a massa da torta comece a ficar escura demais e a perder a cor roxa magnífica, cubra a sua superfície com papel-alumínio depois de 30 minutos no forno. Ela não pode ser coberta desde o início do cozimento porque senão o vapor das amoras não consegue escapar, deixando o recheio muito líquido e impossível de ser fatiado. Ah, garoto, eu entendo tudo de torta de amora mesmo!

TORTA DE CASTANHA-DE-CAJU

Dificuldade: ▰▰▰▱▱

Porções: 1 2 3 4 5 6 7 **8** 9 10

Essencial: FÔRMA DE TART DE 23 CM COM ARO REMOVÍVEL

Duração: 1 DIA FORA DA GELADEIRA

 2 H Preparo

 45 MIN Forno

Essa receita foi inspirada na tradicional torta de nozes-pecã, a pecan pie, mas eu substituí a noz-pecã pela minha noz favorita, e que é muito mais popular no Brasil, a castanha-de-caju. Para mim, essa é a castanha mais saborosa que existe e não tem para ninguém! A parte mais intrigante dessa receita é que a massa contém cream cheese, o que a torna quase uma massa folhada. Tenho as minhas teorias de por que um mísero ingrediente transforma a massa da torta em uma massa cheia de camadinhas crocantes, mas como não tenho certeza absoluta, prefiro disseminar apenas que o cream cheese age como mágica, como se a nossa cozinha fosse o interior de uma cartola.

INGREDIENTES

Ingredientes que já foram ensinados neste livro estão grifados de branco.

DICA

Ao assar a massa sozinha, sem recheio, ela pode formar bolhas de ar. Se você não quiser usar o truque do feijão (ver passo 8, página 285), fique a postos para fazer pequenos furos na massa com o garfo enquanto ela está no forno para permitir que o ar escape e a bolha murche.

FALSA MASSA FOLHADA

2 xícaras (240 g)	Farinha
1 pitada	Sal
14 colheres de sopa (165 g)	Manteiga gelada
½ xícara (120 g)	Cream cheese gelado
6 colheres de sopa (90 g)	Creme de leite fresco

RECHEIO

3	Ovos
5 colheres de sopa (75 g)	Açúcar
10 colheres de sopa (200 g)	Mel
5 colheres de sopa (65 g) + 2 colheres de sopa (30 g) para pincelar	Manteiga derretida
1 xícara (125 g)	Castanhas-de-caju picadas
1 colher de chá (5 ml)	Extrato de baunilha
1 ⅓ xícara (180 g)	Castanhas-de-caju inteiras

MODO DE PREPARO

FALSA MASSA FOLHADA

1. Em um processador de alimentos, coloque a farinha, o sal e processe por apenas alguns segundos.

2. Pique a manteiga e o cream cheese em pedaços e adicione-os no processador de alimentos, juntamente com o creme de leite fresco gelado. Processe só até que uma bola se forme.

3. Enrole a massa em filme plástico, achatando a sua superfície. Refrigere por, no mínimo, 1 hora ou por até 1 semana.

4. Em uma bancada, polvilhe farinha e abra a massa com um rolo até atingir 0,5 cm de espessura. Se ela estiver muito dura, bata com o rolo antes de começar a abrir.

5. Forre uma fôrma de aro removível de 23 cm com a massa e retire o excesso das laterais. Fure a massa com um garfo e leve para o freezer por 10 minutos.

6. Preaqueça o forno a 180 °C e asse a massa até que as bordas comecem a ficar douradas, por cerca de 15 minutos. Não asse demais, pois a torta ainda vai voltar ao forno com o recheio.

RECHEIO

1. Em uma vasilha, bata os ovos, o açúcar e o mel até formarem uma espuma.

2. Adicione as 5 colheres de sopa (65 g) de manteiga derretida, as castanhas-de-caju picadas e o extrato de baunilha. Misture.

3. Despeje o recheio sobre a crosta de massa assada. Coloque as castanhas inteiras, uma a uma, no topo do recheio, formando uma perfeita espiral.

4. Pincele o topo com o restante da manteiga derretida e asse a torta por aproximadamente 30 minutos, ou até ela não chacoalhar mais ao ser movida.

5. Deixe esfriar em temperatura ambiente e sirva com sorvete ou com crème fraîche. Se assada corretamente, essa torta tem textura meio pegajosa e grudentinha no dente.

ERRAR É HUMANO

Tirar essa torta do forno ainda crua é mais comum do que você imagina. Dependendo do forno, o tempo para que ela fique pronta pode variar entre 30 minutos a 1 hora e meia. O importante é sempre verificar a textura do recheio. Quando pronto, ele não balança mais e a superfície fica levemente firme.

TORTA DE CHOCOLATE E AVELÃS

Dificuldade: ▮▮▯▯▯ | Porções: ① ② ③ ④ ⑤ ⑥ ⑦ **⑧** ⑨ ⑩ | Essencial: **FÔRMA DE TART DE 20 CM** | Duração: **2 DIAS FORA DA GELADEIRA** | 50 MIN Preparo 30 MIN Forno

Essa torta tem a combinação mais harmoniosa da confeitaria: avelã e chocolate. Eu me lembro que quando pequena, eu achava que o cheirinho de avelã era, na verdade, de chocolate; e só depois de adulta fui entender que apesar do casamento desses dois ingredientes ser perfeito, uma coisa é diferente da outra. Essa torta é uma receita bem simples, apesar de conter 3 passos, e é a essa sobremesa que eu sempre recorro quando tenho que preparar alguma coisa de última hora, mas sem deixar de impressionar a *gang*.

INGREDIENTES

 Ingredientes que já foram ensinados neste livro estão grifados de branco.

CROSTA DE AVELÃ

¾ xícara (130 g)	Avelãs inteiras
1 xícara (90 g)	Graham cracker (página 141) moído (ou)
1 xícara (90 g)	Biscoito maisena
6 colheres de sopa (30 g)	Cacau em pó
4 colheres de sopa (30 g)	Açúcar de confeiteiro
5 colheres de sopa (70 g)	Manteiga derretida

RECHEIO

1 ½ xícara (250 g)	Chocolate meio amargo
1 ¼ xícara (300 g)	Creme de leite
2	Ovos
1 colher de sopa (15 ml)	Extrato de baunilha
1 pitada	Sal

GLACÊ BRILHOSO

⅓ xícara (55 g)	Chocolate meio amargo
2 colheres de sopa (30 g)	Creme de leite
1 colher de sopa (20 g)	Mel
1 colher de sopa (15 ml)	Água morna

DICA

Caso queira fazer a torta com antecedência, asse-a e guarde na geladeira por até 4 dias sem o glacê brilhoso no topo.

MODO DE PREPARO

CROSTA DE AVELÃ

1. Preaqueça o forno a 180 °C.
2. Em um processador de alimentos, triture as avelãs até ficarem com textura de farinha de amêndoas.
3. Em uma vasilha, adicione a avelã, o biscoito moído, o açúcar de confeiteiro, o cacau em pó e a manteiga derretida. Mexa bem até todos os pós estarem umedecidos pela manteiga.
4. Adicione a mistura em uma fôrma de tart de aro removível e pressione usando as pontas dos dedos até cobrir o fundo e toda a lateral da fôrma.
5. Asse por 10 minutos só para firmar a crosta.

RECHEIO

1. Pique o chocolate e coloque-o em uma vasilha.
2. Em uma panela, aqueça o creme de leite, só até levantar fervura, e despeje-o sobre o chocolate. Deixe descansar por 5 minutos e em seguida mexa com uma espátula em movimentos circulares, até ficar homogêneo e emulsificar.
3. Adicione os ovos, o extrato de baunilha, o sal e misture.
4. Despeje o recheio sobre a crosta e asse a 180 °C por 20 minutos, ou até que esteja firme ao toque como textura de pudim.
5. Retire do forno e reserve.

GLACÊ BRILHOSO

1. Em uma panela, aqueça o creme de leite com o chocolate, em fogo baixo, só até derreter.
2. Adicione o mel e a água morna. Misture.
3. Com a torta ainda morna, despeje essa cobertura de uma só vez no centro dela, e faça movimentos circulares para cobrir todo o restante de sua superfície, sem a ajuda de uma colher para não estragar o acabamento.
4. Sirva em temperatura ambiente.

 **ERRAR É HUMANO**

 Se o recheio da sua torta começar a ficar estufado no forno é porque a temperatura está muito alta, ou você já assou por tempo demais. Cheque o meio da torta, se já estiver durinho, está pronta. Caso ainda esteja mole, é melhor diminuir a temperatura do forno e assar por mais alguns minutos.

TORTINHA FLORIDA DE MAÇÃ

Dificuldade: ▮▮▯▯▯
Porções: ① ② ③ ④ ⑤ ⑥ ⑦ ⑧ ⑨ **⑩**
Essencial: **FÔRMAS INDIVIDUAIS COM FUNDO REMOVÍVEL**
Duração: **1 DIA NA GELADEIRA**
 4:30 H Preparo   15 MIN Forno

A maçã é a segunda fruta mais popular do mundo, só fica atrás da banana! Com dezenas de variedades espalhadas pelos continentes, as macieiras florescem na primavera, e de cada flor delicada surge uma maçã vermelha, amarelada ou verde, cheia de personalidade e versatilidade: as maçãs ficam saborosas em qualquer sobremesa e são encantadoras em formato de flor. Sem falar que essas pétalas vão dar o azedinho essencial para o creme de chocolate caramelizado, transformando a torta num espetáculo para ser apreciado com todos os sentidos!

INGREDIENTES

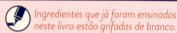 *Ingredientes que já foram ensinados neste livro estão grifados de branco.*

CREME DE CHOCOLATE BRANCO CARAMELIZADO

1 ½ xícara (250 g)	Chocolate branco picado
½ xícara + 1 colher de sopa (140 ml)	Leite
1 colher de chá (7 g)	Mel
1 xícara + 2 colheres de sopa (260 g)	Creme de leite fresco gelado
½ xícara (60 g)	Nozes tostadas picadas

PÂTE SUCRÉE

13 colheres de sopa (150 g)	Manteiga
¾ xícara (90 g)	Açúcar de confeiteiro
1 pitada	Sal
2	Gemas
2 xícaras (255 g)	Farinha

DECORAÇÃO

8	Maçãs Honeycrisp
1	Limão

DICA

A pâte sucrée tem um alto teor de açúcar, o que a torna mais quebradiça do que crocante. A alta quantidade de açúcar e gordura também evitam o desenvolvimento do glúten, por isso não precisam ser resfriadas por muito tempo na geladeira.

MODO DE PREPARO

CREME DE CHOCOLATE BRANCO CARAMELIZADO

1. Coloque o chocolate branco picado em uma frigideira e derreta-o em fogo bem baixo, mexendo sem parar.
2. Assim que o chocolate cristalizar, mexa a cada 10 minutos, pressionando com as costas da espátula os grãozinhos que forem se formando para que o creme fique homogêneo. Nesse processo, primeiro o chocolate derrete, depois ele cristaliza e, em seguida, ele derrete novamente e começa a caramelizar, o que pode levar um total de 45 minutos a 1 hora para ficar pronto.
3. Coloque o chocolate branco caramelizado em um processador de alimentos. Reserve.
4. Em uma panela, aqueça o leite e o mel. Assim que ferver, tire-os do fogo.
5. Ligue o processador de alimentos e bata o chocolate branco caramelizado. Adicione, lentamente, o leite quente sobre o chocolate e deixe emulsificar. Pode ser que ele quebre (talhe) no início, mas depois ele fica cremoso.
6. Assim que a mistura estiver homogênea, adicione o creme de leite fresco gelado e bata até engrossar levemente.
7. Despeje o creme em uma vasilha, adicione as nozes picadas e misture. Cubra com filme plástico e leve para gelar por 2 horas.

PÂTE SUCRÉE

1. Na batedeira, coloque a manteiga, o açúcar e o sal. Bata até ficarem um creme claro e fofo. Essa receita de pâte sucrée é feita utilizando o método cremoso, ou seja, batendo a manteiga com o açúcar na batedeira.
2. Adicione as gemas, uma de cada vez, batendo após cada adição para incorporar.
3. Desligue a batedeira e adicione a farinha de trigo. Misture com uma espátula até ficar homogêneo.
4. Embrulhe a massa em filme plástico e leve à geladeira por 30 minutos.
5. Retire pedaços do tamanho de uma bola de golf da massa, coloque no fundo da forminha individual e pressione de modo que cubra todo o seu interior e laterais. Apare o excesso de massa das bordas. Repita o processo com as outras fôrmas.
6. Fure a massa com um garfinho para o ar escapar durante o cozimento e leve à geladeira por mais 30 minutos.
7. Preaqueça o forno a 180 °C.
8. Coloque as forminhas individuais dentro de uma fôrma maior e asse por 15 minutos, ou até a massa ficar dourada. Reserve.

MONTAGEM

1. Com a ajuda de um mandolin, ajuste as lâminas para criar fatias bem finas (caso não tenha mandolin, veja o que o Lancelote diz abaixo).
2. Corte as maçãs ao meio e retire os caroços. Fatie as metades no mandolin.
3. Empilhe perfeitamente as fatias redondas de maçã, uma em cima da outra, e corte-as ao meio com uma faca, de modo que você obtenha fatias em forma de meia-lua.
4. Em uma bancada limpa, faça uma longa fileira de fatias de maçã (aproximadamente 90 cm), sobrepondo levemente umas às outras.

5. Esfregue limão nessas fatias, para que não escureçam tão rápido, e enrole-as, pressionando levemente como um rocambole, formando uma espiral. Cubra a roseta com filme plástico e leve-a para gelar enquanto você finaliza as outras 9.
6. Desenforme a massa da torta e preencha o seu interior com o creme de chocolate caramelizado. Coloque uma roseta no topo e, delicadamente, vá abrindo as pétalas de maçãs até que toda a superfície da tortinha esteja coberta por "pétalas", sem creme aparente.
7. Sirva imediatamente ou pingue mais limão, cubra com filme plástico e mantenha na geladeira por até 3 horas.

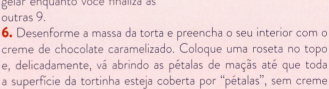

ERRAR É HUMANO

Se você não tiver mandolin em casa e cortar as maçãs com uma faquinha, elas não vão enrolar e vão acabar quebrando. Nesse caso, corte as fatias o mais fino que você conseguir e deixe de molho em água quente por 30 segundos. Assim elas vão ficar flexíveis e você vai conseguir enrolá-las sem problemas. Mas não se esqueça de dar aquela enxugadinha com papel-toalha depois, tipo aquele método usado quando eu faço xixi fora do lugar.

TORTA DE MORANGO

Dificuldade: ▰▰▱

Porções: 1 2 3 4 5 **6** 7 8 9 10

Essencial: FÔRMA DE ARO REMOVÍVEL

Duração: 2 DIAS NA GELADEIRA

Preparo: 2 H | **Forno:** 25 MIN

Torta de morango é uma daquelas sobremesas que ou são maravilhosas ou são medíocres, não tem meio termo. Isso acontece porque é uma receita muito simples, feita apenas com ingredientes básicos, e se a sua técnica não for executada com perfeição, ela se transforma facilmente em um docinho ordinário. Apesar de ser conhecido desde a Roma Antiga, o morango só começou a ser cultivado na Idade Média e brilhou nos jardins de Versalhes mais do que o Rei Sol. Na Europa e nos Estados Unidos, o morango é uma frutinha do verão, mas no Brasil ela é colhida entre julho e setembro, os melhores meses para consumi-la fresquinha.

INGREDIENTES

Ingredientes que já foram ensinados neste livro estão grifados de branco.

PÂTE BRISÉE

10 colheres de sopa (120 g)	Manteiga gelada
1 ¾ xícara (200 g)	Farinha de trigo
4 colheres de chá (20 g)	Açúcar
1 pitada	Sal
3 colheres de sopa (45 ml)	Água gelada

CRÈME PÂTISSIÈRE

1 xícara (250 ml)	Leite
1 xícara (240 g)	Creme de leite fresco
½ fava	Baunilha
4	Gemas
4 colheres de sopa (60 g)	Açúcar
2 colheres de sopa (14 g)	Amido de milho
2 colheres de sopa (12 g)	Farinha
2 ½ xícaras (400 g)	Morangos lavados e limpos

DICA

Essa massa é tão tradicional que é usada nos preparos de receitas doces e salgadas. Use-a para fazer uma quiche, que você não vai se arrepender.

MODO DE PREPARO

PÂTE BRISÉE

1. Corte a manteiga gelada em pedaços iguais e coloque numa vasilha com a farinha, o açúcar e o sal.
2. Com a ponta dos dedos, esfregue um ingrediente no outro até formar uma farofinha e a manteiga ficar com o tamanho de ervilhas. O segredo é não manipular demais a mistura para que o glúten da farinha não se desenvolva, senão a crosta não vai ficar crocante.
3. Adicione a água gelada e misture rapidamente, só até virar uma massa. Se a mistura estiver seca, adicione mais água gelada, 1 colher de sopa por vez.
4. Embrulhe a massa em filme plástico e deixe descansar na geladeira por 1 hora.
5. Tire a massa da geladeira e, em uma superfície enfarinhada, abra-a com um rolo de macarrão até ela ficar com meio centímetro de espessura, aproximadamente. Se estiver muito dura, bata com o rolo de maneira mais violenta que ela vai amaciando.
6. Enrole a massa em volta do rolo e desenrole em cima da fôrma, encaixando todas as beiradinhas e tirando o excesso das bordas. Fure toda a superfície da massa com um garfo e leve ao freezer por 10 minutos.
7. Preaqueça o forno a 180 °C.
8. Cubra a superfície da massa com papel-manteiga e encha de feijões secos, isso vai evitar que a massa forme bolhas de ar.
9. Asse por 10 minutos, retire o papel com feijão e asse por mais 15 minutos ou até a beirada ficar dourada.
10. Tire do forno e reserve.

CRÈME PÂTISSIÈRE

1. Em uma panela, adicione o creme de leite, o leite e a fava de baunilha com as sementes raspadas. Assim que levantar fervura, desligue o fogo, tampe a panela e deixe a infusão acontecer por 10 minutos.
2. Em uma vasilha, bata as gemas e o açúcar até ficarem pálidos e fofos.
3. Peneire o amido de milho e a farinha em cima das gemas e misture.
4. Adicione uma concha do creme quente na mistura de ovos e mexa para temperá-los. Esse processo é importante para preparar os ovos para a alta temperatura, evitando que eles coagulem de maneira incorreta.
5. Volte tudo para a panela e cozinhe em fogo baixo mexendo sem parar. Assim que a mistura ferver, cozinhe por apenas 3 minutos.
6. Coloque o creme em uma vasilha, cubra a superfície com filme plástico, encostando no creme, e leve para gelar por 1 hora.

MONTAGEM

1. Desenforme a massa e cubra-a com o crème pâtissière.
2. Corte os morangos longitudinalmente e comece a montar a primeira fileira, sobrepondo-os no sentido horário. Em seguida, preencha a segunda linha, mas na direção oposta, e continue alternando assim até chegar ao centro.
3. Para fazer com que os morangos durem mais tempo no topo da torta e fiquem brilhosos, pincele toda a superfície com a cobertura vitrificada ensinada na página 247. Espere secar e sirva a torta ainda geladinha!

  **ERRAR É HUMANO**

 Se o seu crème pâtissière ficar granuloso, significa que a mistura ficou muito quente e os ovos coagularam de maneira incorreta. Quando isso acontece, compromete-se a textura do creme completamente, que fica ralo e coalhado. Evite esse fracasso e cozinhe em fogo baixo, obedecendo o tempo indicado.

TORTA DE PUDIM

Dificuldade: | Porções: 1 2 3 4 5 **6** 7 8 9 10 | Essencial: **FÔRMA DE FUNDO REMOVÍVEL** | Duração: **1 DIA FORA DA GELADEIRA** | 4 H Preparo | 50 MIN Forno

Eu não sou, assim, a pessoa mais adepta de híbridos na confeitaria, porque acho isso uma baita jogada de marketing que muitas vezes não reflete positivamente no sabor da sobremesa, como é o caso do famoso cronuts (donuts + croissant) e do cruffin (croissant + muffin). Dito isso, eu preciso me justificar pela criação dessa obra-prima de pudim + torta: é que eu precisava que estivessem juntas as minhas duas sobremesas favoritas, sem precisar abdicar de nenhuma delas. Essa receita tem a cremosidade e a doçura de um clássico pudim sobre uma massa crocante e amanteigada, finalizados com o sabor do caramelo da fôrma de pudim, mas com textura crocante de crème brûlée. Essa receita é de estourar a boca do trombone!

INGREDIENTES

Ingredientes que já foram ensinados neste livro estão grifados de branco.

MASSA

13 colheres de sopa (150 g)	Manteiga
¾ xícara (90 g)	Açúcar de confeiteiro
1 pitada	Sal
2	Gemas
2 xícaras (225 g)	Farinha

CREME DE PUDIM

2 xícaras (450 g)	Creme de leite
1 fava	Baunilha
6	Gemas
3 colheres de sopa (45 g)	Açúcar
2 colheres de sopa (20 g)	Açúcar mascavo

CARAMELO

2 ¼ xícaras (475 g)	Açúcar
⅓ xícara + 4 colheres de chá (100 ml)	Água

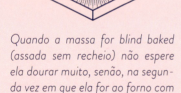

DICA

Quando a massa for blind baked (assada sem recheio) não espere ela dourar muito, senão, na segunda vez em que ela for ao forno com o recheio, ela vai escurecer demais.

Use os tons do meu pelinho como referência para o caramelo perfeito: se estiver da cor do meu corpo, ainda não está pronto; quando atingir a cor da minha cabeça e orelhas, está perfeito; e se chegar ao tom do meu focinho, queimou!

MODO DE PREPARO

MASSA

1. Na batedeira, misture a manteiga, o açúcar e o sal. Bata até formarem um creme claro e fofo.
2. Adicione as gemas, uma de cada vez, batendo após cada adição para incorporar.
3. Desligue a batedeira e, com uma espátula, misture a farinha.
4. Embrulhe a massa em filme plástico e leve à geladeira por 1 hora, no mínimo. Ela vai estar bem mole nessa etapa.
5. Em uma superfície enfarinhada, abra a massa na largura da sua fôrma; ela deve ficar com aproximadamente 0,5 cm de espessura. Enrole-a em um rolo de massa e desenrole-a sobre a fôrma. Esse processo evita rasgos em massas mais delicadas.
6. Fure sua superfície com um garfo e leve ao freezer por 10 minutos.
7. Preaqueça o forno a 160 °C.
8. Asse a massa por 15 minutos, ou até começar a dourar levemente as beiradas. Reserve.

CREME DE PUDIM

1. Em uma panela, aqueça o creme de leite com a fava e sementes de baunilha até levantar fervura. Desligue o fogo, tampe a panela e deixe a infusão acontecer por 10 minutos.
2. Em uma vasilha, bata as gemas, o açúcar e o açúcar mascavo até ficarem um creme homogêneo.
3. Jogue uma pequena quantidade do creme de leite quente sobre as gemas para temperá-las e, em seguida, adicione o restante do creme.
4. Tampe a vasilha e leve para gelar por 30 minutos.
5. Preaqueça o forno a 160 °C.
6. Coloque o creme de pudim na massa e leve ao forno por 35 minutos, ou até o centro ficar endurecido e não chacoalhar mais.
7. Retire do forno e deixe a torta esfriar, em temperatura ambiente, durante 15 minutos. Transfira para a geladeira e deixe esfriar por 1 hora. Nessa etapa, a torta dura 3 dias embrulhada na geladeira.

CARAMELO

1. Antes de servir, faça a crosta de caramelo: em uma panela, leve o açúcar e a água para ferver.
2. Em fogo alto, cozinhe a calda até começar a ferver. Pincele o interior da panela com água fria para quebrar qualquer cristal de açúcar que possa ter se formado, e continue cozinhando até a calda caramelizar e ficar cor de âmbar-claro.
3. Imediatamente jogue uma fina camada de caramelo sobre a torta fria e angule para espalhar por toda a sua superfície.
4. Deixe esfriar em temperatura ambiente por 5 minutos e sirva. Em 4 horas o caramelo começa a derreter levemente; então, planeje o momento certo de caramelizar o topo.

  **ERRAR É HUMANO**

 O caramelo que cobre a torta é cozido com água, e somente até atingir cor de âmbar-claro, para que ele possa formar uma fina camada no topo. Se o açúcar for derretido a seco, como normalmente é feito para caramelizar a fôrma do pudim, o caramelo vai ficar muito espesso, você vai precisar de uma britadeira para cortar uma fatia da torta e, possivelmente, perder um dente ao comê-la.

TORTA DE CHOCOLATE DE OUTRO PLANETA

Dificuldade: ▓▓░░ | Porções: 1 2 3 4 5 6 7 **8** 9 10 | Essencial: FÔRMA DE TARTLET DE 30 CM × 15 CM | Duração: 4 DIAS NA GELADEIRA | 3:30 H Preparo | 20 MIN Forno

O espaço é algo misterioso e lúdico, e foi nele que me inspirei para criar essa torta que, de tão gostosa, não poderia ser chamada de outra coisa a não ser de "torta de outro planeta". Essa receita é a prova de que com técnicas e ingredientes básicos é possível criar uma torta de chocolate extremamente surpreendente em sabor e apresentação. Por muitos anos a torta de avelã e chocolate (página 274) foi a minha torta predileta, mas de uns meses para cá essa se tornou meu xodozinho. Faço uma roupagem nova (decoro com praliné, pedaços de chocolate e nozes) e meus amigos nem reconhecem que eu estou servindo a mesma sobremesa desde o ano passado. Bobinhos ;)

 ## INGREDIENTES

Ingredientes que já foram ensinados neste livro estão grifados de branco.

SHORTCRUST DE CHOCOLATE

7 colheres de sopa (85 g)	Manteiga
¾ xícara (100 g)	Açúcar de confeiteiro
1 ¼ xícara (155 g)	Farinha
6 colheres de sopa (30 g)	Cacau em pó
5	Gemas

GANACHE DE CHOCOLATE AO LEITE

2 ¼ xícaras (350 g)	Chocolate ao leite
1 xícara (250 g)	Creme de leite
1 ½ colher de sopa (30 g)	Mel
4 colheres de sopa (50 g)	Manteiga

DECORAÇÃO (OPCIONAL)

2 colheres de sopa (30 g)	Açúcar
1	Macaron
3	Bombons
½	Pêssego em calda
1	Cereja
q. b.	Pó de ouro comestível
q. b.	Manteiga de cacau branca ou gotas de chocolate branco

DICA

Caso não vá servir a torta no mesmo dia, pincele chocolate derretido no interior da massa, antes de despejar a ganache, para impermeabilizá-la e mantê-la crocante por até 4 dias na geladeira.

MODO DE PREPARO

SHORTCRUST DE CHOCOLATE

1. Na batedeira, coloque o açúcar de confeiteiro, a manteiga e bata até ficarem um creme fofo e esbranquiçado.
2. Adicione as gemas, uma de cada vez, batendo após cada adição.
3. Desligue a batedeira e peneire a farinha e o cacau em pó sobre a massa e, com uma espátula, misture até formarem uma bola.
4. Abra a massa entre duas folhas de papel-manteiga. Retire uma folha de cima da massa e vire-a sobre a fôrma de tartlet. Retire a outra folha de papel-manteiga e pressione a massa de maneira que todo o interior da fôrma fique coberto com a massa.
5. Leve para gelar por 1 hora.
6. Preaqueça o forno a 180 °C e asse por 20 minutos, ou até a massa secar e ficar opaca.
7. Retire do forno e reserve.

GANACHE DE CHOCOLATE AO LEITE

1. Pique o chocolate e derreta-o em banho-maria.
2. Em outra panela, adicione o creme de leite e o mel. Cozinhe em fogo médio só até levantar fervura. Retire do fogo e misture com o chocolate derretido, fazendo movimentos circulares com uma espátula, de dentro para fora.
3. Adicione a manteiga para dar brilho e mexa para derreter.
4. Despeje a ganache na massa de torta e leve para gelar por 2 horas.
5. Antes de servir, deixe a torta voltar à temperatura ambiente. Essa é a maneira de ela ficar mais saborosa.

DECORAÇÃO

1. Em uma panela em fogo médio, derreta o açúcar até caramelizar.
2. Sobre uma folha de papel-manteiga ou tapete de silicone, espalhe o caramelo com uma colher, formando um arco redondo e oco. Deixe secar e coloque dentro de um macaron ou biscoito recheado. Saturno está pronto! Reserve.
3. Molhe um pincel na manteiga de cacau branca e respingue no topo da torta para se assemelhar a estrelas, ou espalhe minigotas de chocolate branco. Coloque o Saturno em cima delas.
4. Em um dos cantos, assopre o pó de ouro para criar um gradiente da luz do Sol. Coloque metade de um pêssego em caldas em cima do pó.
5. Espalhe os bombons redondinhos para representar alguns planetas e uma cereja para Marte.

 **ERRAR É HUMANO**

 Fique esperto com a massa no forno. Por ser de chocolate, você não consegue identificar seu tom escurecendo, e ela pode acabar queimando. Assim que a massa ficar opaca, como lousa de giz, ela já está assadinha. Entendeu, ou quer que eu desenhe nessa lousa?

Aeradas e Cremosas

O principal ingrediente de sobremesas aeradas e cremosas como mousses, sorvetes, suflês, pudins e cremes são os ovos. Nas aeradas, as claras batidas têm um papel fundamental de trazer leveza nos cremes e até de fazê-los crescer no forno, como é o caso dos suflês. Já nas cremosas, cozidas em banho-maria, os ovos cozinham lentamente, criando aquela textura cremosinha que deixa todo mundo babando. Ovos são mesmo uma bênção da natureza para essas galinhas que somos nós, e é graças a eles que essas mágicas da confeitaria acontecem.

Composição do ovo

O ovo é feito de albumina, mais conhecida como a clara, e gema. A proporção delas pode variar um pouco, mas fica entre 70%/30%. A clara é composta, em média, de 90% de água, é fonte de proteína, praticamente não tem gordura, e é ela que dá estabilidade aos merengues e suflês.

Na gema fica quase toda a gordura de um ovo, ela é um emulsificante natural e sua função é dar liga e cremosidade seja para as massas de bolo, cremes ou pudins.

CORES DA GEMA E DA CASCA

A coloração da casca do ovo é um reflexo da raça da galinha e ela varia do branco ao marrom-escuro, passando até pelo azul e esverdeado. Já o amarelo da gema é influenciado pela alimentação da galinha; quanto mais escuro, mais betacaroteno ela tem – o que significa que ela tem uma alimentação variada e não apenas baseada em grãos. Normalmente as galinhas que têm uma alimentação variada são as que podem correr soltas, ou seja, as que não são criadas em cativeiros minúsculos. Geminha laranja, galinha feliz!

CHEIRO DE OVO

Essa história de tirar película de ovo ou peneirá-lo para tirar o cheiro é pura lenda! Se o preparo for correto e o cozimento também, o odor de ovo suaviza, mas saiba que determinadas receitas ficam sim, e sempre ficaram, com cheirinho de geminha crua, como é o caso dos cremes curds e da baba de moça. Esse odor pode ser suavizado, utilizando sabores que sobressaiam esse cheiro, como baunilha e amêndoa, por exemplo.

Tipos de merengue

Merengue é um dos principais componentes de sobremesas aeradas. Sua composição é basicamente claras e açúcar, mas o método de preparo varia entre três tipos, o francês, o suíço e o italiano:

MERENGUE FRANCÊS

Consiste de claras cruas batidas com um pouquinho de açúcar incorporado lentamente até a mistura ficar brilhosa e espessa. Esse merengue, apesar de ser o mais simples, é o menos estável e desinfla facilmente mesmo se mantido na geladeira. Ele é ideal para ser incorporado em massas de bolos, como génoise ou pão-de-ló, ou assados até secarem. Se forem adicionados no topo de uma torta, começam a colapsar em poucas horas, voltando ao seu estado inicial líquido.

MERENGUE SUÍÇO

O cozimento suave em banho-maria das claras com o açúcar torna o merengue suíço mais estável que o francês e não permite que ele colapse rapidamente justamente porque o açúcar foi previamente cozido. Como a composição da clara é 90% água e 10% proteína, o açúcar ajuda a criar estabilidade graças às suas qualidades higroscópicas. Traduzindo: o açúcar se liga à água e a mantém no lugar. Ele adiciona viscosidade às claras, tornando as bolhas estáveis. Ideal para topos de tortas que serão tostadas depois.

MERENGUE ITALIANO

O mais estável de todos, que não desinfla de jeito nenhum, o merengue italiano é feito com calda de açúcar cozida no ponto de bala mole (112 °C a 115 °C), que é então unida com as claras cruas batidas. Essa calda quente precisa ser adicionada sempre pela beirada da vasilha da batedeira e com ela sempre em movimento para que a calda não chegue tão quente nas claras. Esse merengue é o mais indicado para cobertura de bolos que ficarão expostos por muitas horas, macarons franceses, baked alaska e especialmente preparos que vão ficar fora da geladeira por muitas horas.

Como bater claras com perfeição

Bater claras em neve é um procedimento supersimples, mas que exige técnica para ser efetuado corretamente. Essa falta de informação é a razão por que tantas e tantas receitas de confeitaria dão errado. Uma simples clara em neve batida errada pode fazer o suflê não crescer, o bolo génoise não crescer, a mousse quebrar e por aí vai. Mas agora chega de catástrofe.

1. O primeiro passo para bater claras em neve é se certificar de que a vasilha esteja completamente limpa. Passar um limãozinho pode ajudar a acabar com aquela gordurinha que está instalada lá há meses.
2. A vasilha não deve nunca ser de plástico, pois ele absorve gordura e não deixará suas claras crescerem volumosas como deveriam. Esse problema de gordura também pode ocorrer se um pouquinho de gema cair nas claras. Caso isso aconteça, tire tudo da vasilha, lave-a muito bem e recomece.
3. Comece a bater com a velocidade superbaixa (na mão ou na batedeira), para não deixar os ovos nervosos. Sim, eles ficam estressadinhos com quem já chega querendo incorporar muito ar neles logo de cara.
4. Assim que as claras começarem a espumar, pingue umas gotinhas de limão ou jogue uma pitada de cremor de tártaro. O ácido dá elasticidade para as claras e as protegem de quebrar com facilidade.
5. Assim que elas estiverem branquinhas feito espuma de barbear, é hora de adicionar o açúcar (caso seja pedido na receita). Adicione lentamente para os grãozinhos se dissolverem e vá fazendo o teste levantando o batedor. Pico mole: ao levantar o batedor, nenhum biquinho se forma; pico médio: ao levantar o batedor, um biquinho cai para o lado e forma um ganchinho; e pico duro: ao levantar o batedor, um bico alto e pontudo é formado.

ATENÇÃO

As claras têm uma certa elasticidade, mas quanto mais são batidas, mais elas esticam e uma hora se quebram. Se elas estiverem iguais a nuvens cheias de gruminhos, já era. Elas não darão a estrutura de que precisamos para o preparo de mousse, não vão fazer o suflê crescer nem vão fazer lindos suspiros assados.

Qual é a diferença entre suspiro e merengue francês?

Suspiros são merengues do tipo francês mais açucarados e assados. Para fazê-los, o ideal é jogar o açúcar bem aos poucos nas claras para os seus grãos se dissolverem lentamente. Para o suspiro ter mais estrutura, é comum a adição de amido de milho; mas caso utilize açúcar de confeiteiro, saiba que sua composição já contém um pouco de amido para não deixar os grãos empelotarem.

Para o suspiro ficar no ponto certo e permanecer branquinho durante o cozimento, a temperatura do forno precisa estar muito baixa e por isso ele é assado por várias horas. Por causa da alta quantidade de açúcar, os merengues queimam facilmente.

O que são mousses?

Em francês, a palavra mousse significa espuma e quer dizer qualquer prato, doce ou salgado, que seja leve e aerado, com uma massa-base saborizada que foi incorporada em claras em neve ou chantilly. Mousse é o ponto de partida de centenas de receitas de confeitaria e é feita de vários tipos diferentes de bases, que podem incluir purê de frutas, café, licor, pâte à bombe e chocolate.

A textura característica da mousse é dada graças às claras de ovos batidas ou chantilly (ou os dois). O chantilly (creme de leite fresco batido) não deve ser batido muito forte para evitar o sabor amanteigado e produzir uma mousse muito pesada. Ao serem adicionadas à base saborizada, as bolhas de ar das claras em neve e creme ficarão presas, dando uma textura aerada e esponjosa.

Alguns preparos requerem gelatina (como é o caso dos entremets), mas isso só deve ocorrer caso a sobremesa precise ser moldada, ou, por exemplo, se o purê de frutas estiver muito ralo ou se a mousse for mantida fora de refrigeração por muito tempo. Entretanto, é importante lembrar que a gelatina não realça o sabor nem a textura e deve ser utilizada com moderação, e somente quando absolutamente necessária, porque não tem nada pior do que uma mousse dura.

O que é suflê?

A palavra *soufflé* (do francês) significa inflado e se refere a pratos aerados que podem ser assados ou congelados, mas o agente suavizador sempre será as claras em neve. Praticamente uma mousse que, na maioria das vezes, vai ao forno. Tem fama de ser difícil de fazer, mas isso é tudo balela.

A proteína da clara do ovo é essencial para incorporar ar no suflê e, apesar de a clara ser composta de apenas 10% de proteína, é graças a ela que o suflê cresce quando assado. Ao bater as claras, o ar é convidado a entrar e o líquido delas se transformará em vapor no forno. O vapor sobe e faz com que as bolhinhas de ar se expandam e cresçam. O único problema é que após serem retirados do forno, os suflês desinflam dentro de 5 minutos, porque o gás se contrai enquanto esfria, fazendo que ele murche rapidamente. Por isso devem ser servidos imediatamente.

Caso precise preparar suflês com antecedência, coloque-os nos ramequins untados e deixe-os na geladeira até a hora de assar. Ele dura por até 12 horas.

O que são cremes e pudins

Cremes e pudins são a simples combinação de ovos, leite, ou creme de leite, e açúcar. Quando feitos corretamente, são leves e sedosos, docinhos na medida certa. Sendo pudim ou creme, eles são chamados de crèmes dentro da confeitaria clássica francesa.

AS RECEITAS BÁSICAS DE CREMES E PUDINS PODEM SER DIVIDIDAS EM TRÊS CATEGORIAS

1. Pudins com amido de milho, como o creme de confeiteiro (crème pâtissière).
2. Pudins batidos, como o creme custard (crème anglaise).
3. Pudins assados em banho-maria, como o crème caramel (nosso pudinzinho de todo dia), pot de crème e crème brûlée.

Como obter cremes e pudins lisinhos e cremosos sempre?

Quase todos os cremes e pudins são cozidos, e a técnica para atingir a excelência é o aquecimento e cozimento correto do leite com os ovos. Quando a temperatura perfeita é atingida, o resultado é um creme com textura de cetim. Quando a mistura fica muito quente, a proteína dos ovos se enrijece, criando pedaços, anulando a possibilidade de o ovo manter a umidade e a cremosidade da mistura (aquele velho e terrível pudim cheio de bolhinhas de que eu tanto falo mal). Quando o calor é excessivo, os ovos coagulam e se transformam em carocinhos flutuando em líquido – credo! Essa textura é muito comum em crème brûlée assado demais.

O processo de aquecimento começa antes de o leite (ou creme de leite ou qualquer outro líquido) ser incorporado aos ovos. O líquido deve ser aquecido até quase o ponto de ebulição. A mistura dos ovos e açúcar deve, então, ser temperada com a adição lenta do líquido quente. O calor do líquido irá derreter o açúcar e se misturar com a gema do ovo, iniciando um processo de cocção leve antes mesmo de os ovos irem para a panela. Depois, a mistura toda é cozida em fogo baixo até engrossar, mas sem coagular e enrijecer a proteína do ovo. A mistura deve sempre ser peneirada para eliminar qualquer pequeno fio de gema sólida que possa ser formada pela membrana que segura a gema no lugar ou até mesmo pelo cozimento excessivo.

Banho-maria é muito importante

Para algumas sobremesas ficarem cremosas, como é o caso do crème brûlée, pudim e cheesecake, é importante o ovo coagular lentamente em uma temperatura baixa para não perder sua umidade e manter a cremosidade; e é aí que o banho-maria entra. Ele funciona como um isolante da receita que será assada. A temperatura da água não se eleva a mais de 100 °C, se não ela simplesmente evapora; sendo assim, os lados da fôrma no banho-maria nunca são expostos ao calor extremo por estarem sempre em contato com a água. O calor do forno em si é suficiente para cozinhar o centro da sobremesa, mas sem cozinhar demais os lados que estão protegidos pela água.

O ovo é muito sensível ao tempo de cozimento e à temperatura: se você cozinhar por tempo demais ou em fogo alto, a molécula de proteína vai coagular muito rápido e deixar a sobremesa com aspecto talhado e quebradiço. Em química, esse processo é conhecido como sinérese, e na confeitaria ele é conhecido como os seguintes fracassos:
- faz o topo da cheesecake rachar;
- deixa o crème brûlée aguado e com gruminhos;
- faz o interior do pudim ficar com furinhos.

Sim, todas essas características citadas acima significam que a cocção do ovo foi incorreta.

O que é sorvete

É uma mistura gelada feita à base de leite, creme de leite; ou à base de água: açúcar e um, ou mais, dos ingredientes líquidos seguintes: leite, creme de leite, água e, às vezes, ovos inteiros ou separados.

Na terminologia americana, sorvete geralmente se refere a uma rica mistura congelada de creme à base de ovos. Na cozinha clássica francesa, existem várias técnicas e métodos para se fazer um sorvete. Um método tradicional é simplesmente misturar o clássico creme à base de leite (crème anglaise) gelado em uma máquina de sorvete e batê-lo até que congele. Essa é uma das minhas técnicas favoritas e também a usada nas receitas deste livro.

Anatomia de um sorvete

Sorvete é uma espuma e uma emulsão que foram estabilizadas pelo congelamento da maior parte de seu líquido. De acordo com o cientista alimentar Harold McGee, em seu livro *On Food and Cooking*, a estrutura do sorvete, quando analisada microscopicamente, revela quatro fases. Até mesmo em temperaturas congelantes ainda existe líquido restante, contendo sal dissolvido, açúcares e proteínas do leite suspensas. Em uma segunda fase, existem pequenos cristais de gelo, compostos de água pura, e em uma terceira fase, existem glóbulos sólidos de gordura do leite. Finalmente, existem células de ar, que normalmente são bem pequenas. Às vezes, existe uma quinta e indesejada fase, que são os cristais de lactose (açúcar do leite), normalmente ocorrendo em pudins feitos com creme integral, que dão uma textura arenosa ao produto final. Cada fase contribui para as características do sorvete.

Tipos de sorvete

Existem muitos tipos de gelados e cada um com uma característica que o classifica em uma determinada categoria, mas esses são os principais:

- **SORVETE:** é um gelado feito à base de gordura, sólidos do leite, açúcar e overrum. Overrum é o volume extra de "ar" que pode ser introduzido na massa de sorvete; algumas marcas industrializadas adicionam até 50% de "nada" nos seus sorvetinhos mequetrefes.
- **GELATO:** sorvete italiano, denso e contém bem menos ar do que o sorvete tradicional; por isso sua cremosidade é tão intensa.
- **SORBET:** um verdadeiro sorbet não contém nenhum tipo de laticínio e é produzido somente com açúcar, água e um saborizante. O sorbet é leve e refrescante e pode ser servido como uma sobremesa ou como um intermédio entre os pratos de uma refeição elegante para limpar o palato.
- **SHERBET:** diferentemente do sorbet, o sherbet é feito geralmente de uma mistura à base de frutas com creme ou leite e, algumas vezes, ovos.
- **SPOOM:** é um sorbet no qual foi adicionado merengue italiano, tornando-o mais leve, aerado e menos denso.
- **GRANITÉ** (França) ou **GRANITA** (Itália): é um gelado com uma pequena quantidade de açúcar e uma textura granulada. Seu nome é derivado da palavra italiana *grana*, que significa granulado – uma referência à sua textura e sua aparência de granito depois de finalizado. Normalmente feito da combinação de calda de açúcar com um purê de frutas, licor, vinho, café ou chá. É a típica raspadinha, meus amigos.
- **FROZEN YOGURT:** é uma sobremesa congelada adoçada, feita à base de iogurte.

Pensei que era um sorvetão, mas era enganação

Mais triste que abrir um pote de sorvete do congelador de casa e encontrar feijão é comprar um pote de sorvete no mercado e encontrar gordura hidrogenada na lista de ingredientes. O sabor típico de um sorvete vem do leite e da gordura do leite, mas para baratear os custos da produção de sorvete, muitas marcas utilizam gordura vegetal em vez da gordura animal, naturalmente encontrada nos laticínios. Para maquiar o sabor nada apetitoso dessa gordura, são adicionados sabores e aromas artificiais na mistura, além de corante para lembrar o sabor da fruta que não existe ali. Um bom sorvete tem que dar uma boa sensação na boca, derreter lentamente e ser saboroso. Sua composição é simples e a lista de ingredientes não deve passar de seis itens, e você deve reconhecê-los todos pelos nomes.

BAKED ALASKA DE SORBET DE MANGA

Dificuldade: ▮▮▮▯▯ | Porções: ① ② ③ ④ ⑤ ⑥ ⑦ ❽ ⑨ ⑩ | Essencial: TIGELA REDONDA DE 20 CM DE LARGURA | Duração: 1 SEMANA NO FREEZER | 24 H Preparo | 7 MIN Forno

O sorbet é um tipo de sorvete feito com suco de fruta, sem nenhuma adição de derivados do leite. A manga é uma ótima opção para isso, pois, além de ser cremosa, contém alto teor de açúcar, o que dá cremosidade para a massa mesmo depois de congelada. Por isso, quando eu decidi revisitar a receita do baked alaska, o sorbet de manga foi a minha primeira opção. Para quem não sabe, essa sobremesa foi criada para comemorar a compra do Alasca pelos Estados Unidos, em 1867: uma avalanche de merengue tostado por cima de uma montanha de sorvete! Nada melhor do que fazer esqui com a colher e deslizar por essa gostosura sem fim, pensando sobre a magia do sorvete que não derrete no forno.

INGREDIENTES

Ingredientes que já foram ensinados neste livro estão grifados de branco.

GÉNOISE

4	Ovos separados
1 colher de chá (5 g)	Cremor de tártaro (ou)
5 gotas	Limão
6 colheres de sopa (90 g) + 1 colher de sopa (15 g)	Açúcar
4 ½ colheres de sopa (60 g)	Manteiga derretida
½ xícara (60 g)	Farinha

SORBET DE MANGA

5	Mangas bem maduras
1 xícara (200 g)	Açúcar
1 pitada	Sal
¼ xícara (60 ml)	Suco de limão
¼ xícara (60 g)	Leite de coco
5 colheres de sopa (100 g)	Mel

MONTAGEM

4 colheres de sopa (60 ml)	Licor de laranja (opcional)
2 xícaras (500 ml)	Sorvete de baunilha (opcional)

MERENGUE SUÍÇO

1 xícara + 2 colheres de sopa (240 g)	Açúcar
4	Claras
1 colher de chá (5 ml)	Extrato de baunilha

DICA

Use o sorvete de sua preferência nessa receita; e caso queira prepará-la com antecedência, é só manter o génoise recheado de sorvete no congelador por até 1 semana. Antes de servir, desenforme e cubra com o merengue.

MODO DE PREPARO

GÉNOISE

1. Preaqueça o forno a 200 °C.
2. Cubra com papel-manteiga uma fôrma de aproximadamente 30 cm × 40 cm.
3. Prepare a massa do bolo da página 225 (rocambole estampado), referente ao génoise, seguindo os passos de 1 a 5.
4. Despeje a massa na fôrma e limpe as bordas. Asse por 7 minutos.
5. Retire do forno e com uma faca de serra corte fatias, na vertical, de 5 cm de largura cada. Reserve.

SORBET DE MANGA

1. Descasque as mangas e retire toda a polpa, descartando o caroço.
2. Coloque no liquidificador e bata até virar um purê. Certifique-se de ter 2 xícaras (500 ml) de purê de manga; caso contrário, adicione mais fruta.
3. Em uma vasilha, adicione todos os ingredientes e bata com um fouet até formar um creme, e passe tudo por uma peneira.
4. Caso tenha uma máquina de sorvete, coloque o sorbet na geladeira por 3 horas, ou até ele ficar bem frio, e processe na máquina de acordo com as instruções do fabricante.
5. Caso não tenha uma máquina de sorvete, tudo bem, seu sorbet apenas não vai ficar tão cremoso. Despeje o creme de manga em uma fôrma grande e leve para o congelador. A cada 1 hora, misture o sorbet com um garfinho, certificando-se de levar as beiradas congeladas para o centro. Faça isso 4 vezes pelas próximas 4 horas.
6. Transfira o sorbet para uma embalagem fechada e deixe gelar no freezer durante a noite.

MONTAGEM

1. Forre o interior de uma tigela redonda, de aproximadamente 20 cm de largura, com filme plástico.
2. Coloque uma fatia de génoise bem no centro da vasilha e continue preenchendo o interior, subindo com outras fatias pelas laterais da tigela. Se elas não forem compridas o suficiente para cobrir todo o interior, vá adicionando pedacinhos do bolo para estendê-las.
3. Pincele as tiras do bolo com licor de laranja e adicione metade do sorbet de manga. Espalhe com uma colher para ficar bem nivelado. Adicione o sorvete de baunilha e espalhe bem, formando uma camada uniforme. Coloque o restante do sorbet de manga e espalhe com a colher.
4. Cubra com o restante das fatias de génoise e leve para congelar por 2 horas.

   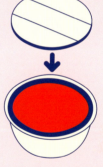

MERENGUE SUÍÇO

1. Em uma vasilha, misture as claras com o açúcar. Leve para cozinhar em banho-maria, mexendo até os grãos de açúcar dissolverem completamente. Com uma colher, experimente a textura entre os dedos; ela não pode estar nem um pouquinho granulada.
2. Transfira a mistura para a vasilha de uma batedeira e bata até esfriar completamente e o merengue ficar bem brilhoso e fofo.
3. Adicione o extrato de baunilha e bata por mais alguns segundos.
4. Retire a vasilha com o bolo de sorvete do congelador e desenforme com a ajuda do filme plástico revestido. Coloque o bolo sobre o prato em que será servido e retire o filme plástico. Usando uma espátula offset, cubra todo o seu exterior com merengue, fazendo texturas onduladas.
5. Com ajuda de um maçarico, toste a superfície do merengue como desejar. Caso não tenha maçarico, coloque o baked alaska no forno com o dourador (broiler) ligado e asse até que fique dourado.
6. Sirva imediatamente ou você já sabe o que vai acontecer com o sorvete, né? Avalanche!

 ERRAR É HUMANO

 Para o seu sorvete não derreter rapidamente, certifique-se de não deixar nenhuma brechinha de bolo sem estar coberto de merengue, pois são as bolhas de ar presentes na proteína das claras do merengue que fazem o isolamento térmico do sorvete, impedindo que ele derreta quando levado ao forno.

BANANA PUDDING

Dificuldade: ▰▰▱▱▱

Porções: 1 2 3 4 5 **6** 7 8 9 10

Essencial: 6 POTES DE VIDRO

Duração: 4 DIAS NA GELADEIRA

Preparo: 1:20 H **Forno:** 10 MIN

Tem coisa mais deliciosa que doce com banana? Você pode nem gostar da fruta, mas doce com banana é tipo uma outra categoria, nem conta. As bananas se tornaram populares nos Estados Unidos em 1870, quando milhões de cachos dessa fruta cheia de exotismo desembarcaram em Nova Orleans. Portanto, não é por acaso que o banana pudding tenha se tornado um clássico do sul, não faltando em nenhuma festa que se preze e, muito menos, na marmita dos *cowboys*. Feito com biscoitos de baunilha distribuídos entre camadas de creme e de banana, ele é um pavê cheio de bossa... *cowboy*, é claro.

INGREDIENTES

Ingredientes que já foram ensinados neste livro estão grifados de branco.

WAFER DE BAUNILHA

8 colheres de sopa (100 g)	Manteiga
½ xícara (100 g)	Açúcar
1	Ovo
2 colheres de sopa (30 ml)	Extrato de baunilha
1 ⅔ xícara (200 g)	Farinha
1 colher de chá (4 g)	Fermento em pó
1 pitada	Sal

CREME

1 xícara (240 ml)	Leite
1 ¼ xícara (400 g)	Leite condensado
½ fava	Baunilha
4	Gemas
1 ½ colher de sopa (10 g)	Farinha
1 ½ colher de sopa (10 g)	Amido de milho
1 ½ xícara (360 g)	Creme de leite fresco gelado
6 (600 g)	Bananas maduras fatiadas
12 fatias (120 g)	Bananas desidratadas para enfeitar (opcional)

DICA

Use bananas extremamente maduras para um sabor ainda mais adocicado nessa sobremesa. Caso elas estejam pretinhas, misture as fatias ao creme para não ficarem tão visíveis.

MODO DE PREPARO

WAFER DE BAUNILHA

1. Com um fouet, ou na batedeira, bata a manteiga e o açúcar até que fiquem fofos. Adicione o ovo e o extrato de baunilha.
2. Mexendo com uma espátula, adicione a farinha, o fermento e o sal. Assim que tiver obtido uma massa homogênea, embrulhe-a em filme plástico e leve para gelar por 30 minutos.
3. Preaqueça o forno a 180 °C.
4. Cubra uma fôrma com papel-manteiga ou tapetinho de silicone. Com a massa, faça bolinhas de aproximadamente 2 cm cada e coloque-as na fôrma, deixando espaços entre elas porque esse biscoito esparrama quando assado.
5. Asse os biscoitinhos por 10 minutos, ou até ficarem dourados na borda.
6. Retire do forno e deixe esfriar. Esses biscoitos duram até 2 meses se guardados fechados em um local seco. Na verdade, eu esqueci os meus dentro de uma lata na minha cozinha e, 6 meses depois, eles ainda estavam intactos. Mentira, foram 12 meses, mas deixa para lá!

CREME

1. Em uma panela em fogo médio, adicione o leite, o leite condensado e a fava de baunilha com as sementes. Assim que levantar fervura, desligue o fogo e coloque a tampa na panela. Deixe descansar por 10 minutos para a infusão acontecer.
2. Em uma vasilha, bata as gemas com um fouet até a mistura ficar fofa e pálida. Adicione a farinha e o amido de milho na mistura de gema.
3. Retire a fava de baunilha do leite e, batendo constantemente, despeje metade do leite quente na mistura de gemas para temperá-las; em seguida, retorne tudo para a panela.
4. Cozinhe o creme em fogo médio, mexendo constantemente até que comece a engrossar, por cerca de 6 minutos.
5. Despeje em uma tigela, cubra com filme plástico em contato com a superfície e leve para a geladeira por 30 minutos ou até esfriar.
6. Em uma vasilha, bata o creme de leite fresco com um fouet até atingir picos duros, ou seja, ao levantar o batedor, o creme forma um biquinho intacto. Adicione metade desse chantilly ao creme de gemas que estava na geladeira, e misture com delicadeza para incorporar. Reserve a outra metade do chantilly para decorar.

MONTAGEM

1. Em um vidrinho individual, ou em uma taça grande, adicione uma camada do creme de gemas e alterne com a banana fatiada e os biscoitos wafers de baunilha, quebrando-os com as pontas dos dedos. Repita o processo até encher o recipiente todo.
2. Na hora de servir, finalize o topo com chantilly e bananas desidratadas para enfeitar. Essa sobremesa precisa ser servida geladinha!

ERRAR É HUMANO

Não quer que se forme aquela película de mingau no topo do seu creme assim que ele sai do fogo? Então cubra-o com filme plástico, encostando o filme na superfície do creme, antes de levá-lo para a geladeira. Por conta da presença do amido de milho, essa película é inevitável, e a única maneira de se proteger contra ela é encostar o filme plástico em toda a superfície do creme antes de gelar.

BUQUÊ MOUSSE DE LIMÃO COM CAMOMILA

Dificuldade: ▰▰▱ | Porções: 1 2 3 4 5 6 7 **8** 9 10 | Essencial: ACETATO E SACO DE CONFEITAR | Duração: 1 DIA NA GELADEIRA | 1:30 H Preparo | 7 MIN Forno

Eu criei essa receita quando me tornei parte do time do Jamie Oliver no YouTube. Para o meu primeiro vídeo feito para o canal dele, eu queria que a receita remetesse às boas-vindas, que fosse uma sobremesa convidativa, e nada mais sedutor do que um buquê de flores, ou melhor, um minibuquê de flores com camomila. Essa florzinha meiga é sempre lembrada por suas propriedades medicinais, mas pouco usada no preparo de doces ou para enfeitar sobremesas, o que é uma injustiça! Pequetita, lembra uma margaridinha. Nessa receita, o sabor levemente frutado da camomila suaviza o azedinho do limão e dá um toque de delicadeza primaveril na decoração do cone, quer dizer, do buquezinho.

INGREDIENTES

 Ingredientes que já foram ensinados neste livro estão grifados de branco.

MOUSSE

2 xícaras (300 g)	Chocolate branco
⅔ xícara (160 g)	Creme de leite fresco
1⅓ xícara (320 g)	Creme de leite fresco gelado
14	Flores de camomila + para decorar
2	Limões (apenas as raspas)
4 folhas (8 g)	Gelatina
q. b.	Corante natural verde ou o de sua preferência (opcional)

TUILE DE MEL

2	Claras
6 colheres de sopa (50 g)	Açúcar de confeiteiro
4 colheres de sopa (50 g)	Manteiga
4 colheres de sopa (80 g)	Mel
8 colheres de sopa (50 g)	Farinha

DICA

É possível fazer as tuiles sem estêncil, é só espalhar uma fina camada da massa na fôrma e moldar o círculo com a espátula.

MODO DE PREPARO

MOUSSE

1. Derreta o chocolate branco em banho-maria.
2. Em uma panela, adicione ⅓ de xícara (80 g) de creme de leite fresco, as flores de camomila e as raspas de limão. Cozinhe em fogo médio, só até levantar fervura. Desligue o fogo e tampe a panela. Deixe descansar por 15 minutos.
3. Em uma vasilha com água gelada, hidrate as folhas de gelatina por 5 minutos. Esprema bem para retirar o excesso de água.
4. Adicione a gelatina ao creme morno e misture para derreter. Adicione o creme ao chocolate branco derretido e mexa com uma espátula para emulsificar.
5. Em uma vasilha, adicione ⅔ de xícara (160 g) de creme de leite fresco gelado e bata com um fouet até atingir picos médios.
6. Para deixar a mistura verde, adicione 1 colher de sopa (15 ml) de corante concentrado de espinafre, ensinado na página 48, ou o corante da sua preferência, e misture ao creme batido.
7. Incorpore o creme de leite batido à mousse e mexa com delicadeza, para não quebrar as bolhas de ar.
8. Coloque em um saco de confeitar e refrigere por, no mínimo, 1 hora.

TUILE DE MEL

1. Selecione sua maior fôrma retangular e corte um acetato do mesmo tamanho. Faça círculos de 13 cm em sua superfície e reserve esse estêncil.
2. Preaqueça o forno a 160 °C.
3. Em uma vasilha pequena, misture as claras e o açúcar de confeiteiro com um garfo.
4. Adicione a manteiga, o mel e a farinha e misture-os até ficarem homogêneos.
5. Cubra a fôrma com papel-manteiga ou tapete de silicone e coloque o estêncil com os círculos cortados em cima.

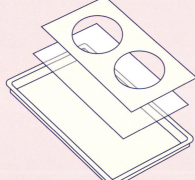

6. Com uma espátula, espalhe uma fina camada de massa sobre a superfície toda do estêncil e levante-o formando assim círculos perfeitos de massa.
7. Asse por 7 minutos ou até as bordas ficarem douradas.
8. Retire do forno e, com a ajuda de uma espátula, levante um por vez, com cuidado, e molde um cone na mão envelopando o círculo e pressionando bem para fechar. Quando ainda quentes, as tuiles são completamente maleáveis.

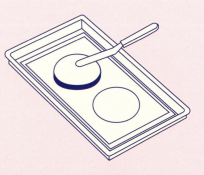

MONTAGEM

1. Na hora de servir, preencha o interior das tuiles com a mousse de limão e finalize com florzinhas de camomila.

 ERRAR É HUMANO

 Não recheie as tuiles com antecedência, pois elas ficam murchas rapidamente. Caso precise deixar esses pequenos cones prontos para uma festa ou evento especial, pincele o seu interior com chocolate branco derretido antes de recheá-los com a mousse. Essa impermeabilização vai mantê-los crocantes por várias horas.

BUTTERSCOTCH PUDDING

Dificuldade: ■■□□ | Porções: 1 2 3 **4** 5 6 7 8 9 10 | Essencial: POTINHOS DE VIDRO | Duração: 4 DIAS NA GELADEIRA | 1:30 H Preparo | 0 MIN Forno

Não confunda pudding com pudim. Pudding é o nome dado a cremes normalmente cozidos na panela e levemente engrossados. Esse daqui tem sabor de butterscotch, ou seja, de caramelo enriquecido com creme de leite, e é uma sobremesa tão especial nos Estados Unidos que tem até dia comemorativo, em 19/9. Como eu não sou mulher de esperar dia comemorativo para ser feliz, vou ensinar você a fazer essa maravilha agorinha.

INGREDIENTES

Ingredientes que já foram ensinados neste livro estão grifados de branco.

BUTTERSCOTCH PUDDING

1 xícara (180 g)	Açúcar mascavo
½ xícara + 4 colheres de chá (140 ml)	Água
1 pitada	Sal
1 xícara (240 ml)	Leite
1 xícara (240 g)	Creme de leite fresco
4	Ovos
1 ½ colher de sopa (10 g)	Amido
4 colheres de chá (20 ml)	Uísque (opcional)
2 colheres de chá (10 ml)	Extrato de baunilha
5 colheres de sopa (60 g)	Manteiga

PARA SERVIR

½ xícara (120 g)	Creme de leite fresco gelado
4 pitadinhas	Flor de sal

DICA

Flor de sal é um sal de finalização com flocos maiores que o sal de mesa. Por ser menos refinado, ele mantém os minerais em sua composição e é mais salgadinho por conter maior quantidade de cálcio e cloreto de magnésio. E, por ser mais salgado, ele é capaz de realçar sabores adocicados, como o do caramelo, maravilhosamente bem.

MODO DE PREPARO

1. Em uma panela, misture o açúcar mascavo, a água e o sal. Cozinhe em fogo médio até caramelizar.
2. Abaixe o fogo, despeje o leite e o creme de leite sobre o caramelo e mexa. Cuidado, porque pode espirrar.
3. Cozinhe até que todo o açúcar seja dissolvido e a mistura esteja homogênea. Mantenha o creme em fogo baixo.
4. Em uma vasilha, bata os ovos e o amido de milho com um fouet até ficarem cremosos. Adicione os ovos ao leite quente e mexa até que comece a ferver, mas uma fervura com bolhinhas pequenas (menos que 100 °C). Cozinhe por mais 2 minutos e desligue o fogo.
5. Peneire o creme em uma vasilha e acrescente o uísque, o extrato de baunilha e a manteiga. Mexa até incorporar.
6. Despeje em copinhos ou vidrinhos e gele por 1 hora.
7. Antes de servir, bata o creme de leite fresco gelado com um fouet até atingir picos duros. Adicione 1 colher de sopa no topo de cada butterscotch pudding e polvilhe um pouquinho de flor de sal por cima.

ERRAR É HUMANO

Não adianta cozinhar o creme por tempo demasiado, esperando ele engrossar como um crème pâtissière. O butterscotch pudding tem uma textura leve e aveludada, e se cozinhar por mais de 2 minutos após levantar uma pequena fervura (bolhas pequenas), o ovo vai talhar e a textura do seu pudding vai ficar completamente comprometida, como meus pelos quando fico sem escová-los.

CHEESECAKE COM FRUTAS CONFITADAS

Dificuldade: ▰▰▱

Porções: 1 2 3 4 5 6 7 ⑧ 9 10

Essencial: FÔRMA DE ARO REMOVÍVEL DE 22 CM

Duração: 4 DIAS NA GELADEIRA

Preparo: 6/52 **Forno:** 52/52

Apesar de o cheesecake ter fama de ser uma receita clássica dos Estados Unidos, ele existe desde o tempo da Grécia Antiga. Os americanos têm o mérito de terem popularizado essa receita de sucesso com a invenção do cream cheese em 1870! Depois disso, as coberturas começaram a ser introduzidas e muitos sabores foram criados, como esse cítrico que eu adoro! Mas aqui em Nova York, a clássica new york cheesecake é peladinha e superalta, sem cobertura nenhuma. Que triste!

INGREDIENTES

Ingredientes que já foram ensinados neste livro estão grifados de branco.

CROSTA DE BISCOITOS

2 ¾ xícaras (250 g)	Biscoito graham cracker ou de maisena
6 colheres de sopa (70 g)	Manteiga derretida

CHEESECAKE

4 ½ xícaras (1,1 kg)	Cream cheese
1 ⅓ xícara (285 g)	Açúcar
1 colher de sopa (15 ml)	Suco de limão-siciliano
½ colher de chá (2,5 g)	Sal
4	Ovos
½ xícara (120 g)	Sour cream ou iogurte natural integral
2 colheres de sopa (10 g)	Raspas de limão-siciliano

FRUTAS CÍTRICAS CONFITADAS

2 ⅔ xícaras (575 g)	Açúcar
3 xícaras (700 ml)	Água
16 fatias	Frutas cítricas variadas

DICA

Coma esse cheesecake sem cobertura, no maior estilo New York, ou faça a geleia de morango da página 62 para cobri-lo. Também vai ficar delicioso.

MODO DE PREPARO

CROSTA DE BISCOITOS

1. Em um processador de alimentos ou no liquidificador, bata os biscoitos até eles virarem farofa e misture com a manteiga derretida. Pressione a massa na palma das mãos para se certificar de que a sua forma fica intacta. Se ficar, está pronta; se não, adicione mais uma colher de sopa de manteiga derretida.

2. Espalhe a farofa no fundo de uma fôrma de aro removível de 22 cm, forrada com papel-manteiga, e pressione.

3. Asse em forno a 180 °C por 7 minutos, para secar parcialmente a crosta. Reserve.

CHEESECAKE

1. Na vasilha da batedeira, bata o cream cheese em temperatura ambiente até ficar um creme macio.

2. Adicione o açúcar lentamente e, em seguida, o suco de limão, o sal, os ovos e o sour cream (ou iogurte natural), e bata até a mistura ficar incorporada.

3. Desligue a batedeira e adicione as raspas de limão. Mexa com uma espátula para misturar.

4. Forre com papel-alumínio a parte de fora da fôrma com a crosta de biscoitos, para impedir que a água penetre durante o banho-maria, e despeje a massa da cheesecake sobre a crosta.

5. Coloque essa fôrma dentro de outra com água. A altura da água deve cobrir, no mínimo, a metade da altura da fôrma de cheesecake.

6. Asse em banho-maria a 160 °C por 45 minutos, ou até a massa estar firme ao toque, como um pudim; mas ainda sem rachaduras.

7. Retire do forno e do banho-maria e deixe o cheesecake esfriar por 1 hora, em temperatura ambiente. Em seguida, leve para a geladeira por no mínimo 4 horas antes de desenformar.

FRUTAS CÍTRICAS CONFITADAS

1. Corte as frutas cítricas de sua preferência em fatias de 4 mm de espessura. Você vai precisar de 16 fatias, no total, para cobrir o cheesecake. Eu usei laranja, tangerina, toranja, limão-taiti, limão-siciliano, limão-rosa, laranja-de-sangue e laranjinha kinkan (tecnicamente ela não é uma fruta cítrica, mas se parece com uma laranja, então vai entrar na brincadeira).

2. Em uma panela, adicione o açúcar e a água, e cozinhe em fogo alto até a calda ferver e o açúcar dissolver.

3. Diminua o fogo e, sem deixar ferver, adicione as frutas cítricas fatiadas. Certifique-se de que todas as fatias estejam cobertas com a calda.

4. Faça uma tampa de papel, cortando um círculo de papel-manteiga no diâmetro da panela e fazendo um furinho no meio para o vapor escapar. Cubra a calda com a tampa, encostando o papel em cima do líquido. É importante a tampa encostar na superfície da calda para não pingar vapor na mistura.

5. Cozinhe em fogo baixo por 2 horas, sem deixar a calda ferver, até as frutas ficarem transparentes, mas sem desmanchar a casca.

6. Com uma pinça, retire as fatias confitadas da calda e deixe que sequem sobre uma grade ou em um tapetinho de silicone por 3 horas.

MONTAGEM

1. Desenforme o cheesecake gelado sobre o prato que você irá servi-lo e cubra-o com as fatias de frutas cítricas confitadas.

ERRAR É HUMANO

Rachadura no topo de um cheesecake é pior que cair no buraco da rua. Por ser assado em banho-maria e o seu creme ser à base de ovos, o cheesecake deve ser assado em temperatura baixa para que o creme nunca ultrapasse 100 °C. Caso ultrapasse essa temperatura, ele vai inflar, ganhar cor no topo e rachar. Para que nada disso ocorra, certifique-se de manter o forno baixo e assar apenas até ele endurecer e não esturricar.

CRÈME BRÛLÉE

Dificuldade: ▮▮▯▯▯

Porções: 1 2 3 4 5 **6** 7 8 9 10

Essencial: 6 RAMEQUINS

Duração: 1 DIA FORA DA GELADEIRA

 2 H Preparo

 30 MIN Forno

Franceses, ingleses e catalães disputam a autoria dessa receita a ferro e fogo! Independentemente disso, os historiadores concordam que as raízes do crème brûlée remontam à Idade Média. Clássico da confeitaria cuja tradução seria "creme queimado", ele é assado em banho-maria e deve ter uma crosta bem crocante feita com açúcar queimado por cima. Mais gostoso do que quebrar essa casquinha dourada é comer cada lasquinha.

INGREDIENTES

 Ingredientes que já foram ensinados neste livro estão grifados de branco.

 **DICA**

Caso não tenha um maçarico, coloque uma colher na boca do fogão e esquente as costas da colher em fogo alto, até ficar vermelha. Retire pelo cabo, que não estará quente pois talheres não conduzem calor, e rapidamente deslize a colher quente no topo do crème brûlée. Se ela esfriar, lave-a muito bem e repita o processo. Não chore não, mas a sua colher vai ficar pretinha para sempre.

2 xícaras (480 g)	Creme de leite fresco
1 fava	Baunilha
6	Gemas
6 colheres de sopa (90 g)	Açúcar + para tostar
2 colheres de sopa (30 g)	Mascarpone (opcional)

MODO DE PREPARO

1. Em uma panela, adicione o creme de leite fresco e a fava de baunilha com as sementes raspadas. Cozinhe em fogo médio só até o creme levantar fervura. Desligue o fogo e tampe a panela. Deixe a infusão acontecer por 10 minutos; é nesse processo que todo o sabor do crème brûlée nasce.

2. Em uma vasilha e usando um fouet, bata as gemas com o açúcar (blanchir) até que virem um creme fofo.

3. Batendo constantemente, despeje o creme quente, concha por concha, nessa mistura de gemas.

4. Remova a fava de baunilha e adicione o mascarpone. Mexa bem.

5. Coloque a mistura na geladeira por 1 hora, ou até esfriar completamente.

6. Coloque os ramequins dentro de uma fôrma e despeje o creme dentro deles, mas sem que o creme fique com mais de 3 cm de altura.

7. Preencha a fôrma com água quente e asse-os em banho-maria a 150 °C por aproximadamente 30 minutos, ou até que não estejam mais moles ao serem chacoalhados.

8. Retire os ramequins da água e coloque na geladeira até esfriarem completamente. Nessa etapa eles duram até 4 dias refrigerados.

9. Espalhe uma fina camada de açúcar no topo de cada ramequin e queime o topo com a ajuda de um maçarico, até caramelizar. Se não tiver maçarico, veja a dica acima.

10. Sirva imediatamente e aprecie a sinfonia do topo quebrando.

 ERRAR É HUMANO

Se você assar o seu crème brûlée em temperatura mais alta que 150 °C, ou por tempo excessivo, você corre o risco de ele talhar, ficar mole e perder completamente a cremosidade.

MERVEILLEUX DE COCO

Dificuldade:

Porções: 1 2 3 4 5 6 7 8 9 **20**

Essencial: SACO DE CONFEITAR

Duração: 1 DIA NA GELADEIRA

 24 H Preparo   2:15 H Forno

Versão repaginada de um doce tradicional do norte da França, o merveilleux recebeu um banho de loja de um confeiteiro local, Frédéric Vaucamps, e saiu divando pelo mundo. Leve como uma nuvem, a base de merengue é recheada com muito creme, coberta com chantilly aerado e envolvida com raspas de chocolate, praliné ou coco ralado. Desculpem a redundância, mas o merveilleux é maravilhoso!

INGREDIENTES

Ingredientes que já foram ensinados neste livro estão grifados de branco.

SUSPIRO DE LIMÃO

1	Limão (apenas as raspas)
5	Claras
⅔ xícara (150 g)	Açúcar
¾ xícara + 3 colheres de sopa (115 g)	Açúcar de confeiteiro

CHANTILLY DE COCO

1 ½ xícara (200 g)	Coco fresco
1 L	Água fervente
3 colheres de sopa (25 g)	Açúcar de confeiteiro
1 ½ colher de sopa (10 g)	Amido de milho

ACABAMENTO

2 xícaras (150 g)	Coco ralado tostado

DICA

Esse chantilly de coco é ideal para ser usado em receitas veganas. O açúcar pode ser ajustado conforme o gosto, mas, nessa receita, ele fica perfeito assim, menos doce, para complementar a doçura do suspiro.

MODO DE PREPARO

SUSPIRO DE LIMÃO

1. Preaqueça o forno a 200 °C.
2. Na vasilha de uma batedeira, adicione as claras e as raspas de limão. Bata as claras em velocidade média. Quando elas começarem a espumar, adicione os açúcares lentamente, em 3 adições.
3. Bata o merengue até ficar brilhante e formar um pico duro, ou seja, ao virar o batedor, ele forma um bico pontudo que não tomba para os lados. Transfira para um saco de confeitar.
4. Em uma fôrma forrada com papel-manteiga, faça dois tipos de suspiros: 20 discos de suspiros de 2,5 cm de largura e 20 suspiros em formato de dantop, de 2,5 cm de largura com 3,5 cm de altura. A ideia é que, depois de assados, um se torne a base e o outro, mais alto, o topo.

5. Asse os merengues por 15 minutos, na prateleira mais baixa do forno. Em seguida, abaixe a temperatura para 100 °C e asse por 2 ou 3 horas, ou até os suspiros ficarem secos por dentro mas sem ganhar cor. Caso seu forno não chegue a uma temperatura tão baixa, veja o que o Lancelote diz mais abaixo. Reserve.

CHANTILLY DE COCO

1. Faça o leite de coco caseiro com o coco fresco e a água fervente, assim como ensinei na página 68. Infelizmente não é possível fazer chantilly com o leite de coco industrializado, pois ele contém estabilizantes e emulsificantes que não permitem separar a sua gordura. Coloque o leite de coco caseiro, coberto, na geladeira, de um dia para o outro.

2. Cuidadosamente, retire com uma colher a gordura do coco que se formou no topo e descarte o leite desnatado que ficou embaixo.
3. Bata o creme de coco gelado com o açúcar de confeiteiro e o amido de milho até endurecer e ficar com textura de chantilly.
4. Transfira para um saco de confeitar e leve para gelar por 1 hora.

MONTAGEM

1. Com uma faca de cozinha, retire o miolo dos suspiros em formato de dantop.
2. Recheie o interior de um desses suspiros com o chantilly de coco. Espalhe uma outra camada de chantilly sobre um dos discos achatados de suspiro e cubra-o com o suspiro já recheado. Repita o processo com os outros 19 merveilleux, formando os sanduichinhos de merengue e chantilly.

3. Com uma espátula pequena, cubra o exterior dos merveilleux com mais chantilly de coco para dar acabamento.
4. Salpique os merveilleux com coco ralado tostado, e mantenha-os na geladeira até a hora de servir.

 ERRAR É HUMANO

 Merengue deve ser assado sempre em forno baixo para secar sem ganhar cor e sem rachar. Caso seu forno não chegue a 100 °C, simplesmente coloque na temperatura mais baixa e deixe a porta do forno entreaberta com a ajuda de uma colher de pau. Dessa maneira, a temperatura do forno cai e você consegue alcançar boa textura e uma coloração ideal para os seus suspirinhos.

MOUSSE DE CHOCOLATE PRETO E BRANCO

Dificuldade: ▰▱▱

Porções: 1 2 3 4 5 6 7 ❽ 9 10

Essencial: FOUET

Duração: 2 DIAS NA GELADEIRA

 2:30 H Preparo   0 MIN Forno

Mousse não leva leite condensado! Não adianta choramingar, mas aquele creme batido no liquidificador em nada se assemelha a uma mousse tradicional, aerada pela presença de claras em neve e creme de leite fresco batido. A palavra "mousse" é de origem francesa e quer dizer "espuma", o que tem tudo a ver com a consistência do creme nessa sobremesa: ele deve ficar leve e aerado. Eu adoro a história que teria sido o pintor Toulouse-Lautrec quem teria inventado a mousse e dado o nome de "maionese de chocolate", mas a verdade é que ela já existia algumas décadas antes de ele nascer. Quem é bobo de viver sem mousse?!

INGREDIENTES

Ingredientes que já foram ensinados neste livro estão grifados de branco.

MOUSSE DE CHOCOLATE PRETO

1 xícara (150 g)	Chocolate amargo (60% ou 70% cacau)
1 ¾ xícara (400 g)	Creme de leite fresco gelado
3	Claras
4 gotas	Limão
2 colheres de sopa (30 g)	Açúcar
1 colher de sopa (15 ml)	Extrato de baunilha

MOUSSE DE CHOCOLATE BRANCO

1 ¼ xícara (200 g)	Chocolate branco
½ xícara (115 g)	Creme de leite fresco
¾ xícara (200 g)	Creme de leite fresco gelado
2	Gemas
2 colheres de sopa (30 g)	Açúcar

DICA

A receita francesa autêntica da mousse só leva ovos crus. Se isso for um problema para você, use claras de ovos pasteurizados. Como eu conheço a procedência das minhas amigas galinhas, eu como os ovinhos delas crus mesmo, tipo Rocky Balboa.

MODO DE PREPARO

MOUSSE DE CHOCOLATE PRETO

1. Pique o chocolate amargo e coloque-o em uma vasilha. Derreta em banho-maria, sem deixar o fundinho da vasilha encostar na água e sem deixar a água ferver. Quando o chocolate estiver completamente derretido, tire do fogo e reserve.

2. Em outra vasilha, adicione o creme de leite fresco gelado. Usando um batedor de mão (fouet) ou batedeira, bata o creme até atingir picos moles, ou seja, ao virar o batedor, nenhum pico se forma na ponta dele. Reserve e leve para gelar.

3. Em uma batedeira, bata as claras em velocidade baixa para incorporarem um pouco de ar. Assim que o aspecto for de bolhas de sabão, adicione as gotas de limão. Continue batendo, agora em velocidade média, e assim que o aspecto das claras se tornar de creme de barbear, comece a adicionar lentamente o açúcar. Pare de bater ao formar picos médios, ou seja, ao virar o batedor, o bico se curva e forma um ganchinho.

4. Com movimentos leves de baixo para cima, adicione ⅓ das claras em neve ao chocolate derretido, e depois o restante.

5. Adicione o extrato de baunilha, sempre mexendo com movimentos de baixo para cima.

6. Retire o creme batido da geladeira e adicione a mistura de chocolate em cima dele. Mexa delicadamente para incorporar.

7. Cubra com filme plástico e leve para gelar por no mínimo 2 horas.

MOUSSE DE CHOCOLATE BRANCO

1. Pique o chocolate branco em pedaços pequenos, do tamanho de uma ervilha, e adicione em uma vasilha. Reserve.

2. Em outra vasilha, adicione as gemas e o açúcar. Bata com um fouet até a mistura ficar fofa e amarelo-pálida (blanchir). Reserve.

3. Em uma panela, aqueça ½ xícara (115 g) de creme de leite fresco. Assim que começar a levantar fervura, adicione-a à mistura das gemas, lentamente, e mexendo sem parar para temperá-las.

4. Volte a mistura para a panela e cozinhe em fogo baixo, mexendo sempre, por apenas 3 minutos, ou até atingir o ponto nappant, ou seja, o creme está suficientemente espesso para cobrir a parte de trás de uma colher de pau e, ao passar o dedo pela colher, um caminho se forma, deixando uma linha limpa e estável.

5. Despeje o creme quente sobre o chocolate branco e deixe descansar por 1 minuto. Misture até que todo o chocolate esteja derretido. Reserve.

6. Em outra vasilha, adicione ¾ de xícara (200 g) de creme de leite fresco gelado, e bata com um fouet ou batedeira até atingir picos moles, ou seja, ao virar o batedor, nenhum pico se forma na ponta dele.

7. Quando a base de chocolate estiver completamente fria, adicione o creme de leite batido, fazendo movimentos suaves de baixo para cima até incorporar.

8. Cubra com filme plástico e leve para gelar por no mínimo 2 horas.

MONTAGEM

1. Antes de servir, monte os copinhos alternando entre mousse preta e branca geladinhas, ou sirva-as separadamente.

  **ERRAR É HUMANO**

Se a sua mousse ficar muito mole mesmo depois de gelada, quer dizer que você mexeu demais as claras e o creme batido quando os incorporou ao chocolate. A estrutura da mousse vem do ar enclausurado nas claras e no creme, e se eles forem mexidos demais, acabam desinflando e o resultado é uma mousse mole e sem corpo.

SORVETE DE BAUNILHA, CHOCOLATE E MORANGO

Dificuldade: ▰▰▰▱▱ | Porções: ① ② ③ ④ ⑤ ⑥ ⑦ ⑧ ⑨ **❿** | Essencial: **MÁQUINA DE SORVETE OU BATEDEIRA** | Duração: **1 MÊS NO FREEZER** | 8:30 Preparo 8:30 MIN Forno

Sorvete bom é feito com pouquíssimos ingredientes, e o principal deles é o creme de leite. A gordura animal é o único tipo de gordura que deve haver em um sorvete de boa qualidade, mas não é isso que vemos por aí. A maioria das marcas comerciais que fazem sorvete de litro utilizam gordura hidrogenada em sua composição por ser mais barata, é claro, além de adicionar até 50% de ar. Sim, ar, para que você compre um potão e acredite estar levando vantagem – quando, na verdade, metade dele é composto de ar distribuído em uma massa aerada sem sabor. Como eu não quero passar por constrangimentos com os nossos *brothers* italianos que inventaram essa maravilha, eu vou honrá-la de maneira tradicional com apenas 4 ingredientes, que são os que devem compor a base de um sorvete de boa qualidade: leite, creme de leite, gema e açúcar. *Capisce?*

INGREDIENTES

Ingredientes que já foram ensinados neste livro estão grifados de branco.

SORVETE DE BAUNILHA

2 xícaras (480 ml)	Leite
2 xícaras (480 g)	Creme de leite fresco
8	Gemas
1 xícara (200 g)	Açúcar
1 fava	Baunilha (ou)
1 colher de sopa (15 ml)	Extrato de baunilha

SORVETE DE MORANGO

	Os mesmos ingredientes do sorvete de baunilha +
3 ¼ xícaras (450 g)	Morangos frescos
2 colheres de sopa (30 ml)	Vinagre balsâmico
2 colheres de sopa (30 g)	Açúcar

SORVETE DE CHOCOLATE

	Os mesmos ingredientes do sorvete de baunilha +
⅔ xícara (100 g)	Chocolate amargo picado

DICA

O açúcar é responsável por baixar o ponto de congelamento do sorvete, ou seja, é ele que impede que o sorvete vire um bloco de gelo no congelador; e a gema de ovo, por sua vez, é um emulsificante natural que ajuda a manter todos os outros ingredientes juntinhos.

MODO DE PREPARO

SORVETE DE BAUNILHA

1. Em uma panela, adicione o leite, o creme de leite e a fava de baunilha com as sementes raspadas. Em fogo médio, cozinhe a mistura só até levantar fervura. Desligue o fogo e tampe a panela, deixando a infusão acontecer por 10 minutos.
2. Em uma vasilha, bata as gemas com o açúcar, usando um fouet, até ficarem um creme bem fofo e esbranquiçado (blanchir).
3. Mexendo sempre, despeje uma concha do leite quente na mistura de gemas para temperá-las.
4. Volte tudo para a panela e, em fogo baixo, cozinhe a mistura, mexendo sempre com uma colher de pau, até atingir o ponto nappant, ou seja, ficar espesso o suficiente para cobrir as costas da colher de pau e, ao passar o dedo na colher, um rastro se mantém intacto (85 °C). O creme vai parecer bem ralo ainda. Retire do fogo imediatamente para os ovos não talharem. Reserve.
5. Peneire a base do sorvete, também chamada de crème anglaise, e coloque-a em uma vasilha, tampe com filme plástico em contato direto com a superfície do creme e leve para gelar por, no mínimo, 2 horas.
6. Quando já frio, processe o crème anglaise na máquina de sorvete, de acordo com as instruções do fabricante. Leve para o congelador, tampado, e deixe endurecer por 6 horas antes de servir.
7. Caso não tenha máquina de sorvete, também é possível fazer essa receita. A única diferença é que o produto final não vai ficar tão cremoso, pois a máquina de sorvete não permite que grandes cristais de gelo se formem enquanto a massa é congelada, por mantê-la em constante movimento. Depois de a base do sorvete ter ficado 2 horas na geladeira, espalhe-a em uma fôrma coberta com filme plástico e leve-a para o freezer por mais 2 horas. Depois, despeje o conteúdo em uma batedeira e bata por 1 minuto. Volte tudo para o freezer e repita o processo a cada 1 hora, pelas próximas 4 horas de congelamento. Esse processo vai criar um sorvetinho quase tão cremoso quanto os feitos na máquina.

SORVETE DE CHOCOLATE

1. Siga os passos de 1 a 4 do sorvete de baunilha para fazer o crème anglaise.
2. Retire o creme do fogo e adicione o chocolate picado. Mexa para derreter.
3. Siga os passos do 5 ao 7 do sorvete de baunilha.

SORVETE DE MORANGO

1. Em uma assadeira coberta com papel-manteiga ou tapetinho de silicone, adicione os morangos inteiros, limpos e sem folhas, e polvilhe a sua superfície com o açúcar e o vinagre balsâmico, que potencializa o sabor do morango. Asse-os no forno a 160 °C, por 45 minutos, ou até que os morangos fiquem bem murchinhos.
2. Siga os passos de 1 a 4 do sorvete de baunilha para fazer o crème anglaise.
3. Adicione os morangos assados ao crème anglaise, e amasse-os com um garfo. Se for utilizar máquina de sorvete, é melhor amassar bem os pedaços de morango. Leve a mistura para a geladeira por, no mínimo, 2 horas.
4. Siga os passos do 6 ao 7 do sorvete de baunilha.

 ### ERRAR É HUMANO

 Você pode fazer sorvete de qualquer sabor a partir da base de crème anglaise, mas muito cuidado com frutas com muita água em sua composição, pois água vira pedra de gelo no freezer, o que compromete a textura cremosa do sorvete. No caso dos morangos, por exemplo, eles foram parcialmente desidratados no forno, para que a base de crème anglaise não perdesse sua cremosidade ao ser congelada. Fique atento a isso ao querer se tornar o mestre dos magos sorveteiros.

SUFLÊ DE CHOCOLATE COM MOLHO DE AVELÃ

Dificuldade: ▓▓▓░░░░░░░   Porções: 1 2 3 4 5 **6** 7 8 9 10   Essencial: **6 RAMEQUINS**   Duração: **1 DIA FORA DA GELADEIRA**   30 MIN Preparo — 15 MIN Forno

O suflê é uma das receitas francesas mais famosas do mundo. O nome vem de "*souffler*", que em português seria expirar ou assoprar, nome perfeito para uma receita aerada que leva claras infladas com bolhas de ar. O suflê apareceu no século XVIII, e sua magia consiste em crescer no forno mesmo sem adição de fermento. Isso ocorre graças a um fenômeno chamado crescimento mecânico, ou seja, ao bater as claras, o ar é convidado a entrar, e a parte líquida das claras se transforma em vapor no forno. O vapor sobe com o calor e faz com que as bolhinhas de ar se expandam, fazendo o seu suflê ficar alto e charmoso, mas sem perder a textura delicada de nuvem.

INGREDIENTES

Ingredientes que já foram ensinados neste livro estão grifados de branco.

CRÈME ANGLAISE DE AVELÃS

1 xícara (240 ml)	Leite
1 xícara (240 g)	Creme de leite
⅓ xícara (60 g)	Avelãs picadas
5	Gemas
½ xícara (100 g)	Açúcar

SUFLÊ DE CHOCOLATE

7 colheres de sopa (85 g)	Manteiga
1 ¼ xícara (100 g)	Cacau em pó
1 ¼ xícara (200 g)	Chocolate meio amargo
1 xícara (225 ml)	Leite
1	Gema
¼ xícara (50 g)	Açúcar
2 ½ colheres de sopa (15 g)	Amido de milho
6	Claras
4 colheres de chá (15 g)	Açúcar

DICA

Após ser retirado do forno, o suflê murcha em 5 a 10 minutos, por isso asse-os apenas na hora de servir. Caso precise prepará-lo com antecedência, mantenha a massa crua na geladeira por até 3 horas.

MODO DE PREPARO

CRÈME ANGLAISE DE AVELÃS

1. Tradicionalmente, um suflê de chocolate é sempre servido com crème anglaise, o clássico molho doce que acompanha sobremesas. No caso do suflê, esse creme é extremamente importante, pois é dele que vem o adocicado pontual que complementa o sabor neutro do suflê.

2. Em uma panela, adicione o leite, o creme de leite e as avelãs picadas. Em fogo médio, cozinhe a mistura só até levantar fervura. Desligue o fogo e tampe a panela, deixando a infusão acontecer por 10 minutos e depois peneire descartando os pedaços de avelã.

3. Em uma vasilha, bata as gemas com o açúcar, usando um fouet, até virarem um creme bem fofo e esbranquiçado (blanchir).

4. Mexendo sempre, despeje uma concha do leite quente na mistura de gemas para temperá-las.

5. Volte tudo para a panela e cozinhe a mistura em fogo baixo, mexendo sempre com uma colher de pau, até atingir o ponto nappant, ou seja, até ficar espesso o suficiente para cobrir as costas da colher de pau e, ao passar o dedo na colher, um rastro se mantém intacto (85 °C). O creme vai parecer bem ralo ainda. Retire do fogo imediatamente para os ovos não talharem, transfira para uma vasilha e leve para a geladeira.

SUFLÊ DE CHOCOLATE

1. Pincele os ramequins com manteiga e leve para gelar por 10 minutos. Pincele outra camada e polvilhe o cacau em pó certificando-se de tudo estar bem untado. Mantenha na geladeira.

2. Em outra panela, aqueça o leite em fogo médio até ele levantar fervura e retire do fogo.

3. Em uma vasilha, bata com um fouet as gemas com ¼ de xícara (50 g) de açúcar até ficarem um creme claro e fofo. Adicione o amido de milho e misture para incorporar.

4. Mexendo constantemente, adicione uma concha do leite quente às gemas para temperá-las, e volte tudo para a panela.

5. Cozinhe em fogo baixo, mexendo sempre, até a mistura levantar uma pequena fervura. Assim que isso ocorrer, cozinhe por mais 2 minutos para ativar o amido.

6. Pique o chocolate meio amargo e coloque em uma vasilha. Adicione o creme quente sobre o chocolate e mexa para derreter. Reserve.

7. Em uma batedeira, adicione as claras e bata até começar a espumar. Lentamente, adicione 4 colheres de chá (15 g) de açúcar às claras, e bata até formar picos duros, ou seja, ao virar o batedor para cima, um biquinho se forma e não tomba para os lados.

8. Com o creme de chocolate completamente frio, adicione as claras em 3 adições, mexendo delicadamente a cada uma delas. A primeira adição é só para deixar a base de chocolate mais leve, a segunda é para dar estrutura e a terceira é para dar volume ao ser assada no forno. Por isso é crucial não mexer demais na terceira adição, mesmo que as claras não incorporem completamente a base de chocolate.

9. Preaqueça o forno a 190 °C.

10. Divida o creme entre os ramequins, de modo que todos fiquem cheios até quase a borda, e asse de 8 a 15 minutos, ou até que estejam altos mas ainda macios no centro. O ponto correto do suflê é ainda bem molhado, quase cru no meio.

11. Sirva imediatamente, fazendo um furo com a colher na superfície dos suflês, preenchendo-os, generosamente, com o molho de avelãs até escorrer.

  **ERRAR É HUMANO**

 Se você bater demais as claras em neve, o suflê não vai crescer no forno. As claras são elásticas e por isso incorporam ar muito bem; mas se incorporarem ar demais, elas perdem a elasticidade e não conseguem se expandir no forno. Claras que começam a ficar com textura quebradiça e granulada já eram! Jogue fora e comece de novo, a não ser que você queira um suflê da altura de um cachorro linguicinha.

PAVLOVA COM MARSHMALLOW DE MORANGO

Dificuldade:	Porções:	Essencial:	Duração:	
▓▓▓▓░	1 2 3 4 5 6 7 **8** 9 10	PAPEL-MANTEIGA OU TAPETE DE SILICONE	2 DIAS FORA DA GELADEIRA	1H Preparo / 3H Forno

Uma sobremesa que leva o nome de uma das maiores bailarinas de todos os tempos só pode ser divina! Inspirada nos rodopios da russa Ana Pavlova, esse suspirão decorado com pedaços de morango ganha o papel principal de qualquer mesa! Esse aqui é recheado com um marshmallow cremoso e azedinho que combina perfeitamente com a doçura dos discos de suspiro crocantes.

INGREDIENTES

Ingredientes que já foram ensinados neste livro estão grifados de branco.

PAVLOVA

2 ⅓ xícaras (300 g)	Açúcar de confeiteiro
¾ colher de chá (1,5 g)	Amido de milho
6	Claras
1 colher de chá (5 ml)	Suco de limão

MARSHMALLOW DE MORANGO

5 folhas (10 g)	Gelatina
1 ½ xícara (325 g)	Açúcar
6 colheres de sopa (125 g)	Mel
¾ xícara (175 ml)	Água
¼ xícara (50 ml)	Morangos batidos
2	Claras
1	Limão (suco e raspas)
2 colheres de sopa (30 ml)	Corante natural rosa ou o da sua preferência

MONTAGEM

3 xícaras (400 g)	Morangos
⅔ xícara (100 g)	Framboesa (opcional)
q. b.	Folhas de menta e minimargaridas (opcional)

DICA

Os discos da pavlova podem ser feitos com 2 semanas de antecedência e, se guardados fechados em temperatura ambiente, eles se mantêm crocantes por todo esse tempo.

MODO DE PREPARO

PAVLOVA

1. Em uma vasilha, peneire o açúcar de confeiteiro com o amido de milho.
2. Na vasilha da batedeira, bata as claras em velocidade baixa até ficarem espumosas.
3. Adicione o suco de limão e, quando esbranquiçar, adicione lentamente a mistura de açúcar de confeiteiro e amido de milho. Aumente a velocidade para alta e bata por cerca de 5 minutos, até formar picos duros, ou seja, ao virar o batedor, ele forma um bico pontudo que não tomba para os lados.
4. Sobre uma assadeira forrada com papel-manteiga ou tapetinho de silicone, faça com essa mistura dois círculos de aproximadamente 20 cm de largura, de modo que um deles deve ser plano e o outro, formar um domo. Use as costas de uma colher para ajustar esses formatos.
5. Asse em forno a 150 °C por 3 horas, na prateleira mais baixa. Caso seu forno não chegue a essa temperatura, coloque-o na temperatura mais baixa e deixe a porta entreaberta com a ajuda de uma colher de pau.
6. Assim que uma crosta tiver se formado por fora e o centro não estiver líquido, desligue o forno e deixe os merengues esfriando completamente, sem retirá-los do forno.

MARSHMALLOW DE MORANGO

1. Hidrate as folhas de gelatina em água fria por 10 minutos.
2. Na vasilha da batedeira, bata as claras em velocidade baixa.
3. Em uma panela, adicione o açúcar, o mel, a água e os morangos batidos. Cozinhe em fogo alto até atingir ponto de bala dura, ou seja, ao colocar um pouco dessa calda em água gelada, ela endurece e, ao ser retirada da água, ela se mantém firme. Esse ponto corresponde mais precisamente a 120 °C no termômetro de açúcar.
4. Retire a panela do fogo, adicione o suco e as raspas do limão e mexa. Esprema a água da gelatina hidratada e adicione-a à calda. Mexa para derreter.
5. Com as claras ainda na batedeira, aumente a velocidade para alta e despeje lentamente a calda de açúcar, deixando escorrer pelas beiradas da vasilha.
6. Bata até o marshmallow ficar bem denso e brilhoso, como uma cobertura de bolo.
7. Adicione o corante de sua preferência e bata até a cor ficar homogênea.

MONTAGEM

1. Com uma espátula larga, cubra o disco plano de merengue com muito marshmallow.
2. Assim que o marshmallow estiver alto, deixe descansar por 5 minutos.
3. Cuidadosamente, coloque o disco em formato de domo sobre o recheio de marshmallow e cubra-o com mais marshmallow. Finalize com morango, framboesas, folhas de menta e minimargaridas.
4. Sirva imediatamente, em temperatura ambiente... Mas eu adoro é no outro dia, quando os discos de suspiro já estão mais úmidos e mais puxa-puxa na boca.

  **ERRAR É HUMANO**

Como esse disco de suspiro está em um formato grande, na primeira hora de forno ele endurece por fora, mas se mantém mole por dentro. Para ter certeza de que ele está assado o suficiente, tente levantá-lo do papel-manteiga ou do tapete de silicone ainda no forno. Se ele dobrar, é porque o seu interior ainda está cru. Os discos de pavlova devem ficar firmes e transportáveis, mas não completamente secos por dentro. A textura correta é a de suspiro puxa-puxa.

UMA EXCELÊNCIA DE PUDIM

| Dificuldade: | Porções: 1 2 3 4 5 6 **7** 8 9 10 | Essencial: MOLDE DE 22 CM COM FURO NO MEIO | Duração: 2 DIAS FORA DA GELADEIRA | 5/5 Preparo | 5 MIN Forno |

Pudim é um dos pratos mais populares que existem mundo afora. Praticamente todo país tem uma versão dessa deliciosidade. Nos Estados Unidos existe o caramel custard; na França, o crème caramel. Eu sou uma fiel adepta do pudim sem leite condensado, eu acho que o sabor fica mais suave. E quando feito da maneira correta, fica ainda mais cremoso que a versão feita com o malvadão leitinho de lata. Pudim é o meu doce favorito de infância, com sua textura cremosa e aveludada! Apesar de essa receita ser bem tradicional, gosto de colocar raspas de laranja na calda de caramelo para adicionar contraste no sabor. Faça isso, que você não vai se arrepender.

INGREDIENTES

Ingredientes que já foram ensinados neste livro estão grifados de branco.

CARAMELO

1 ¾ xícara (400 g)	Açúcar
1 pitada	Sal
⅓ xícara (80 ml)	Água
2 colheres de sopa (25 g)	Manteiga
3 colheres de sopa (15 g)	Raspas de laranja, sem a parte branca para não amargar

PUDIM

1 ½ xícara (350 ml)	Leite integral
1 ½ xícara (350 g)	Creme de leite fresco
1 ¼ xícara (250 g)	Açúcar
1 fava	Baunilha (*ou*)
1 colher de chá (5 ml)	Extrato de baunilha
4	Ovos
3	Gemas

TUILES

q. b.	Tuiles de mel para decorar (como indicado na página 311)

DICA

Bolhinhas no pudim significam que os ovos coagularam de maneira incorreta, e o pudim não está cremoso como deveria. A razão de ele ser assado em banho-maria é para que os ovos coagulem lentamente, sem perder a cremosidade. Se o forno estiver muito quente ou se o pudim for assado por mais tempo que o necessário, os ovos coagulam muito rápido e o creme entra em erupção. E é aí que as temidas bolhas se formam, impedindo que a cremosidade dessa maravilhosidade aconteça. Pudim com bolha tem textura de ovo mexido. Eca!

MODO DE PREPARO

CARAMELO

1. Em uma panela, coloque o açúcar e a água. Acho mais seguro cozinhar o açúcar com água em vez de derretê-lo a seco porque assim ele carameliza mais lentamente e de maneira mais uniforme sem chance de queimar ou deixar gruminhos.

2. Assim que o líquido começar a borbulhar, adicione a manteiga. Misture para que ela derreta e não mexa mais a mistura até o caramelo atingir a cor dourada-escura.

3. Adicione as raspas de laranja e o sal, e cubra o fundo e a lateral da fôrma com uma camada de caramelo ainda quente, para espalhar melhor. Reserve.

PUDIM

1. Preaqueça o forno a 160 °C.

2. Em uma panela, adicione o leite, o creme de leite fresco e a fava de baunilha com as sementes. Se for usar extrato, adicione apenas depois de o leite aquecer, para o sabor não evaporar.

3. Assim que levantar fervura, desligue o fogo e coloque a tampa na panela. Deixe a infusão acontecer.

4. Enquanto isso, em uma vasilha, bata os ovos com as gemas e o açúcar até a mistura ficar mais clara.

5. Vá adicionando lentamente o leite quente na mistura de ovos, mexendo sempre para temperar os ovos e elevar sua temperatura gradualmente.

6. Despeje o creme do pudim na assadeira caramelizada e cubra-a com papel-alumínio.

7. Asse em banho-maria por 30 minutos. Retire o papel-alumínio e asse por mais 25 minutos ou só até a superfície ficar mais durinha. Se o pudim inchar e o topo ficar inchado, é sinal de que ele foi assado demais e sua textura cremosa já está comprometida.

8. Retire o pudim do forno e deixe esfriar completamente, por no mínimo 4 horas, para não quebrar no momento de desenformar. Se precisar guardá-lo por mais tempo na geladeira, ele dura até 1 semana coberto com filme plástico. Antes de servi-lo, aqueça a fôrma em fogo baixo na boca do fogão e vire o pudim em um prato que caiba ele todinho e a piscina de caramelo que vai se formar no fundo.

TUILES

1. Faça as tuiles de mel da página 311, mas enrolando-as em formato de canudinhos, em vez de cones.

2. Decore o topo do pudim para dar crocância.

 **ERRAR É HUMANO**

 Para o pudim desenformar com perfeição, é preciso caprichar na caramelização da fôrma que, nesse caso, mais é mais. Quanto mais caramelo melando as laterais e fundo, menos risco você corre de sofrer ao decepar um pedaço do pudim na hora de desenformar.

VASINHO DE MOUSSE DE HORTELÃ

Dificuldade:	Porções:	Essencial:	Duração:	3 H Preparo	10 MIN Forno
	1 2 3 4 5 6 7 **8** 9 10	8 VASINHOS	3 DIAS NA GELADEIRA		

Também chamada de menta, a hortelã não tem apenas função decorativa em pâtisserie. Eu não sou muito fã, mas tenho que confessar que o seu perfume agradável e sabor refrescante caem muito bem em sobremesas, principalmente as que levam chocolate branco. Não só isso, ela aromatiza muito bem biscoitos, cremes, suspiros e bolos, além de deixar a gente calminho. Para quem gosta, é um prato cheio! Para quem não gosta, faça esses vasinhos mimosos que você vai gostar também.

INGREDIENTES

Ingredientes que já foram ensinados neste livro estão grifados de branco.

SHORTBREAD DE CHOCOLATE

2	Gemas
10 colheres de sopa (120 g)	Manteiga
¼ xícara (35 g)	Açúcar de confeiteiro
⅓ xícara (25 g)	Farinha de amêndoa (opcional)
1 xícara (120 g)	Farinha
6 colheres de sopa (30 g)	Cacau em pó
¾ colher de chá (3 g)	Fermento

MOUSSE DE HORTELÃ

3 ½ folhas (7 g)	Gelatina
½ xícara (120 g)	Creme de leite
¾ xícara + 1 colher de sopa (200 g)	Iogurte grego
2 maços (100 g)	Hortelã fresca + alguns caules para decorar
4 gotas	Extrato de hortelã (opcional)
2 xícaras (325 g)	Chocolate branco
1 ½ xícara + 2 colheres de sopa (375 g)	Creme de leite fresco

GANACHE DE CHOCOLATE AO LEITE

⅔ xícara (150 g)	Creme de leite
1 ¾ xícara (300 g)	Chocolate ao leite picado

DICA

A maneira mais eficiente de quebrar o biscoito é colocando-o em um saco hermético e batendo com um rolo de massa até ele virar pó. Economiza energia e não sobra louça para lavar.

MODO DE PREPARO

SHORTBREAD DE CHOCOLATE

1. Na batedeira, coloque a manteiga e o açúcar de confeiteiro, e bata até ficarem um creme esbranquiçado e fofinho. Adicione 2 gemas e retire da batedeira.
2. Mexendo com uma espátula, adicione a farinha de amêndoa, o fermento, a farinha de trigo e o cacau em pó. Misture tudo até ficar homogêneo.
3. Entre duas folhas de papel-manteiga, abra a massa até ela ficar com 0,5 cm de espessura (ela estará bem mole). Fure-a com um garfo e leve para gelar em uma fôrma por 30 minutos.
4. Preaqueça o forno 180 °C.
5. Retire a massa da geladeira e remova o papel-manteiga de cima. Asse por 10 minutos, ou até as bordas ficarem douradinhas (tem que olhar de perto porque a massa é pretinha).
6. Retire do forno, deixe esfriar e triture o biscoito para virar uma farofa.

MOUSSE DE HORTELÃ

1. Em uma vasilha, hidrate as folhas de gelatina em água fria.
2. Em uma panela, adicione ½ xícara (120 g) de creme de leite, o iogurte grego e o maço de hortelã. Em fogo médio, cozinhe a mistura só até levantar fervura. Desligue o fogo e tampe a panela para que a gordura do creme de leite absorva o sabor da hortelã. Deixe a infusão acontecer por 15 minutos, no mínimo.
3. Enquanto isso, derreta o chocolate branco em banho-maria. Reserve.
4. Retire o maço de hortelã do creme de leite e esprema, aproveitando todo o caldo.
5. Retire a gelatina da água fria, espremendo todo o excesso de água, e adicione-a ao creme de hortelã quente. Mexa para derreter.
6. Adicione o extrato de hortelã ao creme e também o chocolate branco derretido. Mexa com uma espátula para emulsificar. Deixe a mistura esfriar completamente.
7. Em uma vasilha, bata com um fouet 1 ½ xícara + 2 colheres de sopa (375 g) de creme de leite fresco até formar picos médios, ou seja, ao levantar o batedor, um bico inclinado para o lado, formando um ganchinho, se forma.
8. Com uma espátula, incorpore cuidadosamente o creme de leite fresco batido na base de hortelã em 3 adições. Cubra com filme plástico e leve para gelar por 2 horas no mínimo.

GANACHE DE CHOCOLATE AO LEITE

1. Em uma panela, aqueça o creme de leite até levantar fervura, e derrame-o sobre o chocolate ao leite picado. Deixe descansar por 5 minutos para o calor derretê-lo.
2. Com uma espátula, mexa em movimentos circulares do centro para as bordas, até a mistura ficar homogênea.

MONTAGEM

1. Selecione os vasinhos de sua preferência e monte a sobremesa, alternando camadas de mousse de hortelã e ganache. Finalize o topo com a farofa de shortbread.
2. Na hora de servir, plante um raminho de hortelã fresca no meio.

 ERRAR É HUMANO

 Sua hortelã mal chegou do mercado e já está murchinha? Quando você for comprá-la, observe se os ramos estão verdes e secos, do contrário ela não se conservará por muito tempo. Ao chegar em casa, coloque-a em um recipiente fechado, coberta com papel-toalha borrifado com água, assim ela vai ficar fresquinha por dias.

VERRINE DE LARANJA, CAFÉ E BAUNILHA

| Dificuldade: | Porções: 1 2 3 **4** 5 6 7 8 9 10 | Essencial: 4 COPOS | Duração: 7 DIAS NA GELADEIRA | 7 H Preparo | 0 MIN Forno |

A verrine é uma criação recente, começou a ser usada em pâtisserie nos anos 1990. Ideia desenvolvida pelo chef francês Philippe Conticini, essa sobremesa logo se popularizou com o seu estilo sedutor. Originalmente, a verrine deve ter três camadas: a primeira, mais acidulada, para despertar nossas papilas gustativas; a intermediária, um pouco mais espessa, tem a missão de trazer o sabor principal; e a última camada amarra todos os sabores com suavidade e leveza.

INGREDIENTES

Ingredientes que já foram ensinados neste livro estão grifados de branco.

CRÈME PÂTISSIÈRE

1 xícara (240 ml)	Leite
1 xícara (240 g)	Creme de leite
½ fava	Baunilha (*ou*)
1 colher de chá (5 ml)	Extrato de baunilha
4	Gemas
5 colheres de sopa (75 g)	Açúcar
1 ½ colher de sopa (10 g)	Farinhas
1 ½ colher de sopa (10 g)	Amido de milho
7 ½ folhas (15 g)	Gelatina incolor

CREME DE CAFÉ

8 colheres de chá (40 ml)	Café expresso

CREME DE LARANJA

1 xícara (240 ml)	Suco de laranja-de-sangue ou outra
½ xícara (65 g)	Açúcar de confeiteiro
3 colheres de sopa (50 g)	Pasta de amêndoas ou marzipã (opcional)
¾ xícara (180 g)	Iogurte natural integral
4 ½ folhas (9 g)	Gelatina incolor

DICA

Não encontrou pasta de amêndoas nem marzipã para essa receita? Substitua pelo extrato de amêndoas. Todos esses ingredientes que citei aqui contêm benzaldeído, que é uma substância extraída de amêndoas amargas, um tipo de amêndoa que não é comercializada por ser tóxica. O benzaldeído dá um sabor tão distinto para esses ingredientes que, infelizmente, se torna insubstituível nas receitas.

MODO DE PREPARO

CRÈME PÂTISSIÈRE

1. Prepare o crème pâtissière da página 285, seguindo os passos do 1 ao 5.
2. Hidrate as folhas de gelatina em água fria por 10 minutos e escorra bem.
3. Com o creme ainda quente, adicione a gelatina hidratada e misture para incorporar.
4. Divida o creme entre duas vasilhas. Reserve uma delas para a montagem. A outra será usada no preparo do creme de café.

CREME DE CAFÉ

1. Adicione o café em uma das vasilhas com o crème pâtissière e misture bem.

CREME DE LARANJA

1. Em uma panela, misture o suco de laranja, o açúcar de confeiteiro e a pasta de amêndoas. Cozinhe em fogo baixo até derreter a pasta.
2. Hidrate as folhas de gelatina em água fria por 10 minutos.
3. Assim que a pasta de amêndoas for totalmente incorporada ao suco de laranja, desligue o fogo e adicione o iogurte e a gelatina hidratada e escorrida.

MONTAGEM

1. Você deve trabalhar com o copo inclinado para criar o efeito geométrico. Para deixar o copo inclinado, você pode usar uma colher de pau, como apoio, dentro de uma fôrma, ou uma fôrma de muffin com papel-toalha nos buracos.
2. Incline o copo para um lado e despeje o creme de laranja, enchendo apenas ⅓ do copo. Leve para o congelador por 2 horas, ou até ele endurecer.
3. Incline o copo na direção oposta do creme de laranja e despeje o creme de café. Leve para o congelador por 2 horas, ou até ele endurecer.
4. Retire os copos da inclinação e finalize adicionando o crème pâtissière por cima. Leve para gelar por 2 horas.
5. Decore com pedaços de chocolate branco e sirva geladinhos, mas não congelados.

ERRAR É HUMANO

Encher os copos com uma vasilha ou colher pode borrar as linhas da verrine, que perderia a sua simetria. Para evitar que isso ocorra, encha os copos com um saco de confeiteiro, assim o biquinho do saco consegue ir dentro do copo e os cremes não escorrem pelas beiradas, criando linhas perfeitas depois de gelados.

Pequenos Confeitos

Pequenos confeitos são os docinhos que eu não considero uma sobremesa e sim... um docinho. Sim, existe uma enorme diferença entre esses dois. Uma sobremesa é um prato elaborado com sabores e texturas diferentes, pensado, montado e apresentado com uma certa complexidade. Docinhos são enfeites, belisquetes, uma gostosurinha para adoçar o dia e deve ser consumida com moderação, pois normalmente é muito mais açucarada que uma sobremesa em si e é por isso que o brigadeiro, pipoca caramelizada e torrone vocês encontram nesse capítulo aqui.

Confeitos e as caldas de açúcar

Confeitos geralmente são feitos do cozimento do açúcar com água até o ponto desejado, é ele que vai dar estrutura e textura para doces como torrone e brittle. Para a calda de açúcar alcançar a temperatura desejada para cada preparo, o ideal é a utilização de um termômetro de açúcar; mas caso você não tenha um, eu explico como fazer o teste da água fria na introdução dos capítulos (página 79).

Para conseguir excelência no preparo das caldas, é importantíssimo começar misturando o açúcar com a água e mexer só até adquirir a textura de uma areia, levar ao fogo e, assim que começar a borbulhar, não mexer mais. A agitação faz os grãos de açúcar cristalizarem, formando uma cadeia que se interliga e rapidamente cristaliza a panela toda.

Conforme a calda borbulha para chegar à temperatura desejada, ela acaba espirrando nas beiradas internas da panela e esses grãozinhos soltos de açúcar secam e também podem cristalizar a calda, por isso é imprescindível pincelar água fria nas laterais internas da panela durante o cozimento para que os cristais que ali estão incrustados possam se dissolver e se juntar ao time do bem, que vai manter a calda lisinha e perfeita na panela.

Em alguns casos, como na receita de nozes cristalizadas, o objetivo é exatamente cristalizar o açúcar e por isso é importante seguir à risca a indicação de cada receita.

Fazendo caramelo

Existem duas técnicas para fazer o caramelo:

- **MÉTODO SECO:** derrete-se açúcar puro na panela mexendo sempre. Apesar de caramelizar mais rápido, muitas vezes ele chega à cor ideal antes de dissolver todos os gruminhos de açúcar – o que acaba fazendo com que ele tenha que cozinhar demais, passando do ponto e dando um certo amargor à calda. Essa técnica rende uma calda mais espessa e mais difícil de ser espalhada na fôrma de pudim, por exemplo.
- **MÉTODO MOLHADO:** derrete-se o açúcar com um pouquinho de água (só o suficiente para deixar o açúcar úmido) e cozinha-se a calda até caramelizar sem mexer na panela. Esse método é mais demorado, pois o açúcar é obrigado a passar por todos os estágios de uma calda; mas, ao começar a ganhar a cor caramelizada, ele já estará todo uniforme, o que evitará o cozimento excessivo do caramelo, que gerará o gosto amargo.

Pense nisso especialmente se você planeja deixar sua panela sozinha por alguns minutos, pois, para o caramelo queimar, é vapt-vupt.

Decorações de caramelo

Caramelizar avelãs ou criar fios de caramelo são uma ótima opção de decoração que tornam qualquer sobremesa mais sofisticada e é muito simples de fazer.

INGREDIENTES
1 xícara (215 g) de açúcar
3 colheres de sopa (45 ml) de água

PREPARO
Em uma panela, adicione açúcar e água e cozinhe em fogo médio até a calda caramelizar e ficar com cor âmbar-escura. Pare o cozimento mergulhando rapidamente a bundinha da panela em água fria.

PARA FAZER FIOS DE CARAMELO
Imediatamente mergulhe dois garfos de costas um para o outro na calda. Levante lentamente os fios formados e vá chacoalhando os garfos em cima de um rolo de macarrão. O rolo vai ajudar os fios a grudar e a esticar, produzindo ainda mais fios. Repita o processo até obter a quantidade necessária para sua receita. Junte tudo com as mãos e decore como desejar.

PARA FAZER AVELÃS EM FORMA DE GOTAS
Fure as avelãs com um palito de dente de modo que você consiga segurá-las pelo palito. Mergulhe-as no caramelo cozido e levante-as lentamente para formar a gota. Coloque-as para secar, deixando o palitinho preso de ponta-cabeça na porta do armário. Retire o palito e decore como desejar.

ATENÇÃO!
Caramelos são sensíveis à umidade, por isso nunca os coloque na geladeira. Decorações de caramelo duram apenas 4 horas em temperatura ambiente e, se o clima estiver úmido e quente, podem durar apenas 1 hora sem se desmancharem.

BRIGADEIRO DE PRALINÉ

Dificuldade: ▓▓░░░ | Porções: 1 2 3 4 5 6 7 8 9 **18** | Essencial: **FORMINHA DE PAPEL** | Duração: **2 DIAS FORA DA GELADEIRA** | 1:15 H Preparo   7 MIN Forno

Ninguém sabe ao certo como ele apareceu, mas tudo indica que ganhou esse nome nas eleições de 1945, quando um brigadeiro bonitão concorreu à presidência, e as mulheres do partido tiveram a ideia de fazer esse docinho para arrecadar fundos. Já vi muitas versões doidonas de brigadeiro, mas essa é a minha predileta, e eu a criei por acaso há uns anos, quando ia fazer uma festa e descobri que não tinha nem granulado nem chocolate. Nossa, que anfitriã preparada eu sou! Mas a minha substituição por pasta de amêndoas e praliné deu tão certo que essa receita se tornou o meu sabor favorito de brigadeiro.

INGREDIENTES

 Ingredientes que já foram ensinados neste livro estão grifados de branco.

DICA

Esse pó de praliné pode ser usado para criar qualquer tipo de decoração moldada, basta polvilhar uma camada em cima de um estêncil e levar ao forno a 180 °C por 3 minutos. O pó vai derreter e vai virar uma folha maleável de praliné.

PRALINÉ DE AMÊNDOAS
- ½ xícara (85 g) — Amêndoas sem pele
- ½ xícara (100 g) — Açúcar
- 6 colheres de sopa (120 g) — Mel
- 2 colheres de sopa (30 ml) — Água
- 1 pitada — Sal
- 4 colheres de sopa (50 g) — Manteiga
- ¾ colher de chá (4 g) — Bicarbonato de sódio

BRIGADEIRO DE AMÊNDOAS
- 1 ¼ xícara (400 g) — Leite condensado
- 4 colheres de sopa (40 g) — Amêndoas moídas
- 1 gota — Essência de amêndoa
- 1 colher de sopa (14 g) — Manteiga

MODO DE PREPARO

PRALINÉ DE AMÊNDOA
1. Prepare o brittle seguindo os passos do 1 ao 8 da página 358.
2. Assim que esfriar completamente, quebre o brittle em pedaços e adicione-o em um processador de alimentos. Bata até pulverizar. Seu pó de praliné está pronto. Guarde em um saco hermético por até 2 meses fora da geladeira.

BRIGADEIRO DE AMÊNDOAS
1. Em uma panela, adicione o leite condensado, as amêndoas moídas e a manteiga.
2. Cozinhe em fogo médio, mexendo sempre até o creme começar a soltar do fundo da panela. Para ser mais precisa, até a mistura atingir 110 °C no termômetro de açúcar.
3. Adicione a gota de essência de amêndoas, que fará toda a diferença no sabor por conter amêndoas amargas em sua composição, e misture para incorporar.
4. Transfira a mistura para um prato untado com manteiga e deixe esfriar em temperatura ambiente por cerca de 30 minutos.
5. Enrole os brigadeiros com as mãos untadas de manteiga, e passe-os no praliné na hora de servir. Ao entrar em contato com o brigadeiro, o praliné começa a amolecer em 3 horas. Sirva nas forminhas de papel.

ERRAR É HUMANO

Essências são extremamente fortes, por isso não tente adicionar mais que uma gota no seu brigadeiro ou ele ficará com sabor de sabonete, e sabonete é uma coisa que não é bem-vinda em receita alguma.

BRITTLE

Dificuldade: ▰▰▱▱▱

Porções: 1 2 3 4 5 6 7 **8** 9 10

Essencial: PANELA ALTA

Duração: 21 DIAS FORA DA GELADEIRA

Preparo: 40 MIN | **Forno:** 7 MIN

O brittle, quebradiço, em português, é tradicionalmente feito com amendoim. Na minha versão, no entanto, eu prefiro colocar amêndoas e chocolate porque amendoim, definitivamente, não me cativa, mas você pode colocar a oleaginosa que preferir. Ao contrário de um simples pedaço de caramelo, o brittle é cozido com manteiga, o que o torna muito mais quebradiço e não cola no dente, ou seja, é aquele crocante perfeito encontrado em algumas barras de chocolate e que você nunca soube como fazer em casa.

INGREDIENTES

Ingredientes que já foram ensinados neste livro estão grifados de branco.

DICA

O bicarbonato de sódio é essencial para controlar a umidade do caramelo e mantê-lo crocante por mais tempo, por isso ele é imprescindível nessa receita.

1 ¼ xícara (170 g)	Amêndoas
1 xícara (200 g)	Açúcar
½ xícara (175 g)	Mel
¼ xícara (60 ml)	Água
1 pitada	Sal
8 colheres de sopa (100 g)	Manteiga
¾ colher de chá (4 g)	Bicarbonato de sódio
1 ¼ xícara (200 g)	Chocolate amargo

MODO DE PREPARO

1. Espalhe as amêndoas em uma fôrma e asse-as no forno a 180 °C, até começarem a ficar bem cheirosas, por cerca de 7 minutos. Pique-as e reserve.

2. Em uma panela grande, misture o açúcar, o mel, a água e o sal.

3. Cozinhe em fogo médio sem mexer até a mistura começar a borbulhar.

4. Adicione a manteiga e deixe-a dissolver completamente sem perturbá-la.

5. Deixe a mistura ferver por cerca de 15 minutos, ou até atingir uma cor de caramelo dourado-escuro.

6. Desligue o fogo, adicione o bicarbonato de sódio e mexa. Cuidado, que o caramelo vai borbulhar bastante e subir. Adicione as amêndoas e misture para incorporar.

7. Despeje o brittle sobre uma fôrma coberta com tapete de silicone ou papel-manteiga, espalhe uma camada de aproximadamente 0,5 cm de espessura, e deixe esfriar em temperatura ambiente por 10 minutos.

8. Assim que esfriar completamente, quebre o brittle em pedaços do tamanho de sua preferência e reserve.

9. Em banho-maria, derreta o chocolate. Eu indico temperá-lo como indicado na página 82, mas isso é opcional.

10. Mergulhe metade de cada brittle no chocolate derretido, tirando o excesso e colocando-o para secar sobre um tapetinho de silicone ou papel-manteiga.

11. Assim que o chocolate endurecer, pode servi-lo ou guardá-lo em uma embalagem hermética.

ERRAR É HUMANO

O chocolate do seu brittle está demorando para secar e você não consegue guardá-lo porque vai melecar tudo? Com certeza você optou por não temperá-lo. Quando um chocolate é derretido e não é temperado, a manteiga de cacau tem dificuldade de voltar à sua composição original, e o chocolate não endurece com facilidade. Caso isso ocorra, tenha paciência e deixe-os em um lugar fresquinho (não na geladeira), que eles vão endurecer... eventualmente ;).

NOZES E COCO CROCANTES

Dificuldade: ▮▮▯▯▯

Porções: 1 2 3 4 5 6 7 8 9 **15**

Essencial: PANELA DE COBRE

Duração: 1 MÊS FORA DA GELADEIRA

 30 MIN Preparo 0 MIN Forno

Quem resiste ao cheirinho de nozes açucaradas, crocantes, sendo finalizadas nas barraquinhas de rua? É um cheiro que mexe demais com a gente, tira a nossa concentração, nos hipnotiza, nos levando a seguir o aroma igual cachorro atrás de frango de padaria. Aqui em Nova York são muito populares essas barraquinhas que preparam, em tacho de cobre, uma miscelânea de nozes e coco que custa 4 dólares cada 50 gramas. Inspirada nessa comidinha de rua, eu vou ensinar a fazer essa gostosura em casa, igualzinha às feitas aqui, mas com aquele amor que só a gente consegue dar para nossa comida.

INGREDIENTES

 Ingredientes que já foram ensinados neste livro estão grifados de branco.

DICA

Se possível, utilize panela de cobre nessa receita. O cobre é um ótimo condutor de calor e vai ajudar as nozes a caramelizarem de maneira uniforme.

1 xícara (200 g)	Açúcar
⅔ xícara (160 ml)	Água
1 xícara (150 g)	Macadâmia
1 xícara (150 g)	Coco fresco picado em cubos
1 ⅓ xícara (170 g)	Castanhas-de-caju
½ colher de sopa (7 g)	Manteiga

MODO DE PREPARO

1. Misture o açúcar e a água em uma panela e cozinhe em fogo médio até levantar fervura.
2. Assim que começar a borbulhar, adicione as macadâmias, o coco, as castanhas-de-caju e mexa.
3. Cozinhe em fogo médio, mexendo constantemente, até que o açúcar comece a cristalizar – ficar branco e seco. Com esse movimento, ele vai criar uma crosta de açúcar em volta de cada noz e cubinho de coco. Continue cozinhando, mexendo sem parar, até ele caramelizar mais e ficar marrom-claro.
4. Assim que todas as nozes e coco estiverem com a cor de caramelo-claro e brilhante, tire do fogo.
5. Em uma frigideira, adicione a manteiga. Cozinhe em fogo médio até derreter, e assim que derreter adicione as nozes e mexa. Esse processo impedirá que elas grudem umas nas outras.
6. Despeje tudo em uma fôrma e deixe esfriar. Guarde em embalagem fechada e mantenha em local seco.

 ERRAR É HUMANO

Só porque as nozes não mofam, você acha que elas duram muito? Na-na-ni-na-não! Nozes e castanhas contêm óleos que as tornam rançosas em poucas semanas. O melhor é sempre comprá-las quando você tem intenção de usá-las; do contrário, mantenha-as na geladeira por, no máximo, 3 semanas.

PIPOCA CARAMELIZADA

Dificuldade: ▰▰▱

Porções: 1 2 3 4 5 **6** 7 8 9 10

Essencial: PAPEL-MANTEIGA OU TAPETE DE SILICONE

Duração: 7 DIAS FORA DA GELADEIRA

Preparo: 45 MIN | **Forno:** 0 MIN

Eu acho pipoca um doce ordinário, mas é uma febre, eu sei, e por isso vou te ensinar a fazer uma caseira bem crocante e sem nenhum conservante. Nos Estados Unidos, as pipocas doces são tão populares que existem vários tipos de milho para serem estourados com diferentes propósitos. Os mais populares são o comum e o mushroom (cogumelo). Esse segundo, o mesmo da foto ao lado, tem sabor idêntico ao da pipoca que vocês conhecem, mas seu formato arredondado permite uma caramelização uniforme, além de ser uma gracinha, não acha?!

INGREDIENTES

Ingredientes que já foram ensinados neste livro estão grifados de branco.

1 ¾ xícara (350 g)	Açúcar mascavo
¾ xícara + 2 colheres de sopa (300 g)	Mel
8 colheres de sopa (100 g)	Manteiga
1 pitada	Sal
10 xícaras (100 g)	Pipoca (ou)
½ xícara (100 g)	Milho para pipoca

DICA

Para fazer uma pipoca perfeita, coloque 3 grãos de pipoca em uma panela e leve para o fogo alto. Não é necessário adicionar óleo ou manteiga, a não ser que seja para dar sabor, ou seja, o óleo é inútil. Assim que estourar, desligue o fogo, espalhe uma camada de grãos no fundo da panela e aguarde 30 segundos. Assim que você ligar o fogo novamente, os grãos vão todos estourar ao mesmo tempo.

MODO DE PREPARO

1. Em uma vasilha grande, adicione a pipoca já estourada (se não souber estourar, leia a dica acima) e reserve.

2. Em uma panela, derreta o açúcar mascavo e o mel juntos. Assim que formarem uma mescla homogênea, retire a panela do fogo e adicione a manteiga, o sal e misture.

3. Volte a panela para o fogo e cozinhe a mistura em fogo médio, sem mexer, até virar um caramelo ou marcar 105 °C no termômetro de açúcar.

4. Rapidamente, jogue esse caramelo sobre a pipoca estourada e mexa com uma espátula para cobri-las.

5. Transfira a pipoca caramelizada para uma fôrma grande, coberta com papel-manteiga ou tapete de silicone, e, com as costas da espátula, espalhe-a bem.

6. Assim que esfriar (aproximadamente 20 minutos), separe as pipocas com as mãos para que elas fiquem bem soltinhas e guarde-as em um saco hermético para o caramelo não derreter.

ERRAR É HUMANO

Se os senhoritos não espalharem muito bem a pipoca com caramelo quente na fôrma, elas vão secar em blocos e será impossível comê-las, por conta da grande quantidade de caramelo duro. A melhor coisa, além de espalhar muito bem a pipoquinha, é ter paciência para quebrá-las, depois de frias, uma a uma na mão e descartar os pedaços grandes de caramelo, assim vocês garantem a degustação prazerosa máxima dessa iguaria nem tão iguaria assim.

TORRONE

Dificuldade: ▓▓▓▓▓▓▓▓▓▓
Porções: ① ② ③ ④ ⑤ ⑥ ⑦ ⑧ ⑨ **⑫**
Essencial: BATEDEIRA PLANETÁRIA
Duração: 1 MÊS FORA DA GELADEIRA
Preparo: 12:40 H **Forno:** 0 MIN

Torrone (em italiano) ou nougat (em francês), apesar de parecidos, guardam suas diferenças. Os dois têm a base de amêndoas torradas e mel, de modo que o nougat só deve ter 2% de pistache e ser adoçado com mel de lavanda, típico da Provença, enquanto o torrone usa mel de laranjeira ou de acácia. A minha lembrança desse doce é a do meu pai parando em um posto de gasolina de beira de estrada e comprando um torronão para irmos comendo no carro enquanto viajávamos para Marília, para visitar os meus avós. O tempo passou e os meus critérios melhoraram, agora eu faço meu próprio torrone e embrulho para viagem.

INGREDIENTES

 Ingredientes que já foram ensinados neste livro estão grifados de branco.

DICA
Se o seu forno não chegar à temperatura mínima de 150 °C, coloque em 180 °C e deixe uma colher de pau na abertura da porta do fogão para ela ficar entreaberta e manter as amêndoas, as avelãs e os pistaches quentinhos, mas sem queimá-los.

1 ⅓ xícara (180 g)	Amêndoas inteiras
½ xícara (80 g)	Pistaches inteiros
½ xícara (80 g)	Avelãs inteiras
3	Claras
⅔ xícara (210 g)	Mel
1 ⅔ xícara (370 g)	Açúcar
⅓ xícara (85 ml)	Água
q. b.	Açúcar de confeiteiro para polvilhar

MODO DE PREPARO

1. Aqueça o forno a 150 °C. Coloque as amêndoas, as avelãs e os pistaches numa fôrma e deixe-os dentro do forno para permanecerem quentinhos.
2. Em uma batedeira, bata as claras em velocidade baixa até que elas atinjam picos moles, ou seja, fiquem branquinhas e volumosas mas sem deixar um rastro na batedeira ao serem batidas.
3. Enquanto isso, em uma panela, cozinhe o mel até ele atingir o ponto de bala dura (125 °C). Caso não tenha termômetro de açúcar, é só jogar um pouco do mel em uma vasilha com água fria; se ele formar uma bolinha perfeita entre os seus dedos, porém, maleável, está no ponto certo.
4. Despeje-o lentamente sobre as claras com a batedeira ligada.
5. Em outra panela, adicione o açúcar e a água e misture. Em fogo médio, cozinhe a calda até começar a borbulhar. Nesse ponto é importante passar um pincel com água fria nas laterais internas da panela para dissolver os cristais de açúcar que respingaram para a calda não cristalizar. Cozinhe até atingir o ponto de crosta dura (145 °C). Caso não tenha termômetro de açúcar, jogue uma colherada da calda em água fria, se a calda endurecer e ficar quebradiça, o ponto está correto.
6. Com a batedeira ainda ligada, adicione a calda de açúcar, despejando aos poucos e deixando escorrer pela borda da vasilha. Depois que a calda for adicionada, bata em velocidade alta.
7. Assim que a massa começar a engrossar, em torno de 10 minutos, troque o batedor de globo pelo leque. A massa começa a ficar muito rígida e o batedor fino de arame já não vai mais dar conta. Bata por mais 10 minutos aproximadamente ou até a massa ficar morna.
8. Assim que a massa estiver morna, adicione as amêndoas, as avelãs e os pistaches quentinhos, e bata mais 30 segundos para incorporar. O resultado será uma pasta firme, mas ainda maleável.
9. Rapidamente, polvilhe uma folha de papel-manteiga com açúcar de confeiteiro, e coloque a massa do torrone em cima. Polvilhe mais açúcar e cubra com outra folha de papel-manteiga. Abra a massa com um rolo até atingir 1,5 cm de espessura. Retire o papel-manteiga do topo e deixe o torrone descansar em temperatura ambiente por 12 horas para endurecer.
10. Corte em retângulos de aproximadamente 8 cm × 3 cm. Guarde em um local seco e fechado, que ele vai durar por quase toda a eternidade. Brincadeirinha!

 ERRAR É HUMANO

Se você perder o ponto das caldas ou das claras em neve, o seu torrone não vai enrijecer nem que o cachorro tussa. A melhor coisa a fazer é começar os 3 processos ao mesmo tempo: bater as claras, fazer a calda de açúcar e aquecer o mel – tudo ao mesmo tempo. Sincronia é a palavra-chave nessa receita. A primeira coisa a ficar pronta serão as claras, em seguida o mel e, por último, a calda de açúcar. Concentre-se e vá, você consegue!

BISCOITO DE RETRATO COM GLACÊ ROYAL

Dificuldade: ▬▬▬

Porções: 1 2 3 4 5 6 7 ❽ 9 10

Essencial: FOTOS DE ROSTO COM 15 CM DE ALTURA

Duração: 1 MÊS FORA DA GELADEIRA

 2 H Preparo

 10 MIN Forno

Biscoito de retrato é uma maneira muito graciosa de homenagear alguém, e essa receita é perfeita pois gera um biscoito durinho e um glacê superbrilhoso. Ainda que comestíveis, se forem muito realistas ninguém tem coragem de comê-los, por pena, e eles acabam ficando guardadinhos por anos enfeitando o nosso escritório (história verídica, tenho um intacto há quatro anos na minha prateleira). Esses aqui também são uma homenagem ao meu parceiro de vida e, pela primeira vez, parceiro de um projeto criativo, esse livro! Foram milhares de ideias, centenas de páginas de PDF com as nossas escolhas de fundos, tecidos, cores e ângulos, e o resultado foi esse livrão que, para mim, uniu o melhor dos nossos mundos: comida e design. Assim, esse livro finaliza como começou, com nós dois juntinhos!

 ## INGREDIENTES

 Ingredientes que já foram ensinados neste livro estão grifados de branco.

BISCOITO

13 colheres de sopa (150 g)	Manteiga
1 xícara (200 g)	Açúcar
1	Ovo
1 colher de chá (5 ml)	Extrato de baunilha
2 ½ xícaras (300 g)	Farinha
1 pitada	Sal

GLACÊ ROYAL

½ xícara (120 ml)	Água
2 ½ colheres de sopa (20 g)	Pó de merengue (se não encontrar, use clara de ovo no lugar da água e elimine esse ingrediente)
½ colher de chá (2 g)	Cremor de tártaro (ou)
3 gotas	Limão
4 xícaras (500 g)	Açúcar de confeiteiro
½ colher de chá (3 ml)	Extrato de baunilha

PARA O CONTORNO

3 colheres de sopa (15 g)	Cacau em pó
3 colheres de sopa (45 ml)	Água fervente

DICA

Como essa massa de biscoitos não leva fermento, ela não deforma ao ser assada, permanecendo fiel ao formato recortado. Não se apegue ao retrato, use um cortador de biscoitos e crie o design que você desejar.

2010

MODO DE PREPARO

BISCOITO

1. Em uma vasilha, misture o açúcar e a manteiga, mas não bata demais para não incorporar ar. Adicione o ovo e o extrato de baunilha e mexa até incorporar.
2. Adicione a farinha e a pitada de sal, e misture com uma espátula até ficarem homogêneos.
3. Junte a massa com as mãos e embrulhe em filme plástico. Leve para gelar por 1 hora.
4. Retire a massa da geladeira, desembrulhe e coloque em uma superfície enfarinhada. Com um rolo, bata na massa até ela amolecer e então abra até ela atingir 0,5 cm de espessura.
5. Imprima e recorte a foto da sua preferência (de aproximadamente 15 cm de altura). Coloque a foto sobre a massa e recorte no contorno do rosto com a ajuda de uma faca de cozinha. É importante que seja uma foto frontal com linhas bem demarcadas no rosto.
6. Transfira os rostos para uma fôrma coberta com papel-manteiga e congele por 10 minutos, para evitar que a massa perca a forma recortada durante o cozimento.
7. Preaqueça o forno a 180 °C e asse os biscoitos por 10 minutos, ou até que as bordas comecem a ficar douradas.

GLACÊ ROYAL

1. Essa é aquela cobertura que fica bem brilhosa e durinha, perfeita para biscoitos decorativos.
2. Numa vasilha, misture a água e o pó de merengue. Adicione o cremor de tártaro e mexa.
3. Transfira a mistura para uma batedeira e adicione o açúcar de confeiteiro. Bata em velocidade baixa por 5 minutos. Adicione o extrato de baunilha e pronto, a cobertura está prontinha, só falta tingi-la.

MONTAGEM

1. Separe o glacê em diferentes potinhos e tinja cada um com as cores referentes à foto selecionada. Eu sempre uso meus corantes naturais e, para o marrom, por exemplo, eu uso cacau em pó.
2. Se você não tiver nenhuma habilidade artística, pode usar papel-carbono para ajudar a traçar as linhas principais do rosto no biscoito. Compre um papel que não seja tóxico. Corte do tamanho exato da sua foto, coloque sobre o biscoito e, em cima do papel-carbono, coloque a foto. Prenda tudo na sua bancada com fita adesiva para nada se mover.
3. Com a ajuda de um palito com ponta fina, comece riscando a linha do cabelo. Não se apegue a detalhes. Você só precisa seguir as linhas principais de contorno do rosto, como: cabelo, olhos, sobrancelha, boca e nariz.
4. Faça uma pressão média para contornar e dê uma olhadinha para ter certeza de que o papel-carbono está marcando o biscoito corretamente.
5. Remova o papel-carbono e veja se os contornos estão perfeitos.
6. Dissolva 3 colheres de sopa de cacau em pó em 3 colheres de sopa de água fervente. Com um pincel bem fininho, trace as linhas de contorno previamente demarcadas pelo papel-carbono com essa mistura de cacau.
7. Transfira o glacê para um saco de confeiteiro com bico número 01 e contorne a linha do cabelo, depois que a linha estiver contornada, preencha todo o interior com mais glacê. Essa é a técnica correta para usar esse tipo de glacê em áreas grandes: primeiro fazendo o contorno e, em seguida, preenchendo o interior todo. Ele naturalmente se espalha e se difunde, sem deixar nenhuma marca do bico de confeiteiro.
8. Com a ajuda de um palito, molhe a ponta e contorne as sobrancelhas, os olhos e os lábios com suas respectivas cores.
9. A parte mais importante são as bolinhas dos olhos, pois elas definem a direção do olhar do seu biscoito, e devem ser feitas na cor branca. Elas precisam estar paralelas, olhando na direção correta; caso contrário, vão ficar iguais aos olhos de fantasia falsificada do Mickey, um olho no peixe e outro no gato.
10. Contorne os olhos com um pouco mais da mistura de cacau, para dar um sombreado marcante, e faça os cílios. Seu biscoito já está prontinho e, em menos de 1 hora, o glacê vai secar e ficar crocante.

  ERRAR É HUMANO

Para ter certeza de que o glacê royal está na textura correta, faça o seguinte teste: assim que desligar a batedeira, passe o dedo no meio do creme. Se ele abrir um caminho que se fecha lentamente, está pronto! Caso contrário, é só adicionar mais umas gotinhas de água.

PANQUECA DE CATIORO

Dificuldade: ■□□□□
Porções: 1 2 3 4 5 **6** 7 8 9 10
Essencial: **FRIGIDEIRA ANTIADERENTE**
Duração: **4 DIAS NA GELADEIRA**

 10 MIN Preparo 0 MIN Forno

Lancelote ama um gostosinho! Depois de fazer xixi, de uma brincadeira, uma gracinha e até de fotos que eu tiro dele, esse interesseiro já logo me leva para a porta da geladeira, esperando um pedaço dessa panquequinha. Diferentemente do que muita gente pensa, os cães são superalérgicos a diversos ingredientes; alguns, inclusive, estão presentes na composição da maioria das rações e biscoitinhos, como milho, trigo e soja, além de corantes e aromas artificiais. Se quiser agradar seu cãozinho, alimente-o de maneira saudável porque, se comida industrializada não faz bem para a gente, ela também não pode fazer bem para o seu pet.

INGREDIENTES

 Ingredientes que já foram ensinados neste livro estão grifados de branco.

DICA

As panquecas não substituem uma refeição, são apenas snacks e devem ser tratadas dessa maneira. Para cães de porte pequeno, por exemplo, uma por dia é o suficiente. O frango pode ser substituído por outra carne magra.

2	Claras
2 colheres de sopa (10 g)	Aveia
½ xícara (100 g)	Frango cozido sem pele
1	Cenoura média

MODO DE PREPARO

1. Corte o frango em pequenos cubinhos ou desfie-o. Reserve.
2. Lave a cenoura e, caso seja orgânica, rale-a com casca. Caso não, remova a casca antes de ralar.
3. Em uma vasilha, misture a aveia com as claras de ovo. Adicione o frango cozido picado e a cenoura. Misture até virar uma pasta homogênea.
4. Aqueça uma frigideira antiaderente e despeje uma colher de sopa cheia da mistura. Deixe dourar de um lado e vire-a para dourar do outro.
5. Espere esfriar e sirva.

 ERRAR É HUMANO

Estava querendo agradar e temperou nossa panquequinha? Na-na-ni-na-não! Não podemos consumir sódio, pois ele pode nos intoxicar. Aliás, não só ele, como todo aquele refogado humano de alho e cebola. O tempero ideal para a comida de pet é só o gostinho natural dos ingredientes. Nós, cachorros, não diferenciamos tanto o gosto das coisas como os seres humanos, porque temos em média 1.700 papilas gustativas contra 9.000 de um humano. Por que você acha que a gente lambe a sua cara feliz?

Viu como nem só de brigadeiro vive a confeitaria? Culinária, doce ou salgada, deve prezar pela variedade dos ingredientes, transformando receitas em experiências de sabores e texturas. Foi para isso que esse livro nasceu, para mostrar que existem sobremesas além do leite condensado.

ÍNDICE

Receitas

- 300 Baked alaska de sorbet de manga
- 198 Banana bread com ganache de banana
- 304 Banana pudding
- 248 Banoffee com doce de leite de banana
- 368 Biscoito de retrato com glacê royal
- 252 Biscoito sablé recheado de doce de leite
- 200 Bolinho suculento
- 172 Bolo de brigadeiro vegano
- 174 Bolo de cenoura com brigadeiro
- 84 Bolo de chocolate sem farinha
- 208 Bolo de iogurte com marshmallow de doce de Lei-celote!
- 178 Bolo de limão com casca
- 180 Bolo de pêssego de ponta-cabeça
- 204 Bolo devil's de chocolate e praliné
- 210 Bolo floresta roxa
- 86 Bolo mousse de chocolate
- 214 Bolo pão de mel
- 216 Bolo red velvet natural
- 182 Bolo streusel de banana
- 90 Bombom de maracujá
- 356 Brigadeiro de praliné
- 230 Brioche au sucre
- 358 Brittle
- 94 Brownie e blondie de doce de leite
- 308 Buquê mousse de limão com camomila
- 312 Butterscotch pudding
- 186 Canelé de bordeaux
- 110 Charlotte de morango
- 314 Cheesecake com frutas confitadas
- 98 Chocolate cremoso super-hot
- 144 Choux au craquelin
- 232 Cinnamon rolls
- 256 Cookie de chocolate da Miss Cookie
- 254 Cookie de frigideira
- 318 Crème brûlée
- 234 Donuts de crème brûlée
- 148 Éclair de chocolate
- 114 Entremets de amora
- 120 Fraisier
- 258 Galette de goiaba
- 260 Macaron de creme de lichia e rosas
- 190 Madeleines de limão
- 156 Massa folhada guardanapinho com creme
- 322 Merveilleux de coco
- 152 Mil-folhas fenomenal
- 192 Moelleux de doce de leite
- 326 Mousse de chocolate preto e branco
- 100 Mousse de chocolate vegana
- 194 Muffin de mirtilo com topo gigantesco
- 360 Nozes e coco crocantes
- 124 Ópera
- 160 Pain au chocolate
- 128 Panna cotta de tangerina
- 372 Panqueca de catioro
- 238 Panqueca de sourdough caramelizada
- 240 Pão lua de mel
- 338 Pavlova com marshmallow de morango
- 130 Peitinho napolitano
- 362 Pipoca caramelizada
- 102 Pudim de chocolate recheado com trufas
- 220 Rocambole de baba de moça
- 222 Rocambole estampado com creme de avelã
- 164 Saint-honoré
- 264 Shortbread
- 134 Sobremesa tostadinha de marshmallow
- 330 Sorvete de baunilha, chocolate e morango
- 334 Suflê de chocolate com molho de avelã
- 266 Tarte tatin
- 364 Torrone
- 268 Torta clássica de amora
- 272 Torta de castanha-de-caju
- 290 Torta de chocolate de outro planeta
- 274 Torta de chocolate e avelãs
- 138 Torta de limão no palito
- 282 Torta de morango
- 286 Torta de pudim
- 278 Tortinha florida de maçã
- 104 Trufas de laranja
- 342 Uma excelência de pudim
- 346 Vasinho de mousse de hortelã
- 350 Verrine de laranja, café e baunilha
- 244 Waffle de liège

Técnicas

- 298 Banho-maria
- 169-170 Bolo (tipos)
- 354 Calda de açúcar
- 355 Caramelo
- 296 Claras em neve
- 354 Confeitos
- 46 Corante natural
- 297 Cremes
- 228 Farinha (tipos)
- 228 Fermento de pão
- 229 Fermento natural
- 229 Levedura
- 142 Massa folhada
- 296 Merengue (tipos)
- 297 Merengue francês
- 297 Mousses
- 143 Pâte à choux
- 297 Pudins
- 298-299 Sorvete (tipos)
- 297 Suflê
- 297 Suspiro
- 81 Temperagem
- 246 Torta (massa)

Administração Regional do Senac no Estado de São Paulo

Presidente do Conselho Regional
Abram Szajman

Diretor do Departamento Regional
Luiz Francisco de A. Salgado

Superintendente Universitário e de Desenvolvimento
Luiz Carlos Dourado

Editora Senac São Paulo

Conselho Editorial
Luiz Francisco de A. Salgado
Luiz Carlos Dourado
Darcio Sayad Maia
Lucila Mara Sbrana Sciotti
Luís Américo Tousi Botelho

Gerente/Publisher
Luís Américo Tousi Botelho

Coordenação Editorial
Verônica Pirani de Oliveira

Prospecção
Andreza Fernandes dos Passos de Paula
Dolores Crisci Manzano
Paloma Marques Santos

Administrativo
Marina P. Alves

Comercial
Aldair Novais Pereira

Coordenação de Eventos
Tania Mayumi Doyama Natal

Edição e Preparação de Texto
Adalberto Luis de Oliveira

Coordenação de Revisão de Texto
Marcelo Nardeli

Revisão de Texto
Camila Y. K. Assunção

Editoração Eletrônica
Antonio Carlos De Angelis

Impressão e Acabamento
Coan Indústria Gráfica

Direção Criativa
Raiza Costa e Vinicius Costa

Direção de Arte
Raiza Costa

Design Gráfico e Capa
Vinicius Costa

Fotografias
Noah Fecks (todas as fotos, exceto as abaixo)
Daniel Vergara (pp. 136, 140, 168, 242, 250, 344, 348, 373)
Fernando Menechelli (p. 302)
Nátali Hernandes (p. 184)
Natalia Veras (p. 139)

Assistente de Fotografia
Bernardo Bichucher

Produtora de Objeto
Angélica Abe

Maquiagem
Bianca Duarte

Textos
Raiza Costa e Mara Liz

Ilustrações
Natália Veras

Receitas
Raiza Costa

Produção
Livia Perini

Assistente de Produção
Bruna Matuti

Culinarista
Taylor Barry

Tradução
Danielle Villela

Pesquisa de conteúdo
Danielle Villela, Mara Liz e Raiza Costa

Proibida a reprodução sem autorização expressa.
Todos os direitos desta edição reservados à

Editora Senac São Paulo
Av. Engenheiro Eusébio Stevaux, 823 – Prédio Editora
Jurubatuba – CEP 04696-000 – São Paulo – SP
Tel. (11) 2187-4450
editora@sp.senac.br
https://www.editorasenacsp.com.br

© Editora Senac São Paulo, 2024

Dados Internacionais de Catalogação na Publicação (CIP)
(Simone M. P. Vieira - CRB 8ª/4771)

Costa, Raiza
   Confeitaria escalafobética: sobremesas explicadas tim-tim por tim-tim / Raiza Costa. – 2. ed. rev. atual. – São Paulo : Editora Senac São Paulo, 2024.

   ISBN 978-85-396-4577-0

   1. Culinária (receitas e preparo) 2. Confeitaria 3. Sobremesas
I. Título.

24-2148r   CDD-641.86
                                                         BISAC CKB024000
                                                               CKB101000

Índice para catálogo sistemático
1. Sobremesas: Culinária (receitas e preparo)   641.86

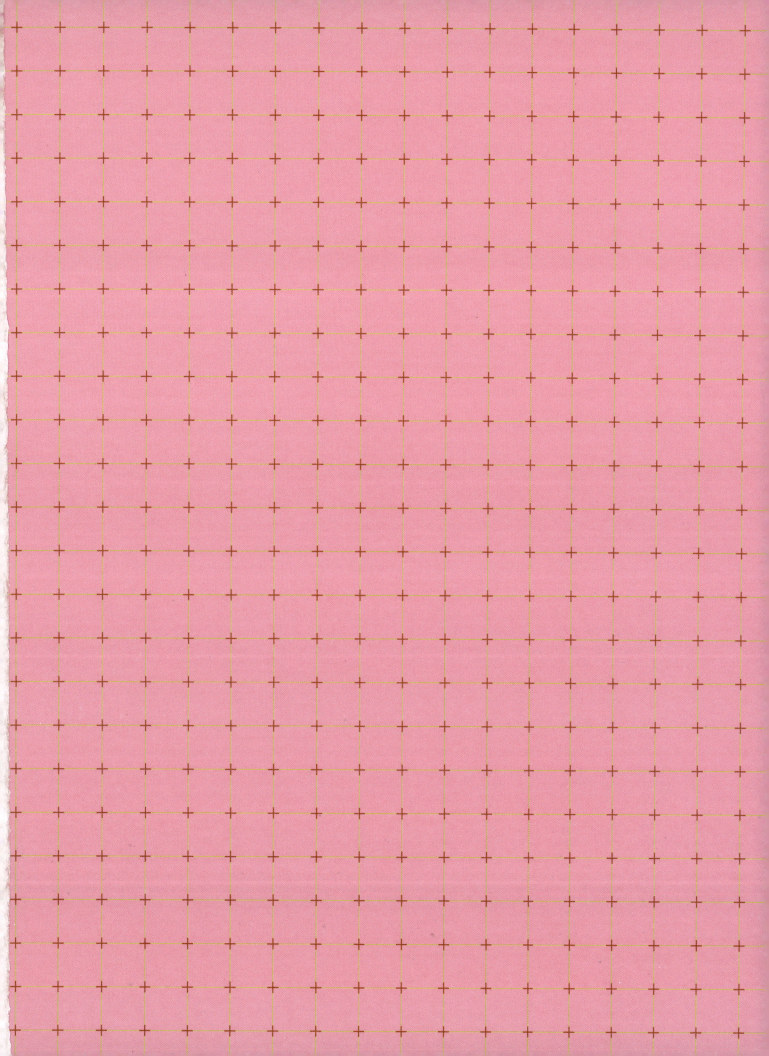